故事知道

怎么办

杨涤 著

中信出版集团 · 北京

图书在版编目（CIP）数据

故事知道怎么办：藏在绘本里的育儿智慧 / 杨涤著
. -- 北京：中信出版社，2018.11（2020.1 重印）
ISBN 978-7-5086-9321-7

I. ① 故…　II. ① 杨…　III. ① 家庭教育　IV. ① G78

中国版本图书馆 CIP 数据核字〔2018〕第 177634 号

故事知道怎么办 —— 藏在绘本里的育儿智慧

著　　者：杨　涤
出版发行：中信出版集团股份有限公司
　　　　　（北京市朝阳区惠新东街甲 4 号富盛大厦 2 座　邮编　100029）
承　印　者：北京画中画印刷有限公司

开　　本：787mm×1092mm　1/16　　印　　张：22.25　　字　　数：270 千字
版　　次：2018 年 11 月第 1 版　　　印　　次：2020 年 1 月第 3 次印刷
广告经营许可证：京朝工商广字第 8087 号
书　　号：ISBN 978-7-5086-9321-7
定　　价：68.00 元

上海·陈鹤琴小学　绘本阅读讲座

踏遍大江南北
播撒阅读火种

上海·嘉定　新源幼儿园的绘本讲座

新疆·乌鲁木齐　维吾尔小读者的见面会

倡导绘本育儿
引领父母成长

2017 年 9 月 9 日，宁波市图书馆的家长讲座

北京人民广播电台节目录制，畅聊儿童绘本的选择

2017 年 2 月，线上视频直播课（覆盖 3000 多名用户）

联通中外名家，甘做绘本信使

2016 年上海国际童书展国外参展商交流会

感恩节与国际友人共读中国原创绘本

赞 誉

绘本之重要在于可以不断激发对话，以及对话之间所发生的心灵沟通。这就是鼓励孩子阅读的最可贵之处。以绘本为媒介，帮助大人和孩子实现心灵的呼应，让孩子能够在理解中更好成长，这是杨涤这本书最大的意义。

■ **蔡朝阳** 麻辣语文教师 资深儿童阅读推广人 白鱼文化公司创始人

许多新手妈妈总是焦虑于"绘本里有什么""它能给我的孩子带来什么"，呈现绘本"刚需价值"，这本书提供了充分的支持理由。

■ **粲然** 三五锄教育创办人 童书作家

本书从家长经常困惑的问题入手，再引入温馨有趣的绘本故事，传递实用的育儿技巧，不仅能帮助父母成长、强化亲子关系，更能营造良好的家庭氛围。

■ **花婆婆方素珍** 绘本作家

在孩子成长中，如何跟孩子讲道理，分享正确的价值观，是家长的责任。这本书将常见问题分门别类，提供相关绘本，让家长可以借由故事达到引导效果，是一本必备的教养参考书。

■ **林文宝** 中国台湾台东大学儿童文学研究所教授兼儿童文学学院院长

儿童教育和父母成长、亲子共读可兼得，因为故事知道怎么办。图画书是作家们写给孩子的，也是写给家长的。杨涤老师基于多年的儿童阅读研究和图画书推广经验，发掘出每本图画书中所包含的知识和经验、方法和智慧，让家长和孩子在阅读中共同成长。

● **王志庚** 中国国家图书馆少年儿童图书馆馆长　儿童文学研究者

不论是重视亲子共读的家长还是教育从业者，杨涤这本书都会给你新的视角去看待孩子和绘本，看待"读书"这件意义深远的"小事儿"。

● **余治莹** 著名童书翻译　儿童绘本作家　知名阅读推广人

杨涤老师是我多年的好友，我一直钦佩她的勇敢、坚毅与智慧。读了她的新作《故事知道怎么办》，我才明白，这位了不起的妈妈身上的种种美好来自她的所读与所思。这本书助力育儿，也帮助妈妈们提升自我。

● **张弘** 儿童文学作家　魔法童书会创始人

这既是一本教你如何借助绘本的功能培养健康、积极乐观孩子的亲子教育读本，也是一部和你分享如何为孩子挑选绘本、进行亲子共读的实用指南，值得所有妈妈和儿童教育者们读一读。

● **赵君潇** 亲子教育类作家　微信公众号"暖暖妈爱分享"创始人

推荐序

新年伊始，我接到杨涤的电话，她说自己刚写了一本关于家庭教育的书，想让我给她写一篇序，这已经是她独立撰写的第二本书了。

杨涤经营绘本馆十多年，书店做得有声有色，还翻译了不少童书，在全国各地举办了近百场的育儿教育讲座。真没想到当年一起工作的杨涤已经成长为一位颇有名气的童书与家庭教育专家，我真心为她高兴。

2002年我担任新闻出版总署图书管理司司长的时候，工作异常忙碌，人员编制紧张，于是从出版社借调了几位同志来协助。杨涤硕士研究生毕业后在科学出版社当编辑，聪慧开朗又谦虚，我把她安排在图书管理司二处，负责文学艺术与少儿读物。当时，办公环境非常简陋，五个人挤在一个小办公室里，打热水都要到走廊。她在二处差不多总是第一个上班，先把所有的暖水瓶打满水，再擦桌子，拖地，整理书籍、文稿等，非常勤奋。而且因为处理选题与书稿审读任务繁重，各种会议繁多，经常加班加点。但她上手很快，善于协调，时间不长就表现出优秀的禀赋与能力。在当时，硕士研究生是高学历，编辑也是令人羡慕的职业，年轻同事都愿意干一些被认为是能够体现能力与水平的重要工作，不愿做琐事杂事。但杨涤没有眼高手低，总是能把小事做得尽善尽美。印象深刻的是，有一次全国少儿出版工作会议，杨涤一人负责了所有的会务工作，她灿烂的笑容和周到的服务，得到大家一致好评。

后来，总署的对外合作出版司看中了她，司长几次找我，认为杨涤是学外语的，在对外合作出版司更能发挥作用，就这样她又被调往外事司从事翻译工作。她的英语专业水平不低，很多国际书展的组织、外宾的来访接待、总署领导的出访都由她担任笔译、口译的工作。三年下来，她参加了德国法兰克福、法国巴黎、澳大利亚悉尼、意大利博洛尼亚、巴西里约等书展，将中国优秀的图书版权带向了国际。后来由于家庭的原因，她离开北京，工作也转到了位于上海的贝塔斯曼亚洲出版公司，做起了出版工作，还给我寄来她引进策划的书，都是《纽约时报》畅销书作家的作品。

再后来听说她做了妈妈，负责经营上海的蒲蒲兰绘本馆，这家儿童书店在她的悉心经营下成为国内很有声誉的一家实体书店。而我的工作也有调整，实体书店是我工作联系的一个方面。当时，实体书店很不景气，由于经营困难倒闭的也不少，社会各界十分关注。我和有关同志还专门去这家小而美的绘本馆做过调研，这家书店每周都会有各种不同形式的活动：故事会、父母沙龙、亲子读书会、作家签售会、读者见面会等等。在全国书店普遍不景气的情况下，这里却人气旺盛、时常爆棚，十多年下来，服务了长三角十几万个家庭。书店不求最大，但求最美最好，上海的蒲蒲兰绘本馆便是范例之一。

此后，应各地图书馆、关注幼儿教育的机构邀请，杨涤走遍了新疆、四川、云南、安徽、山东、福建、广东等二十多个省区市，为当地的家长做亲子阅读的讲座。她的微信公众号、育儿的音频与视频，拥有很多粉丝与听众观众。您手里的这本书，可谓她十几年理论与实践的"厚积薄发"。

这本书寓科学育儿于生动表达之中，我们习以为常的教育方法，可能恰恰是不正确的。这本书不仅仅是在教大人如何培养孩子好的阅读习惯，更是帮助大人在亲子阅读中学会如何与孩子沟通，如何正面管教。比如在解决孩子刚入园、搬家、转学焦虑的时候，用讲故事的方式来疏导；比如孩子最不愿意听大人讲道理，而我们大人又最愿意讲道理，结果孩子听不懂又反感，大人还觉得孩子不懂事、不听话，难管教，继而造成亲子关系的紧张时，也可以通过讲故事的方式来引导。很多关系处理不好，都是沟通的方式、方法用错了。相信这本书定能成为我们育儿的好帮手。

阎晓宏（原国家版权局副局长）

2018年1月20日　于北京

我的前半生

我是一名"70后"，用现在流行的话说，已经是个中年老妇女了。前半生还过得稀里糊涂，后半生就拉开序幕：上有年迈的老妈，下有两个上学的孩子，要扮演多个角色，智商、情商来回倒手，还是不够用，时不时要启动逆商来面对生活中不期而遇的突变，这个时候绘本给了我无穷的力量与慰藉。

我时常在想，如果能早些邂逅绘本，我的童年不会了无生趣，暗淡无光。出生在十八线小城的我，父母都是国企员工，做着最普通的工作，日子过得清贫。我从小被我爸灌输"万般皆下品，唯有读书高"的思想，于是拼了命地寒窗苦读。用现在的话说，是个典型的学霸。我6岁上小学，17岁读大学，24岁就拿到了硕士学位，本来是可以继续升博士的，但我妈担心我嫁不出去，就放弃了。

作为应试教育流水线下的产物，我没有获得过任何艺术启蒙，对美的认知也很差。小时候别说绘本了，彩色的读物都很少有。唯一看过的是夹杂着一些彩页的《好孩子画报》。

大学"蹲"了7年，出来又呆又傻，还土得掉渣。到北京工作后，我用了人生第一支口红，涂了个大红唇，被同事嘲笑了20年。如果是读绘本长大的孩子，就不会觉得花红柳绿才是美，更不会把自己弄得像个调色盘。在国有出版单位工作了几年，我又跳槽到了世界500强。2008年休完产假后误打误撞进入了蒲蒲兰绘本馆，推门那一刻，整个人都惊呆了。怎么会有这么好看的书？于是我像老鼠掉进米缸一样，一本一本地翻看起来。那时候的绘本是个新兴产物，大家还不知道它的好，好奇心强的人会走进来，翻几页说："就这么几个字，怎么卖那么贵？"

来自欧美、日本的绘本，让中国的百姓知晓它的好，肯定不是一朝一夕、一蹴而就的。于是我白天跟家长（主要是妈妈）分享绘本，晚上回家给自己的孩子讲，有机会还到金宝贝、英孚等机构去推广绘本（主要给老师们讲）。从业十余载，我见证了绘本从无人问津到慢慢被接受，再到蓬勃发展的全过程，绘本成为继奶粉、尿不湿之后的刚需之选。但爸爸妈妈们如何从琳琅满目的绘本中挑选最适合自家孩子看的绘本还是挺让人头疼的，比如他们会问："我儿子4岁了，有什么绘本适合他看？""我女儿有点儿害羞，什么样的故事可以引导？"于是我把自己多年的心得写成《孩子成长必读的180本经典图画书》，按照孩子的年龄、适合的主题来进行推荐。

如果我的第一本书解决了家长"绘本怎么选"的问题，那么这本书则解决了"绘本怎么读、怎么用"的难题。在我两个孩子的成长过程中，我跟众多妈妈一样，也遇到了各种各样的育儿烦恼，为此看了很多书，但还是解决不了自己的问题。比如儿子执拗起来，满地打滚，气得我真想抽他。这样的情形绘本故事中也有，于是我就用"浸润式的情景化教育"对他进行引导，没有批评，没有责怪，而是让他自己体会行为的不周。比如女儿刚去幼儿园的时候，回家问我："为什么男孩儿站着小便，女孩儿蹲着小便？"这些令人尴尬的问题，我是通过讲故事的方式帮她解惑的。我慢慢发现，绘本育儿的方式省时省力，接地气，还高效，我在全国的绘本讲座中将这些体悟分享出来，收到不少家长的好评。后来，中信出版社的编辑找到我，希望我可以写一本家庭教育类的书，让更多的妈妈受益。这一写就是两年，其间无数次改稿，也加了不少育儿理念跟案例分析，希望大家读完，不仅有所收获，还能实操起来。

这本书从品格塑造、心理调适、社会交往、生命教育、认知能力、健康运动六大板块将孩子出现的问题进行归类，最后还附上了常见问题的答疑，都是我10多年来在全国巡讲活动上收集的具有代表性的问题。一本绘本，大人孩子同时受益，没有居高临下的教育，而是用孩子能够听懂的语言与之平等对话，让育儿成为一种享受。我们总说"蹲下来看孩子"，但是怎么蹲、怎么说，的确需要一些突破口，而我们每天给孩子看的绘本是最合适的。没有不爱听故事的孩子，把你的育儿理念、道理用讲故事的方式传达出来，大爱无形，润物无声，你只要"默默播种，静待花开"就好了。

目 录

1 品格塑造

2 心理调适

3 社会交往

.1

品格塑造

与人为善

⬤ 你的善良必须有些锋芒

　　琳妈在后台给我留言:"女儿幼儿园最好的两个朋友不跟她玩了,她哭得很伤心,有这方面的绘本推荐吗? 我该怎么跟她交流呢?"

　　记得俄国大文豪陀思妥耶夫斯基说过:"我们首先应该善良,其次要诚实,再其次是以后永远不要相互遗忘。"这句话我在读小学的时候背过,但当时还不完全理解,直到过了不惑之年,才慢慢回过神儿。

　　每个家长都希望自己的孩子能够与人为善,心地善良,行为举止落落大方,有自己的朋友。但是对于幼儿园阶段的孩子,他们要如何展示自己的真诚与善良呢?

　　你的女儿在展示善良的时候,被曾经的好朋友拒绝了,一定很伤心,很委屈,这个我们成年人也深有体会。那要怎么帮助孩子呢? 先来听故事,再总结操作要点。

推荐绘本

　　交到好朋友——是一件多么开心的事!

《做朋友吧》

主人公小蛇特别想交朋友、跟朋友一起玩,他主动跟大家打招呼,可大家全都吓跑了。为什么大家都害怕自己呢? 孤独的小蛇哭了起来,是因为我没有脚吗? 是因为我长得太难看了吗?

注意,在自己的善意被回绝后,孩子很容易陷入是自己有问题的怪圈,该怎么办呢? 可以引导孩子像这条聪明的小蛇一样,换个交友方式: 展现你的温柔跟热情!

小蛇把空气吸到肚子里,再吐出好多泡泡,之前害怕的小蝌蚪跟泡泡玩得不亦乐乎; 小蛇还把自己的身体扭成滑梯的样子,让小青蛙在上面玩; 小蛇还变成轮子的样子,让小老鼠转圈圈; 又变成绳子让孩子们跳。

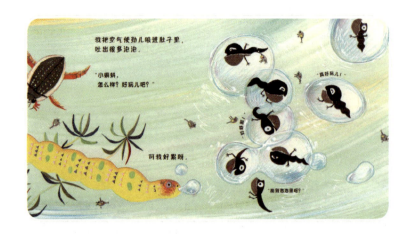

其间还要伸直身体变成跷跷板，让小鸟们玩个不停。

　　虽然很累，很辛苦，但小蛇收获了属于他自己的快乐，之前将他拒之千里的小动物、小朋友都很感动，纷纷要跟小蛇做最好的朋友。

　　3岁的孩子已经开始有意识地结识朋友，并且根据自己的喜好来选择伙伴，但是目前很多孩子由于是独生子，不太会跟其他的小朋友交流、相处，还有的家长害怕孩子被别人欺负，而选择让孩子安全地自娱自乐，更使得孩子没有朋友与伙伴了。

  小蛇为了交到朋友,做出了自己最大的努力,虽然累坏了,但内心是愉悦的。小伙伴们在接受小蛇提供的游戏时,感受到极大的快乐跟善意,之前对他的误解也烟消云散了。我们要引导孩子体会给予与接受。

操作要点

① **榜样的力量。** 要想让孩子与人为善,首先你要做到。孩子的模仿能力很强,朝夕相处的爸爸妈妈就是他们学习的榜样。同是看到路上扫大街的清洁工人,一位妈妈说:"你不好好学习,以后就会像他一样做苦力。"另一位妈妈却说:"你如果好好读书,将来就可以帮助这位老爷爷。"

② **指导孩子做善事。** 比如分享一些好吃的给大家,把自己的玩具主动拿给别人玩,帮助有困难的同学,让孩子切身体会做善事、献爱心的成就感跟快乐。谁都不愿意跟自私、小气的人交朋友,在平时的待人接物中,让孩子感受与人为善的好处。

③ **让孩子饲养小动物。** 比如小猫、小狗、金鱼、小乌龟等,在照顾它们的过程中,孩子的内心是纯善的。激发孩子的责任心去保护比他们还弱小的动物,让它们跟孩子一起成长,成为玩伴,成为朋友。

④ **不求回报。** 要做善良的人，就无偿给予，比如你给一个可怜的乞丐10元钱，不希望他回报什么，没有任何功利性，不带附加条件，这才是真正的善良。

⑤ **善良也有前提。** 不少妈妈担心，孩子太善良了，会不会上当受骗，会不会受欺负？聪明是一种天赋，而善良是一种选择。在做出善举前先问问自己：会不会带来危险？会不会开心？如果孩子感到委屈，那就不要做。比如想交朋友，一直主动示好，但对方不回应或者拒绝，心里不舒服，那就不要继续了。

　　与人为善收获的一定是快乐，如果收获的是痛苦，那这个善良也是没有意义的。告诉孩子：能不能感受到愉悦，是你决定是否善良的重要指标。教会他们问自己，你快乐吗？如果不，即使别人讲一大堆道理，你都可以拒绝。

推荐绘本

宝弟是一个真实、接地气的小孩儿，他并不完美，有很多缺点和个性，倔强、强悍、爱哭、争强好胜，但是永远爱自己的伙伴，并把对方当作自己的一部分去守护和陪伴。

《我讨厌宝弟！》

· · ·

从前有一只小恐龙,他一个朋友也没有,因为每交到一个朋友,他都会忍不住要把他吃到肚子里,尽管每次他都很努力地克制自己。直到小老鼠莫罗的出现,莫罗用了一个小咒语避免自己被吃掉,又用了一个聪明的小计策教会了小恐龙做蛋糕。

第一天做的蛋糕,小老鼠只吃了一点点,并把剩下的都给了小恐龙。

第二天,莫罗教小恐龙练习忍住不吃掉他,中间虽然发生了小意外,但最终小恐龙还是将莫罗吐了出来。莫罗以自己的智慧帮小恐龙改掉了这个坏习惯。

小朋友们看到这个书名就有忍不住读下去的冲动,故事有着法式特有的幽默,让

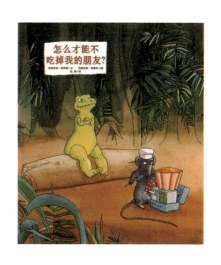

《怎么才能不吃掉我的朋友?》

你在不经意间发出会心的微笑。小恐龙跟不少小孩子一样，有着难以克服的坏习惯，知道某些行为不好，又没有毅力去改正克服，小恐龙无辜的表情和急切的神态，引领小朋友们一步步进入故事，用小智慧解决大问题。

勤俭

◊ 勤俭不仅是一种美德，还是一种时尚！

有妈妈问我："Lisa老师，孩子不珍惜物品，非常浪费，本子用了几页就扔到一边，刚买没几天的小火车掉了一块漆就被撇到角落，蜡笔没用几次就要买新的，有没有绘本故事可以帮到我呢？"

现在的家庭多半是三代人结构，以前物质匮乏，穷怕了，现在终于熬到了好日子，就觉得没必要再委屈孩子，于是对自己的心肝宝贝有求必应、伸手必给，逢年过节还会发不少红包，若是生日到了礼物更是堆成山。

经济条件好了，就没有必要勤俭节约了吗？

心理学家威廉·詹姆士（William James）说过："播下一个行动，收获一种习惯；播下一种习惯，收获一种性格；播下一种性格，收获一种命运。"从小让孩子养成勤俭的好习惯会让他受益终生。

推荐绘本

一看封面，你可能就会猜到，怕浪费婆婆一定是位特别爱惜东西、勤俭节约的老人家。

《怕浪费婆婆》

看到孙子要扔掉橘子皮,她赶紧捂住,晒干了的橘子皮放到浴缸里洗澡可舒服了。

她总有各种办法处理那些没有被好好利用的东西。被揉皱的纸团她剪一剪、画一画、贴一贴,一个怪兽纸偶就诞生了⋯⋯

各种用过的铅笔头，用胶带捆起来，可以做彩虹铅笔！

说起来，勤俭是我们中华民族的传统美德，但现在却被嘲笑为守旧、落后。的确，现在的物质生活丰富了，没必要再像过去那么节省，但是不要忘记，在我们随意扔掉吃剩的食物时，世界上还有很多人面临饥饿；在我们忘记关好水龙头时，那些缺水的地方

还有很多人家一天只有一杯生活用水……

　　这是2017年4月，我去云南澜沧支教拍的，当地的水资源十分匮乏。所以，在你跟
孩子哗哗地开着水龙头洗澡时，就想想这个小女孩儿还要上山打水喝吧。

● ● ●

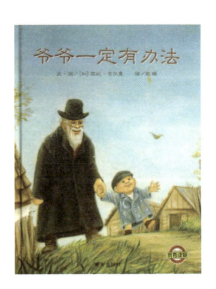

　　一本书，两个故事。

　　暖暖的画风，极具创造力。

　　一条小小的毯子，牵出一家不太富裕的
普通家庭。日子虽然有点儿艰辛，但每个人
的脸上都洋溢着满足、喜悦的笑容。

《爷爷一定有办法》

约瑟刚出生的时候，爷爷给他缝了一条小毯子。随着他慢慢长大，毯子旧了，破了；爷爷又把它做成一件漂亮的外套，可又过了些日子，外套也变小了；爷爷又想出办法把它变成了小背心；就这样，小背心变成了领带，领带变成了手帕，手帕变成了纽扣。

……毯子又舒服、又保暖，还可以把噩梦通通赶跑。不过，约瑟渐渐长大了，奇妙的毯子也变得老旧了。

他们的生活没有拮据的尴尬，反倒是爷爷的妙手生花，让约瑟感受着生活中的惊喜。

节俭不代表贫穷，它是生活的智慧与乐趣。

细心的孩子还会发现另外一个故事：生活在约瑟家地板下面的"小老鼠"一家，也像楼上的约瑟家一样，忙碌而充实地生活，用爷爷剪下的小毯子的边角余料，缝制出很多生活中的"小惊喜"。

这些有趣的探索与发现会给孩子带来独特的阅读体验！

不管时代、社会如何发展，人类所拥有的资源总是有限的，勤俭节约无论何时都值得提倡。怕浪费婆婆、约瑟爷爷，他们有自己生活的智慧，不断创造出惊喜，这些画面永远不会过时，还会陪伴一代又一代人成长，我们能做的就是给"勤俭"注入新的含义和活力。

我认识一位日本幼儿园的泷本老师，她总是能把生活中的旧物进行二次利用。饮料瓶子、毛线头、寿司酱油的塑料瓶、废旧纸袋等，在她的巧手下，变成了可以装饰空间的饰物、孩子可以玩耍的玩偶、可以戴在头上的帽子，等等。

节约其实是一种智慧！当我们把那些似乎可以扔掉的东西重新利用起来时，那种成就感不也是一种快乐和享受吗？尤其是在奉行低碳、环保的年代，节约不仅会被视为一种观念、一种美德，更会成为一种时尚、一种文化。

孝顺

○ 为什么我的孩子不孝顺?

有妈妈给我留言说,自己的儿子让她很伤心。平时都是她给孩子做早饭,给他穿戴整齐,送去上学,但当她病倒了,躺在床上,孩子却漠不关心,没有一声问候。爸爸让他拿个药,他却把脸一扭说:"我不去,妈妈的病菌会传染给我!"听得她眼泪哗地流下来。

"这孩子怎么这么不孝顺? 我该怎么引导呢? 有没有适合的绘本故事?"这位妈妈向我发出了求助。

俗话说得好,"百善孝为先",孝敬父母在各种美德中占第一位。一个人如果连父母都不知道尊敬,以后也难有多大的作为。

但是孝顺的品行需要孩子在成长中自己体会,没人能逼,也没人能教,和严管松管也没有太大关系,要看大人如何引导。

下面的三个绘本故事可以让孩子体会做父母的不易,跟孩子讲的时候,把他当成你的朋友,让孩子换位思考,了解父母的辛苦与艰辛,学会珍惜,懂得感恩。

推荐绘本

我带女儿看这本书的时候,正好流行一首脍炙人口的歌:"常回家看看,回家看看,哪怕给爸爸捶捶后背揉揉肩,老人不图儿女为家做多大贡献,一辈子总操心就奔个平平安安!"每年的春节,我们都会带孩子赶回浙

《幸福的大桌子》

江老家,陪奶奶过年,有了亲身经历,女儿对这个故事特别有感悟。

兔奶奶面对着大桌子,独自吃饭,回忆往事:1年前兔爷爷在她的对面,3年前小儿子也住在这儿,6年前一家八口围着大桌子吃饭、喝茶、聊天、做游戏、做家务……这是一个有点儿伤感的故事,但温暖、清丽的画风能让孩子感受到幸福、回忆的滋味。

孩子慢慢长大离开家后,留给了爸妈无限的孤独与失落。女儿读这本书的时候是四五岁的光景,但她已经产生了很好的共鸣:"妈妈,我长大后不会离开你的,永远陪着你!"虽然我知道这是不可能的,但听到这句话时,还是满满的欣慰,她有这份心,常回家看看就足够了。

• • •

这是一个单亲家庭的故事:小女孩儿跟着妈妈、外婆生活在一起。有一天家里发生了火灾,东西被烧光了,本来生活艰辛的家庭更加举步维艰,但是外婆却说:"幸好我们还年轻,可以从头开始。"多么乐观的老太太!于是外婆、妈妈和孩子三代人开始努力攒钱重建家园。邻居们送来了桌子、椅子和床,还有比萨、冰激凌等好多好东西,这让她们很感恩。

《妈妈的红沙发》

最令她们兴奋和骄傲的是,经过一段时间的省吃俭用,她们终于攒够钱买了一个漂亮、舒服的红沙发!这个故事虽然有点儿悲伤,但你看不到眼泪。三四岁的孩子已经能够体会父母生活的艰辛与不易,但无论生活发生了什么,都应该自信、勇敢地面对。我们每天面对的生活有很多的不如意、不顺心,孩子也是如此,但我们只要积极面对,怀揣着希望与爱就可以顺利度过。

高尔基说:"爱孩子,那是母鸡都会做的事儿。"疼爱孩子是人的本能,但孝敬父母却需要后天的教育。没有必要让孩子一下子全部明白,只要他心里对这个故事留有印象,慢慢长大后,就会理解父母为他所付出的一切,并且心怀感恩,将这种体悟传承下去。

这是一个非常感人的故事,我在很多场亲子讲座中都提过这本书,它绝对是良好的亲子沟通的桥梁,能让孩子更加了解父母,更会让父母学会如何跟孩子沟通、表达。

· · ·

母亲节快到了,老师要求大家给妈妈写一封感谢信,可是小男孩儿却把它写成了一封"控诉信"。他抱怨的第一点,就是妈妈啰里啰唆的口头禅,无论说什么最后都要加上一句"明白了没有"。小男孩儿觉得自己已经是四年级的学生了,"你不说,我也明白,不用担心",他妈妈还总当着自己同学的面批评他,让他很难为情。

《妈妈你好吗?》

第二点抱怨:妈妈说男孩儿的房间是猪圈,把他好多宝贝都扔掉了。可是那些小东西都有很重要的意义,被啃得破破烂烂的长颈鹿、跟妈妈一起捡的满是虫眼的橡子……

最后, 花光零花钱的小男孩儿送给妈妈一份小小的礼物, 一沓手写的洗碗券。

男孩儿跟妈妈表达感情的方式跟大多数东方人一样, 很含蓄, 越是至亲, 就越没有那么多的客套; 越是最在乎的人, 越不会表达亲密之情。

从故事的诸多细节中, 你可以感受到这是一个单亲家庭, 妈妈既要照顾孩子又要上班挣钱, 虽然生活不是很富裕(发霉的玩具给扔掉了, 而发霉的年糕妈妈洗洗以后又吃掉了), 但妈妈却竭尽所能地给儿子最好的教育, 让他参加各种各样的补习班, 学习英语、钢琴等。

当妈妈放下架子, 跟孩子一起跑到后山撒野疯玩的时候, 母子许久以来的隔阂一下

子被打破了,妈妈在儿子心中"母夜叉"的形象也改变了许多。

孩子为什么会喜欢这个故事?因为真实,所以打动人。妈妈也有毛病,也有不对,但含辛茹苦地养育孩子,对孩子浓浓的爱,他们都看在眼里,感动于心。那份体谅与理解的心意,一定会令你动容。

操作要点

① **需要很多爱。**一个感情冷漠的孩子是没有爱的能力的,更别谈孝敬父母了。首先自省一下自己的行为:是否经常打骂、责备孩子?如果是,孩子会对你产生反感、厌恶,甚至仇视的心理,长大后容易以暴制暴。是否又走到了反面,溺爱孩子?要什么给什么,是对孩子有求必应的孩奴。给予太多泛滥的爱,会让孩子觉得一切理所当然,不知感恩。

② **让孩子感受到你的辛苦。**上面的这些故事都可以让孩子体会到爸妈的不容易,尤其是在家里碰到危机、困境的时候,跟孩子一起去面对。你的乐观面对、积极努力,会让孩子感受到正能量,继而在学业与生活中努力上进。

③ **让孩子慢慢独立。**从力所能及的家务事开始做,比如收拾餐桌、摆碗筷、扫地、倒垃圾、帮大人洗菜、帮忙烧饭,等等,在这些过程中孩子会体会到父母的辛苦。有条件的家长,可以带孩子到自己工作的地方去看看,每天花的钱是如何来的,引导他们合理消费。

④ **以身作则,潜移默化。**作家郑渊洁说过,想让孩子孝敬自己,最好的方式就是玩命孝敬自己的爸妈。你自己都没有做到,又以什么去要求孩子呢?操作技巧:比如你出差半个月就可以对儿子说:"你现在是家里唯一的男性了,要照顾好妈妈,做个小男子汉。"出去购物,孩子的东西尽量让他自己拿,再鼓励他帮大人拿一些,能做到适度表扬:"真棒啊,可以帮妈妈分担了。"

诚信

◊ 如何面对孩子的谎言？

群里有个妈妈给我留言："Lisa 老师，5 岁的儿子跟我撒谎，怎么办？焦虑地等回复！"我赶紧打出一行字："别恐慌，每个孩子都会撒谎！"

不是宽慰这位妈妈，而是说谎真的是孩子成长必然要经历的过程。1989 年，新泽西医科大学做了一个经典实验，把一些 3—4 岁的孩子带进一个装有监视器的房间，告诉他们桌子里有个"惊喜玩具"，但是不能偷看，说完研究者就离开房间了。从监视器中发现，大部分的孩子都偷看了。研究者回到房间问孩子有没有偷看，几乎所有的孩子都撒了谎。

加拿大多伦多大学发展心理学家李康教授，专注研究孩子说谎 20 年后发现：2 岁的孩子中，已经有 30% 会撒谎；到了 3 岁，撒谎率达到 50%；4 岁以后，几乎所有的孩子都会撒谎了。所以那位妈妈可以妥妥地放心，你家娃可能撒谎还晚了些呢！

孩子说谎有六种类型：

一、想象型说谎

孩子说谎，有时是一种幻想和想象的表现。孩子的好奇心强，脑子里会冒出各种各样的想象，把想象的东西当成事实，来满足自己的心理需要。当他把这种夸大的想象当作真实的东西说出来时，大人会将其视为谎言。各位爸爸妈妈要把孩子善意的想象和恶意的谎言区分开来。对于想象之光，不但不应该批评，反而应当鼓励，培养孩子的想象力。

二、取乐型说谎

有些孩子用欺骗来捉弄别人，自编自导恶作剧，还为此自鸣得意。比如我们小时候都听过的《狼来了》的故事，一两次说谎，有人会信，但是第三次，人家就不会再上当了。如果狼真的来了，就没有人会去救你，这样的故事会非常形象地引导孩子,欺骗别人,拿别人取乐,最后只会自食其果。

三、虚荣型说谎

有的孩子说谎,是为了不让自己丢脸,或者得到赞许的目光,炫耀自己。这样的谎言,爸爸妈妈在理解的同时,更要抓住孩子要"面子"的积极面,鼓励孩子,只有付出真实的努力,才能得到赞誉。

四、模仿型说谎

有些大人常常说谎,甚至要求孩子对别人说谎。比如身高超过120厘米,需要购买半票乘车,但大人为了逃票而让孩子谎报身高,这种言传身教,孩子自然会说谎成性。父母的行为举止对孩子的影响远胜于任何说教。家长不要一时贪小便宜,而给孩子立了一个坏榜样。

五、侠义型说谎

有些孩子为庇护弟弟妹妹或者自己的好朋友,为他们的不良后果承担责任而说谎。比如,哥哥看到弟弟不小心把爸爸的茶杯摔碎了,就谎称是自己干的。对于这种侠义型的说谎,家长既要肯定他的动机,又要引导孩子学会实事求是。

六、被迫型说谎

孩子犯了错,比如碰碎了花瓶,打翻了饭桌,怕受到大人的责骂,就用撒谎来掩盖错误,逃避惩罚。比如"墙上搞得乱七八糟不是我干的,是姐姐","冰箱里的冰激凌我没吃,是外婆吃的"。对于这类谎言,大人要从自身找原因,改变简单粗暴的教育方法,蹲下来跟孩子平等地交流,让他们觉得爸爸妈妈像朋友一样,这样孩子才会把真心话说出来,谎言也就不存在了。

孩子说谎,说明心智在成长,他们会窃喜:"我能发现你们大人发现不了的,本宝宝真是太厉害了。"当孩子的自我意识开始萌发的时候,他们不再会不假思索地"实话实说",而是学会了加工,先想一想,这是不是很大的进步呢?比如熊孩子会说:"脚疼,走不动了,妈妈抱。""幼儿园的其他小朋友都有托马斯小火车,就我没有呢。"机智的宝宝在委婉地表达一种要求,这么会说话,是看《奇葩说》长大的吗?

应对处于谎言敏感期的孩子(3—5岁)该怎么办呢?首先不要焦虑,冷静,冷静,再冷静,告诉自己这很正常,每个孩子都会有,千万不要站在道德高度去批评,而是引导他们顺利度过这个阶段,帮助他们建立自我意识与踏实、理性的人格。

推荐绘本

说谎是有代价的。

《别说谎,露茜!》

露茜喜欢说谎,打破了玻璃窗,会说是太空陨石砸破的;洗澡的时候把水弄得满地都是,还说是大象干的。她在家里的墙上乱写乱画,爸爸问起,她说是刚来家里做客的画家画的。

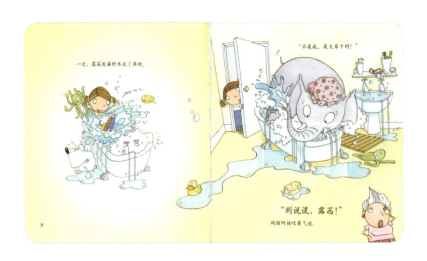

对待露茜这样调皮、屡教不改的孩子该怎么办呢? 故事的结尾跟我们耳熟能详的《狼来了》有异曲同工之妙。

· · ·

这是一个关于救赎的幻想故事。

一年前, 夏蝉失踪了。没有人知道她的下落, 除了她的三个最好的朋友。

暑假第一天的下午, 野狐、夏蝉、虎牙、笛妹, 四个小伙伴高高兴兴地朝妖怪山进发了。他们登到山顶, 开始做起了"妖怪抓小孩"的游戏, 手拉起手, 一边唱起自己编的歌谣, 一边转起圈, 谁先跌倒谁就是"妖怪", "妖怪"要去抓其他人。夏蝉先跌倒了, 她是"妖怪"! 她在追赶他们的过程中发生了意外, 三个小伙伴吓坏了, 扭头就跑……

《妖怪山》

三个小伙伴隐瞒了事情的真相, 但是内心也经历了痛苦的煎熬。他们想念夏蝉, 却又不敢面对现实。一年后, 夏蝉给三个好朋友写了一封信, 请他们重回妖怪山, 做完那个游戏, 这样她才会变回人类小女孩儿, 回到他们身边。

故事开门见山地说：每个孩子的心中都有一座妖怪山。它是孩子们游戏的场所、幻想的乐园，同时也是孩子面对危险的怯懦、面对困难的沮丧、面对责任的逃避——每个孩子在成长中都会犯下这样或者那样的错误，比如说谎，但是它的存在，就像阳光、雨露、友谊、亲情这些美好的事物一样。

英国作家切斯特顿曾经说："童话其实最真实不过：不是因为它告诉我们恶魔是存在的，而是因为它告诉我们恶魔是可以战胜的。"每个人都可以跨越自己心中的妖怪山，去面对自己的胆怯、自私与谎言！

三个小伙伴看到夏蝉被甩到山下，本能地逃走了，并且说了谎，但是经过一年的懊悔和痛苦，他们下决心再次上山，勇敢地做完游戏，这就是他们的抗争与担当。勇敢的孩子不是生来就有，道德也一样。人就是在这样的过程中，一点一点地成长起来的。

最后想跟大家再说一句："孩子撒谎，无须慌张，也不能放任，理性引导，千万别搞砸了。"

再分享几个建议：

1.信任、理解孩子，要让他知道，即使说了谎，你还是爱他的，能理解他的心情。

2.一旦孩子说了谎，要与孩子一起商量，下一次遇到类似情况应该如何处理。

3.不要用严厉的惩罚来威胁孩子，比如打骂，这个办法只会让孩子说更多的谎。

4.如果你发现孩子说了谎，不要立即当众指责或教训他，最好是找一个合适的时间单独与孩子谈。

5.大多数情况下孩子是因为害怕受到惩罚而说谎，所以要知道孩子说谎的原因。

6.平时多关心孩子的生活，对孩子的要求要切合实际，孩子做错事，要引导他什么是正向的行为。

7.如果孩子勇于承认自己的错误，应该立刻表扬他。

乐观
如何引导孩子摆脱困境，养成积极乐观的性格？

人生不如意事十之八九，即便是天性乐观的人也不可能做到事事称心如意，也不可能永远快乐。父母最好在孩子很小时就注意培养他们应对困境、逆境的能力。要是孩子一时无法摆脱困境，还可以引导孩子学会忍耐，或在逆境降临之时寻求另外的精神寄托，如参加运动、游戏、找朋友倾诉等。

推荐绘本

这本书用日记的方式，记录了小蚯蚓对自己、家人、朋友、同学、老师、陌生人，甚至地球的点点滴滴的观察和感受，虽然缺少连贯性，但很能得到孩子的认同。它不仅展示了奇妙的蚯蚓世界，传达了生物和地球等科普知识，还能帮助孩子养成积极乐观、奋发向上的人生态度。

《蚯蚓的日记》

一个小小的蚯蚓的故事，赫然展现了一个地球！地球是那么大，蚯蚓是那么小，但它们却是息息相关的。开篇就是"天生我材必有用"的基调。

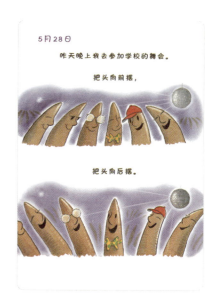

当你把蚯蚓的日记全部看完时，你会发现，小蚯蚓干了很多傻事、趣事、丑事、囧事、恶作剧等，就跟小孩子每天的经历一样，其中不乏挫折、忧伤，但画面中鲜艳的蝴蝶，还有郁郁葱葱的绿草，似乎在告诉小蚯蚓，地球永远不会忘记他的存在，绿草跟蝴蝶都得益于蚯蚓的滋养。

作者的想象力独特，丰富的细节也会让大小朋友叹为观止。比如蚯蚓没手没脚，怎么写字呢？再想象下，他是如何看书的呢？他用的凳子和桌子是什么样的呢？吃饭的时候，他使用什么餐具？睡觉的时候，他的帽子会挂在哪里？如果他被蜜蜂蜇了，会怎么样？带着这些问题，跟孩子再回看的时候，慢慢找答案，你会发现，原来简单的画面蕴含如此丰富的细节。

这本书登上过《纽约时报》畅销图书排行榜，可见孩子们的喜欢程度。

• • •

《忍者》

小主人公亮亮一直梦想自己能成为一名忍者，当他被忍者学校录取的时候，他快活极了。

"沉默是忍者的秘诀。"可亮亮无法保持沉默。他一边练习,一边大叫。于是,他被头痛大师送回了家。"忍者都可以消失在任何景色中。"可亮亮穿着漂亮窗帘做成的忍者服,一下子就被发现了。于是,他又被送回了家。

亮亮难过极了,连喜爱的马戏也不想去看。奶奶却说:"在欢乐中度过的时光才是美妙的。"亮亮很想好好努力,可是,去动物园演练的时候,他又控制不住自己,和熊猫比起武来。怎么办呢? 亮亮总想引人注目,他怎样才能成为一名优秀的忍者呢? 故事最后,他终于找到了表现自己的机会,成为"超级忍者闪亮亮"!

这个幽默的故事寓意很深刻,实现梦想、获取成功的路很坎坷,需要有积极乐观的态度,遇到挫折也要想办法克服,逆境的时候要学会忍耐。亮亮奶奶的人生哲学很赞,摘出几句精华,跟大家分享:

"最先被逮住的蟋蟀一定是叫得最响的那只。"

"在欢乐中度过的时光才是美妙的。"

"炫耀色彩的花朵很快就会被摘下。"

"自由流动的水总会找到它的去处。"

故事的主人公皮斯凯到了离开父母、开始独立生活的年龄,她一个人出门,寻找自己住的地方。虽然出发时她觉得好事情都在后面等着她,可是,真正碰到的却是一大堆困难。

《小皮斯凯的第一次旅行》

她看中的小镇不欢迎她,在暴雨中她被卷进河里漂流,只有一个黑暗的破旧树洞能让她安身……然而,皮斯凯总是充满好奇心和积极心,虽然有时感到孤独、害怕,但又能马上找出事物好的一面,惦记着爸爸的嘱咐,勇敢地往前走……

记得2004年刚到上海定居，我也像小皮斯凯一样，遇到了很多的挫折与困难——听不懂上海话，被出租车司机绕路，租房子又碰到难搞的房东，也会被同事嘲笑妆容太老土，但这些都会激励你变得更好，庆幸自己当时没有放弃。

给孩子看这些绘本的时候，要让他跟故事中的小主人公进行共情，在间接经历一场惊险旅行的同时，小蚯蚓、忍者、小皮斯凯积极向上的态度、与自然共生的思想会不知不觉地感染孩子，鼓励孩子无论遇到多大的困难与挫折都要勇敢、坚强地面对。

也许孩子还不能完全理解其中的含义，但是没有关系，富有营养的精神食粮，只要吃得开心就可以了，不一定非要了解其中包含着什么营养，因为它会不知不觉地起作用。

追求梦想

○ 如何给孩子种下梦想的种子？

小学四年级的时候,我跟家人去了一次北京,爬了万里长城,登了天安门城楼,游了故宫颐和园,那时候就在心里种下梦想,一定要走出十八线小城,到北京闯荡。一口气读完硕士就到北京找工作,终于在皇城根落了户,虽说住的是筒子楼,工作也是打杂跑腿,但下班后我可以到天安门散步,可以步行到北京人民艺术剧院看话剧,周末可以到美术馆、三联书店泡上一天,那种幸福的充实感是难以名状的。

一直很感恩爸妈在他们能承受的经济条件下,总是把最好的给予我跟弟弟。我在当了妈妈以后,也是如此。我不壕,没有能力给孩子报名动辄几万的欧美夏令营,但会保证每个假期带他们出去走走看看,谓之经历。经历没有高低贵贱之分,我们住过五星级的豪华套房,面朝大海尽享美食,增加孩子以后奋斗的动力。女儿会信誓旦旦地说:"妈,以后我会赚钱带你来!"我们也住过经济型酒店,吃过黑暗料理,在山区跟当地孩子一起体验生活。他们会感叹命运的不公,立志要努力去帮助更多的人,这也是经历,他们会更加珍惜当下有选择的生活。我会在冬天带他们去公园长跑,把毅力发挥到极致,虽然又冷又累,但是可以体验到坚持到最后的成就感,这也是经历。当然,最多的经历就是带他们每天看绘本,然后聊里面的故事情节,这些点点滴滴浇灌了他们的童年,也是他们今后人生的垫脚石。

教育孩子的核心在于激发孩子的梦想,其他都是补充。培养孩子追求梦想,首先,要在他的心里设下一根标杆,能不能成为标杆不重要,重要的是要用那根标杆来影响他现在的言行。其次,可以给他寻找一个直接的榜样或者环境,孟子的伟大源于孟母三迁选择的环境,孩子的成长环境是非常重要的因素。最后,想要把孩子培养成什么人,就要让他接触那类人。

这条鱼其貌不扬，但却异常聪明，最重要的是他有一个梦想，要到陆地上去生活。其他鱼都嘲笑他，但这条鱼却研发出走向陆地的各种设备，不仅实现了自己的梦想，还带领其他的鱼陆续走出海洋。故事的结尾是开放性的，这条鱼又脑洞大开："为什么不能上天？"每次读这本书，都会想到改变人类购物方式的马云，"梦想还是要有的，万一实现了呢？"

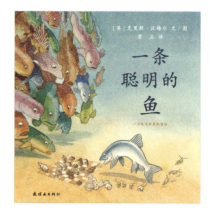

《一条聪明的鱼》

1932年，2岁的阿姆斯特朗观赏了一场飞行比赛，从此那架色彩鲜艳的"小飞机"从头顶呼啸而过的景象就在他脑海中安了家。他经常梦到自己屏住呼吸飞上了天，终于向爸爸妈妈提出要学开飞机。1969年，他终于登上了月球，成为人类登月史上的大英雄。

《伟大的一步》

这是根据真实故事改编的，两年前还有一部同名电影。男主菲利普从筹备在两座楼之间走钢索，到走上钢索的那一刻，用了整整6年时间！这足以证明他不是一时的冲动。支撑他走到最后一刻的，除了高超的技艺，还有他非凡的梦想。菲利普的确很"疯狂"，但我们不得不承认，这个世界就是因为这些"狂人"的存在，才变得精彩绝伦。

《高空走索人》

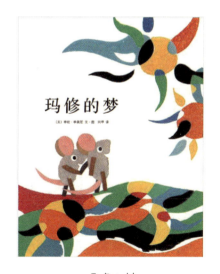

小老鼠玛修一家住在一个破破烂烂的阁楼里。爸爸妈妈很穷，并对独生子玛修抱着很高的期望。也许，他长大以后会成为一名医生。到那时，他们就能吃上意大利上等干奶酪，早餐吃，午餐吃，晚餐还吃。可是，当他们问起玛修长大以后想做什么的时候，他却说："我不知道……我想好好看看这个世界。"

《玛修的梦》

一天，玛修和他的同学们跟着美术老师去美术馆看展览。这是玛修第一次去美术馆。

在那儿看到的令他们大吃一惊!

那里有一幅巨大的肖像画,画中的鼠王四世穿得就像一位将军。旁边还有一幅画着奶酪的画,看得玛修直流口水。有些画里的老鼠竟然长着角和毛茸茸的尾巴。有的画里有高山,有湍急的溪流,还有树枝树杈在风中被吹弯了腰。玛修被这些充满想象力的画震撼了,他想,世界都在这里。

那天晚上，玛修做了一个奇怪的梦。他梦见自己和尼可莱塔手拉着手，走在一幅宽广无边、奇幻无比的图画里。各种顽皮的色块在他们脚下变换着。他们随着远方飘来的乐曲声轻柔地起舞。

突然，玛修惊醒过来，这里只有他自己。尼可莱塔和美梦一起消失了。他的阁楼一角看上去显得更加灰暗、阴沉了。玛修很失落，这让他觉得自己的生活也同样灰暗，没有希望。泪水在他的眼眶里打转。可就在这时，玛修眼前的一切开始变样了，就像被施了魔法。各种形状互相抱在一起，那些乱糟糟的废弃物原来暗淡的色彩，因为叠在一起也变明亮了。连皱巴巴的报纸现在看上去也变得柔软平滑起来。而且玛修觉得，他听到了从远处传来的一段熟悉的乐曲声。他激动地跑到父母的身边。"我知道了！"他说，"现在我知道了！我要做一个画家！"玛修成了一个画家。他勤奋工作，在巨大的画布上画满了欢快的形状和色彩。后来，他和尼可莱塔结婚了。没过多久，他变得很有名。世界各地的老鼠纷纷前来观赏并购买他的画作。他最大的一幅画现在挂在美术馆里展览，当有人问起这幅画的名字时，玛修笑了。"它的名字吗？"他想了想，就好像以前从来没有想过这件事一样，然后说，"我的梦。"

自信

○ 自卑不是源于缺点，而是源于没有与之对抗的优点

我们经常会碰到这样的情形：妈妈在厨房收拾，2岁多的宝宝跑过来要帮忙，妈妈赶紧说："你弄不好，等长大些再做。"3岁的儿子好不容易把衣服穿上身，爸爸跑过来说："哎，又穿反了，还是我帮你穿吧！"游乐园里，4岁的男孩儿要爬到最高的滑梯上，妈妈紧张地说："不行，那儿太高了，你会摔坏的。"

爸爸妈妈们一句无心的话、一个不信任的表情，都会让孩子丧失信心，觉得自己弱小、无能，做不了什么事儿，要完全依赖大人。

《人性的弱点》中有句话："培养自信的方法就是，做你害怕做的事儿，获取一次成功的体验。"用知乎网友的大白话说就是："你做成了一件事。你又做成了一件事。"

而爸爸妈妈的这几种行为，会在无意间破坏孩子的自信：

1.不相信孩子的能力

孩子在第一次完成父母交代的任务后都会满脸发光，非常自豪，如果孩子一直被看低，就没有机会体验到：我可以。

让孩子做一些力所能及的事：帮助妈妈摆碗筷，洗菜，下楼取个快件，自己收拾好玩具、床铺等，在成就感中找到自信。

2.不懂在孩子面前示弱

如果爸爸妈妈把什么都做得很好，孩子会感到自己渺小无能，永远超越不了父母是孩子最大的挫败感。懂得在孩子面前示弱绝对是一种育儿智慧。尤其是在男孩儿面前，一定要给他表现的机会，我就经常跟儿子说："妈妈是女生，你要保护我哟！"这招绝对有效，他会因此经常帮我拎超市的购物袋，夸张地表现出力大

无比的男子汉气概。

3.批评多于鼓励

孩子失败的时候,要把人跟事情分开——不是所有的事情都会成功,失败很常见,只是你的经验跟技巧还不足。多提建设性的意见,少一些批评指责,要知道,你的每一句批评都会放大孩子的缺点,摧毁他们的自信心。

应该这样做:

1.认真对待孩子的要求,他们会感到被重视

"妈妈,我要喝水。""我正在炒菜,杯子就在桌子上,你自己倒水喝好吗?"

2.给孩子自己选择的机会

"今天去幼儿园要穿什么衣服啊?""周末了,我们去哪里玩?""动物园还是科技馆?"

3.让孩子感到被需要

"能把妈妈的手机拿过来吗?""能帮爸爸一起把箱子抬上楼吗?"

4.做力所能及的事

孩子的自信来自你在每件小事上对他的认可,比如"能自己洗袜子啦,真干净"。

5.放大孩子的优点

不要乱表扬,而是有针对性地鼓励,比如我儿子没有什么特别的才艺技能,但乐高搭得挺起劲儿,我就拼命夸他动手能力强,有空间想象力。孩子得到赞赏,就会接受更多的挑战,以获得更多成功的喜悦,自信也会随之加强。

6.鼓励孩子探索感兴趣的事物

三四岁时喜欢玩水,就让他们给娃娃玩具洗澡、洗刷各种塑料玩具等,做这些事既能满足孩子戏水的兴趣,又能给他们带来欢乐,使孩子相信自己的动手能力,为建立自信打下基础。

7.帮助孩子发挥个性中积极的一面

性子急,就锻炼他做事情的速度;性子慢,就发展他的条理性。顺势而为,

不要逆着孩子的性子,让他对自己失去信心。

8.认可自己的外貌

个子矮小、身材高大都各有利弊,小眼睛、单眼皮也很时尚帅气,很多不自信源于对自己外貌的不认可。

推荐绘本

这是一个有点儿忧伤的故事。内文的图画色彩斑斓,但其背后却是一只名叫西蒙的鸟所经历的黑色岁月。小小鸟西蒙还不会飞,可外面的世界又大又神奇,充满了诱惑,西蒙想象着自己像爸爸妈妈一样飞翔起来。

《嚓~嘭!》

西蒙使翅儿向窗外伸着头。
突然,他一下子跌了出来,从空中一直向下飘落。
"救命!""没等他叫出声,就已经重重地跌在地上了。
"嚓一嘭!"当时,他的脑袋里发出了这样的声音。

可惜的是，西蒙根本不会飞，一出鸟巢就开始飘落下来，还未等他喊出"救命"，就重重地摔在了地上。没有粉身碎骨，已经是不幸中的万幸了。

当时不禁猜想，为什么爸爸妈妈不在身边？是忙于生计还是一时疏忽大意，无论怎样，这"嚓～嘭！"一声，都犹如晴天霹雳。西蒙的爸爸妈妈宛如众多父母的缩影，面对生命中突如其来的灾难，惊慌失措，不知道该怎么办。内心因为充满了愧疚、懊悔、负罪感，开始加倍地补偿，时刻陪伴着孩子，不敢有丝毫放松。但是孩子心灵中的那扇被关上的门，爸爸妈妈却不知道如何去开启，不是不想，不是不爱，而是不会，没有处理、解决的智慧与知识。只有学会如何正确地去爱，才能有力地转身，才能找到开启心灵之门的钥匙。

这天，一只年老的兔子来到了西蒙住的树下。
兔子捞出一本书，舒舒服服地坐在树下读了起来。
"哆～嘭！哆～嘭！"西蒙大声地叫着。

有一天，西蒙遇到了老兔子卡尔。卡尔相当有学问，他决定帮助西蒙，让西蒙重新找回自信，重新快乐起来。那天，西蒙用尽全身力气飞翔，并竭尽全力地对着大海叫呀叫呀，直到叫不出声音来。西蒙是多么想变回一只普通的鸟，不光会飞，还会叽叽喳喳、自由自在地歌唱。

第二天，西蒙在卡尔的引导下，回忆起自己悲伤的根源。这时，又一只不会飞但向往飞翔的小小鸟从鸟巢上摔下来，西蒙很快接住了它，才让这只小鸟免受了西蒙所经之苦。西蒙飞得那么优美,卡尔被震撼了。

知道一些心理学常识的人会知道,老兔子卡尔是在给西蒙做心理疏导,书中有一页画面全部变绿,给人一种蓬勃向上、朝气满满的生命力量。

卡尔召集了森林里的所有动物,让他们重新认识西蒙——一只飞得最棒的鸟。尽管西蒙还是只能发出"嚓~嘭!"的声音,但那已经不再重要,因为另一扇门已经向他敞开……

西蒙已经是一个直面问题的行动者,不再把注意力放在问题上,而是从问题中发现并找到价值、希望和力量。

其实每个孩子都有自己的强项与短板,家长要不断发现孩子的闪光点并且将它不断放大,不要让孩子因为某些嘲笑、失落、不如别人而产生自卑的心理,我们一定要坚信,老天爷对你关上了一扇门,一定会为你打开一扇窗。

第一眼看到小主人公凯，我就很喜欢。因为这个凯很像我的儿子，他小的时候，就跟凯一样，经常把鞋穿反，外套的纽扣会扣错扣眼，头上动不动就会撞出一个大包，飞奔的时候经常摔在地上。我相信这些熟悉的场景，很多妈妈也经历过。遇到这种情况，大人们往往会不由自主地皱起眉头，似乎完全听不见一个孩子最简单最天真的理由。

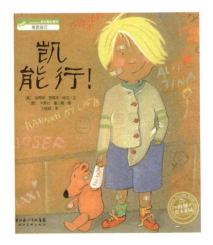

《凯能行！》

为什么总有一些家伙存心跟凯捣乱呢？比如马路上突然长出来的"幸灾乐祸的小石头"，比如故意藏到夹克里面的袖子，再比如冬天要穿的一大堆外套、围巾、长筒袜子和牛仔裤，更别提"会闪电般地跳起来"的牛奶杯子和小熊，等等。它们简直就是凯的死对头呢！它们是不是专门联合起来和凯作对呢？这么不怀好意又活灵活现……

面对这些混乱，谁又认真注意过孩子凯呢？尽管大家都看得出，凯是一个健康可爱、生气勃勃的小家伙，仅凭这一点，凯的母亲就该感谢上帝的赐予了。可为什么，我们常常对值得感恩的一切充满世俗的怨恨呢？为什么，我们总忍不住一遍遍对孩子抱怨"你就不能小心一点儿吗"？为什么在我们眼里，自己的孩子似乎总是比别的孩子笨呢？甚至于，为什么一个健康活泼的男孩儿在他母亲眼里，有时候还比不上一本不小心就翻破的小书，或者是一只不起眼被打翻的杯子呢？

或许，换一种立场我们会说，母亲们的抱怨其实包含了她们对孩子的深切的爱和期待。可是，我们是否意识到，这种爱和期待的表达方式是多么消极！大人们的焦虑和叹息对于孩子，与其说是一种不够公正的评价，还不如说是对一颗小小的自尊心的伤害。当孩子从成人的目光中接受了这种怀疑，就会像凯那样似懂非懂地重复着大人们的评价："我太笨了。我老是做错事。妈妈说我很烦人。"这真让人感到遗憾和心疼。

每个孩子总是在不断尝试中长大的。他们的生理系统尚未发育完善，有时候由于小肌肉群还不能控制自如，常常会在翻书的时候撕破它们，会将牛奶碰洒到地板上，这都很正常。重要的是，这时候孩子最需要的是来自他人，尤其是父母的安慰和鼓励。来自成人的耐心、肯定和抚慰，会在心理上帮助孩子克服沮丧与怯懦，建立再次尝试的信心。最后你会发现，孩子们的突飞猛进似乎就在一瞬间发生了。就像凯一样，当他在大灰猫的鼓励下发现并重新树立了信心，他神奇地做好了一切："这天晚上，杯子不跳了，图画书也很安静。"

是啊，凯拥有他的大灰猫，真值得庆幸。大灰猫及时出现在凯的身边，用它的赞扬纠正了凯对自己的判断。大灰猫真有那么神奇吗？相比大人们消极的抱怨，它只不过是用一种耐心积极的方式完成了爱和期待的表达，其实就这么简单。大灰猫看到了孩子眼里的世界，它更懂得安抚和鼓励的巨大推动力，而我们也该庆幸自己拥有一本这样完美的图画书。

有趣的是，如果你认真读一读最后一页中该书作者与绘者的自我介绍，你是否能从中依稀发现"凯"小时候的影子呢？他们现在自信地写着、画着，微笑地看着自己笔下的凯。当我合上这本可爱的小书时，情不自禁地想对不完美的儿子说一句："嗨，宝贝，凯能行，你也能行哦！"

· · ·

小朋友有没有想过，自己到底喜不喜欢自己？这本书里的主角，是一个"真心喜欢自己"的快乐小猪妹。她算不上特别漂亮，也没有什么特异禀赋，就像我们身边最常见的小朋友，但是她很懂得照顾自己，即使没有朋友在身边，也会做一些让自己愉快的事情。如果犯了错或是遇到了挫折，她会给自己再一次机会去尝试。

这本图画书，通过亮丽画面传达出的，是一种具有普遍意义的、非常重要的早期教育思想——孩子要从小建立积极的自我概念。自我概念是指对自己的感觉和认识。

从孩子口中，我们听到过太多"我喜欢妈妈""我喜欢爸爸""我喜欢老师"之类的外向性表达，"我喜欢自己"的自白对小孩子来说却相对陌生。而《我喜欢自己》这本书正是对"我"的明显强调，非常惹眼!

　　我虽然个子矮，只有一米五，但可以营造出五米一的气场，从自卑到自信，有两件事可以做：

　　1.看书，让你的世界变大，让你的思维开阔；

　　2.不断积累成功的经验。

　　《奇葩说》的马薇薇说："自卑不是来自你的缺点，而是来自你没有足以对抗的优点。"多发现孩子身上的长处，哪怕是一丁点儿，也要无限放大。

《我喜欢自己》

谦虚

○ 谦虚绝对是一种高情商的表现

谦虚是一种高贵的品质，是一种良善的表现。当与朋友发生争执与摩擦时，在不违背原则的前提下，学会退一步，会让自己迎来更多的好朋友。如果勇于道歉，敢于担当，承认自己的行为给别人带来了伤害，就会化敌为友，这也是一种高情商的表现。

但在如今少子化的社会大环境中，孩子得到的关注过多，各种需求容易被满足，容易造成孩子自满与跋扈，不太容易交到朋友。如何引导培养，这些做法可以参考。

操作要点

① **父母不要到处炫耀。** 虽然所有做父母的都认为自己的孩子是最好的，是最出色最优秀的，但是孩子取得了优异的成绩不要到处炫耀，这样不仅会让孩子变得容易满足，也有可能伤害到别人的自尊心，毕竟不是所有的孩子都能将所有的事情做得完美。

② **认识到自己和别人的优缺点。** 没有十全十美的人，每个人都有优点和缺点、长处和不足，就像我们不奢望猴子既会灵巧地爬树，又能迅速地解数学题一样。孩子也是如此，有的孩子擅长舞蹈，有的孩子喜欢书法，每个人的兴趣爱好不同，发展轨迹迥异，但是我们要让孩子认识到自己和别人的优缺点，这样才能够公正客观地看待自己和别人。

③ **尊重别人。** 或许你的孩子真的很优秀，成绩一流，乖巧懂事，既会弹钢琴，又会跳舞，还写得一手好字，礼貌又懂事，那么你无疑是幸运的。这时候即使为了尊重别人，也要学会谦虚，这不是虚伪，只是让孩子认

识到自己的不足，这样有利于孩子的更大进步。

④ **不自吹自擂**。小孩子嘛，自然是喜欢炫耀的，考了满分，得了奖状，喜欢让大家都知道、都来夸奖他，这也是无可厚非的。孩子成绩好，家长自然也很高兴，在表扬、认可孩子的同时，可以冷静地给孩子泼凉水，比如说这个成绩只代表过去，要想以后考得好成绩还需要日后的努力，告诫不要有点儿成绩就自吹自擂，以防孩子在潜移默化中沾染这种风气。

⑤ **开阔视野**。如果你的孩子真的很优秀，在你们的交际圈子里出类拔萃，那么真的恭喜你，但是为了孩子更好地成长和进步，你要努力咯。让孩子开阔视野，你可以带他旅游增长见识，也可以带他去图书馆认识知识的博大精深，或是讲述名人故事来激励孩子的上进心。总之，开阔了视野，他会自然而然地认识到自己的微不足道，并发自内心地谦虚起来。

推荐绘本

人贵有自知之明，这个道理要让孩子从小就明白，知道自己的不足，虚心接受别人的建议，不自吹自擂，也不妄自菲薄。

德国绘本大师雅诺什给我们讲了一个特别好玩的自我认知的故事：小猪们特别想要一个弟弟，而且想要一个特别的弟弟。爸爸为此去集市上买了一只小猪，还画上了条纹——看上去就像一只小老虎。小猪哥哥很牛气，弟弟都是老虎了，那我们自然也跟老虎一样厉害啦！为此他们对弟弟进行魔鬼式训练，很快他们几个就在同学中赢得了很高的威望。渐渐地，整个村子都知道了老虎弟弟，

《小猪和大国王》

他光彩照人、声名显赫，哥哥们就更是如此。终于一辆洒水车经过，弟弟身上的颜料瞬

间被冲掉了。老虎没了，荣耀没了，王位没了。四只小猪看到弟弟如今的样子，拖他回了家，还给了爸爸……

雅诺什用看似轻松的笔触告诉大小读者：猪就是猪，不是老虎。即使你画上一百遍一千遍，即使你推举他做国王，他还是猪。

雅诺什是一位风格鲜明的童话大师，幽默风趣的语言、高妙的智慧和感性的哲理，使他的图画书在孩子的阅读生涯中扮演了非常重要的角色。这套书很适合6岁左右的孩子看，其他9本分别是《虎皮鸭子和青蛙》《从前有只大公鸡》《驴子和猫头鹰》《科伯斯先生想亲小母鸡》《小猴子》《小提琴手蟋蟀和鼹鼠》《盒子青蛙君特》《我所有的小鸭子》《婆皮阿》，本本经典，都是孩子们不容错过的好书。

· · ·

"从前，有一对老先生和老太太住在……"这个开头的口吻我们太熟悉也太亲切了，很多民间故事与格林童话都是这样开头的。故事的大致内容是这样的：老奶奶想养一只猫，老爷爷就出门去找猫。他来到一个到处都是猫的山丘，把碰到的每一只漂亮的猫都带走了，于是，有几百只猫、几千只猫、几百万只猫、几千万只猫、几亿只猫，都跟着

《100 万只猫》

老爷爷回家了。为了要留下一只猫，所有的猫开始争论谁最漂亮，这些猫气得你吃我，我吃你，最后只有一只很不起眼的小猫活下来了。老爷爷和老奶奶终于发现，这只猫是世界上最漂亮的猫。成千上万只猫为了名利、荣誉、地位而争吵，他们哗众取宠，不遗余力地争斗，结果呢？

故事很经典，是美国史上第一本"真正的绘本"，虽然销量不高，但我觉得有必要给孩子看看这样的故事。随着人生阅历的不断丰富，背后的人生意义他会慢慢了解。家长们不用刻意让孩子从中了解谦虚的含义，只要他在趣味中能找到一丝感觉就行了。

责任心

○ 培养孩子有担当没那么难

前段时间我的颈椎顽疾复发，整个人只能躺在床上，脖子后面贴了不少膏药。两个孩子那几天特别懂事，帮我翻身揭下膏药，还会学着大夫的样子给我按摩几下，感动得我都要哭了。尤其是大女儿，每天早上睁眼第一件事就是问我："妈妈，脖子好点儿了吗？"然后还会主动帮我贴膏药。这个小细节让我感受到，孩子的责任感源自"爱"，爱妈妈才会让他们生出关切、责任与力量。

如果在生活中给孩子一些这样的机会，让他们为爱的人做些什么，他们会心生喜悦，也会有小小的成就感，这是激励他们慢慢养成责任感的最好动力。

我们总是觉得，满足孩子的需求才能给他们安全感，但是孩子也应该"被需要"，责任感、担当这些词没有那么沉重。助人者自助，当孩子被人需要的时候，他们很愿意扮演"能人"，这对他们来说，也是一种鼓励与嘉奖。如果他们在过程中遇到一些困难，我们可以适当给予协助、指导，让他们有机会独立把事情做完。

过失的担当：允许孩子犯错，但不可以推卸责任，更不能帮助孩子找理由逃避责任。无论犯了什么样的错误，都要有勇气去面对，比如弄坏了朋友的玩具就应该赔偿或者修补好，一时冲动打了人就应该道歉，等等。

推荐绘本

一个孩子蒙着脸哭泣，是谁欺负了他呢？所有的孩子都说"不是我的错""不关我的事"……没有人帮助小男孩儿，也没有人承认是自己的错误。作者用简洁的线条和生活化的语言讲述了一个经常发生在我们身边的小事。最后，几幅关于污染、战争、贫困等灾难的照片赫然出现，震撼人心。"世界上正在发生的许多事，我们都责无旁贷。"作者以黑白素描的形式向孩子传达出勇于担当的责任感。有时候，"事不关己，高高挂起"的确是一些人的处世哲学，但这不值得提倡，父母要让孩子明白承担责任是一种积极向上的美德与品质，正确的三观养成很重要。

《不是我的错》

获得过凯迪克大奖（绘本界的奥斯卡）的大卫系列有《大卫，不可以》《大卫上学去》《大卫惹麻烦》《大卫，圣诞节到啦!》等，这里给大家介绍的是《大卫惹麻烦》的故事。这个淘气的小男孩儿在经历了被妈妈说"不可以"，被老师说"不可以"的成长过程后，似乎并没有痛改前非，在这本书里，他继续发挥超人能量，开始到处惹麻烦!

跟前面的两本相比，我们会发现一些细小的区别。在家里被妈妈说"不可以"的大卫年龄还小，所犯的错误是那个年纪的孩子不可避免的，比如踢球把玻璃窗砸碎，把泥

《大卫惹麻烦》

巴弄到地毯上，打碎妈妈心爱的花瓶等。孩子在年幼无知的时候闯祸并不让人意外，如果没有妈妈一声声地"不可以"，他们怎么能知道日常生活里什么可以，什么不可以呢?在《大卫上学去》一书里，学校里的大卫明显长大了一些，他所犯的那些错误都是出于

身处新鲜的集体生活,希望展现自己,赢得大家关注的表现。

　　而在这本《大卫惹麻烦》里,大卫好像又长"本事"了,他拒绝进食、大声问话、出言不逊……这些都显示着大卫在尝试支配自己的生活,而这一次,他真的受到了惩罚——在黑暗中孤独地入睡。作者巧妙地将乏味的说教隐藏在故事之中,没有任何父母会容忍孩子说谎。当然,单纯善良的大卫很快意识到自己为什么受到惩罚,勇敢真诚地承认错误之后,大卫也第一次表达了对妈妈的爱。入睡后大卫坦然幸福的脸和妈妈温柔的手,让读者不禁又在期待,下一次大卫的归来……

　　从大卫系列中我们不难看出,孩子在成长的过程中,调皮捣蛋、闯祸犯错都在所难免,我们能做的是好好引导,让孩子知道哪些做法是对的,哪些是错的。孩子犯了错,我们要让他们学会去承担恶果,培养孩子的责任心正是从生活中的一点一滴做起。

· · ·

　　让孩子干点儿自己想干的事,培养他们的责任心。

　　这是一个在美国畅销了半个世纪的经典故事。暑假到了,汤米的爸爸没有带他出去度假,而是同意了他替外出度假的邻居们照顾植物,这是汤米自己非常喜欢的事情。

因为有热情，他学习得很快，把植物照料得非常好。他按照各种花的习性，细心地照顾着，还跑到图书馆查资料，到园艺店去请教，自己想办法解决养花遇到的各种问题。邻居们的夸奖，让他体验到了劳动带给别人的快乐，也增强了自己独立做事的自信心。

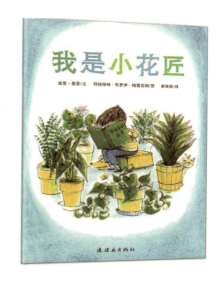

《我是小花匠》

这个平凡、朴实的故事，非常有画面感，小主人公汤米自己制订暑假计划，努力执行的身影，让人感动。能够真心让孩子干自己想干的事，而在一旁守望的父母，又有多少呢？

孩子们做自己喜欢的事情，不需要家长督促，也会主动、积极、专注地去做。在这个过程中，他们学到了知识，积累了经验，更掌握了自主学习的方法。世界上的知识，你用一生也学不完。但是，掌握了自学的方法，有了自学的能力，知识一生为你所用。

我特别喜欢汤米爸爸的那句话："这个假期哪儿都不去，你想干什么就干什么吧！"但是，汤米干的事，超出了他的预想。汤米的妈妈因在忙碌中，未加思索就允许汤米做了小花匠。结果，家里到处摆满花盆，"干扰"了正常的生活，弄得一家人在"热带雨林"里过了一个夏天。但这是小汤米自己的选择，他要对自己的选择负责，所谓"言必信，行必果"，尽管有很多困难与困扰，他还是有始有终，绝不轻言放弃。

• • •

家的味道，就是大海的味道！山水迢迢，风雨来袭，悟空不知疲倦地护送小鲸鱼回家。这是鲸鲸的回家之旅，也是悟空的成长之旅！一个艰巨的任务，一段暖心的旅程，一群团结的小伙伴，把悟空的淘气转化为力气，把悟空的骄傲磨炼成毅力，让悟空和鲸鲸感受到集体的温暖。这本书可以带你认识孩子成长中的责任、担当、团结与温暖。

在生活中，我们经常会碰到这样的孩子，他们某方面的能力超过同龄孩子，比如更会跑、更会跳、力气更大,或者说话更早、唱歌更好、做手工的能力格外突出,等等。这些孩子有时候需要承担更大的责任与压力,同时也会碰到更大的挫折与失败。小悟空一开始就有凡事较劲的心态,一赌气什么都自己来。男孩儿从认识到身体优势的那天起,自我就先建立起来,但是自我与他者的矛盾也由此产生。解决之道是从帮助别人做起,慢慢地找到一个平衡点,别人需要我,我也需要别人。只有合理释放的能量才能转化为正能量,才能建立起孩子的信心与勇气,乃至担当。

《小鲸鱼回家》

值得一提的是,这本书是曾经获得上海国际童书展"最佳原创图画书奖"《悟空,乖!》的续集,相信内容绝对不会让大家失望。

坚持

如何用绘本故事培养孩子持之以恒

女儿曾经想放弃跳了3年的舞蹈,主要原因是很多动作做不到位,同学都比她跳得好,她有挫败感,加之有一次把韧带拉伤了,就更不想跳了。当初选择跳舞是她感兴趣自己选的,我只给她报了一个才艺班,如今她想半途而废,很令我抓狂,逼迫她会让她产生逆反心理,顺着她等于半途而废啊!看了一些相关的育儿书籍,我有了些许启发,分享给大家:

1.平时多培养孩子的任务意识

给他定一个小目标,比如21天养成一个看书的习惯,每天一本,固定睡前一起读。不给孩子难度过高的任务。任务太多太难,会使孩子望而生畏,导致对抗或放弃。对于一些难度较大的任务,可以把它分成一个个小目标。如让孩子一次性做25道题,他可能会觉得很难完成,而每做5道题就歇几分钟,你点评一下,给孩子一点儿鼓励,他就乐于完成了。

2.不要打断孩子正在进行的活动

大人不分时间、场合经常打断正在专心做事的孩子,比如,孩子正在看书,妈妈不时地问他"要不要喝水",他的阅读兴致自然会受影响。孩子的思维活动需要连续性,经常受到干扰,心就很难静下来,持之以恒就很难养成。因此,当孩子全神贯注地搭乐高、拼拼图的时候,千万别打扰,给他一个沉下心来做事的氛围,长此以往,孩子的专注度就会有提高。

3.利用游戏、运动,培养孩子的坚持性

比如角色扮演的游戏,让孩子履行好角色的职责,做医生就要医治病人,做妈妈就要照顾好小宝宝,做交警就要指挥好交通,做老师就要管理好学生——这些都有助于提高孩子的坚持性。

还可以设立一些孩了感兴趣的体育活动,比如踢球的体能训练,今天设定的目标是2—3圈,如果完成,可适度表扬。一个月后可以增加到4—5圈,就这样一天天坚持,久而久之,便能养成坚持的好习惯。

与其说孩子持之以恒的特质是一种美德,倒不如说是一种好习惯,而好习惯的养成需要一个好榜样,下面的几个绘本故事可以帮助大家。

推荐绘本

小主人公贝琳达很喜欢跳芭蕾,但是选拔会的评委却嫌她的脚太大而拒绝看她的表演。她只好放弃跳舞,到餐厅找了一份服务员的工作。虽然她也很喜欢餐厅的老板和客人,可还是常常怀念跳舞。

《大脚丫跳芭蕾》

有一次大都会乐团来用餐,贝琳达的即兴表演让大家惊呆了。

她终于回到了梦寐以求的舞台,开始为更多的人跳舞。贝琳达很快乐,因为她可以一直跳下去,至于那些评委会说些什么,她一点儿都不在乎了。

当时正好有一部电影《了不起的菲丽西》上映,讲的是一个喜欢跳舞的女孩子经历了无数的挫折、失败才取得成功的故事,如此双管齐下,我的女儿被激发出了强烈的热情,每天又开始下腰、劈叉,动作越来越标准,老师也夸她进步挺大。所以当孩子想要放弃的时候,给他一些时间放空,再好好想想,不要急于做决定。

这些音乐家每天到餐厅演奏，贝琳达每天趁客人还没上门，就随着他们的音乐跳舞。

有一天，费莱迪先生问贝琳达愿不愿意跳给客人看，贝琳达微笑着回答："哦，当然好啊！"

餐厅里的客人都很喜欢她的表演，他们高兴地去告诉他们的朋友，那些朋友第二天就来到费莱迪餐厅。

他们也非常喜欢……

就这样，贝琳达到了大都会剧院，随着"费莱迪好友乐团"美妙的音乐翩翩起舞，她好喜欢跳舞！评审委员们大喊："太精彩了！多么像燕子、鸽子、羚羊啊！"

他们全神贯注地看她跳舞，完全没有注意到她的脚有多大。

· · ·

这是一个真实的故事，以美国黑人教育家卜克·华盛顿为原型改编而成。

华盛顿小的时候家里很穷，他每天要到盐场干活，生活的艰辛和疲惫没有磨灭他认字看书的梦想，他把握机会坚持向一位认字的先生请教，靠着惊人的毅力，最后成了美国的议员、教育家和作家。

书中描绘的情形虽然离我们的孩子有一点儿遥远，但是温馨的画风与动人的故事却能让孩子们感受到坚持的力量。

我在小时候看过一本《居里夫人传》，每当碰到困难、挫折的时候，都会想到其中的细节，给自己一些激励与慰藉，告诉自己再坚持一下就雨过天晴了。

《最想做的事》

一天，小乌龟在洞前吃着树叶，忽然听到一对鸽子在交谈——狮王二十八世要举行婚礼了，他邀请了所有的动物都去参加。小乌龟想：为什么不去参加这有史以来最热闹的婚礼呢？去狮子洞的路程很远，但是对于从未见过世面的小乌龟来说，这的确是一个很大的诱惑。

思考了一整天之后，小乌龟上路了。路上，他遭到了蜘蛛、蜗牛、壁虎等各种动物的嘲笑和阻拦，还走了很多冤枉路。后来得知狮王二十八世已经去世，但他仍然坚持往前走。最后，有幸赶上了狮王二十九世的婚礼，终于看到了盛大美丽的婚礼场面。

《犟龟》

我们每个人都要上路，都要做事，如果像故事中的蜘蛛、蜗牛、壁虎，自作聪明、想得太多，而又自信不足，就会变得碌碌无为。而乌龟呢，他特别尊重自己的决定，坚持到底，就是胜利。

　　故事向孩子传达了一个非常深刻的哲理：既然上路了就要每天坚持，总有一天会碰到最华丽的庆典。

· · ·

　　故事的小主人公乔丹酷爱打篮球，每个星期六他都会和哥哥们一起到公园打球，可是他的个子太矮了，传球老是被超截，他很沮丧。

　　妈妈却有一个神奇的妙方：每天晚上让乔丹在鞋子里撒一些盐，然后祷告，很快就会长高了。

　　乔丹将信将疑，不过还是按照妈妈的话做了。在接下来的两个月里，他每天穿着同一双鞋在球场上不停地练习，身高却没有任何变化，他有些难过。但是爸爸却有不同的想法：长得高或许球可以打得比较好，但是

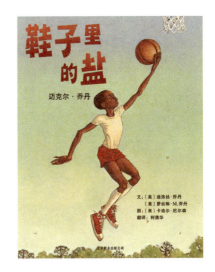

《鞋子里的盐》

反复练习、坚持和全力以赴，才能让你成为真正的赢家。

　　乔丹是很多孩子心中的偶像，这个真实的故事向孩子传达了——成功来之不易，只有不断地坚持、努力，才能实现你的梦想。

《葡萄》

　　故事的主人公小狐狸，天真可爱，他嘴馋好吃，这一点倒是符合小孩子的天性。他要种葡萄吃，于是去请教别人，牧师告诉他，种葡萄要有爱。虽然听起来有些文绉绉，但小狐狸还是用笔认真地记下来，还跑去图书馆搜集种植葡萄的技术。

　　读到这里我们会为这只认真的小狐狸由衷地点赞，当看到他忍住自己的嘴馋，而理解"爱是恒久忍耐"时，又会微微一笑。作者有意把"爱"这一高尚又严肃的事，与"吃"这一看起来既不高尚又不严肃的事联系在一起，从而营造出幽默效果。

　　没有严肃的思想，没有过剩的情感，默默地坚持，不断地努力，一定能把事情做成。

　　如果我们承认小狐狸追求"吃"的生活也是生活的话，我们就应该为执着追求梦想、努力求得实现的小狐狸的天真所感动。他对"吃"有着天然的执着，为了实现"吃"这一理想，采取积极的行动，坚持不懈，克服各种困难，最后实现了自己的梦想。

分享

很多家长会碰到一个头疼的问题，就是自己的孩子不愿意跟他人分享。碰到好吃的，他自己霸着，别人多看一眼，他都会捂起来。

就说我们家的两个熊孩子吧，虽然姐姐和弟弟相差4岁多，但还是会经常因抢东西而发生口角、争执，甚至大打出手。我妈(孩子外婆)总会在一旁批评姐姐："你怎么不知道让着弟弟一点儿，大家一起吃，一起玩，啥都不跟弟弟分享，你怎么那么自私、小气啊？"

的确，分享是一种美德，但引导孩子之前，我们要明确：学会分享，并不意味着不去捍卫自己的物权；学会分享，并不意味着可以随意侵占别人的东西。

我们常常挂在嘴边的"你要分享啊"没有错，但我们太看中"分享"这个结果，而忽视了要达到它的过程，以及在这个过程中孩子必备的能力。

举个简单的例子，我们都希望孩子学习好，成绩佳，反复灌输给孩子的就是"你要不断努力"，但是没有告诉他们怎么做才能做到"学习好"：良好的学习习惯有吗？学习策略有吗？每天的学习计划有吗？这些才是我们大人需要帮助孩子的，而不是用一句泛泛的"你要努力"就将其涵盖。

"分享"跟"努力"一样，对孩子来说，太抽象，太宽泛，他们不知道如何操作。"能一步一步来吗？能具体一些吗？"简单的一句"学会分享"，其实是很不负责任的，也剥夺了孩子为人处事、与人沟通相处的社交能力。

再碰到姐姐不愿意弟弟拿她的东西时，我就会说："小鱼，这是姐姐的东西，她有权决定是否要跟你分享，应该尊重姐姐。下次她要拿你的东西时，你也可以拒绝的。"让我惊讶的是，弟弟突然扭脸，表现出可怜兮兮的样子说："姐姐(平时都是直呼名字的)，我好喜欢你的蜡笔，就给我玩一会儿好吗？求求你了！"如此一来，姐姐还真的就把蜡笔拿给弟弟了。我再次佩服儿子软硬兼施的高情商。

操作要点

① 想要别人手里的东西, 要先学会询问, "我可以玩一下吗?""能跟我一起玩吗?"这就是"尊重"。

② 如果被对方回绝, 自己想办法进行"商讨、谈判", 在"尊重"的前提下表达自己的欲望, 这些是需要练习的。

③ 碰到"求分享"的孩子也要学着应对。哪些东西我愿意分享, 哪些东西我不愿意分享? 我愿意跟谁分享, 绝对不让谁触碰我的东西? 这个就包含一些主观的成分了, 没有统一的标准, 只能具体问题具体分析。只有孩子经历了才会有所体会。

④ 分享的确该提倡, 但一定要让孩子感受到: 分享是快乐的, 分享是自愿的。当孩子体会到快感与好处的时候, 才能发自内心地去主动分享。

⑤ 大人绝对不能做的是, 强行夺过孩子手中的东西分享给他人。这是你利用强权, 赤裸裸地抢夺。孩子的物权受到了威胁, 会本能地捍卫, 拿不回就只能大哭大闹。

推荐绘本

引导孩子建立物权意识, 但不要苛求。

彩虹池塘中央的小岛上住着3只自私的青蛙, 他们一天到晚不停地吵啊吵啊, 生怕对方占了便宜。有一天, 暴雨来袭, 小岛即将被吞没, 他们挤在一起共同面对困难。洪水退去后, 青蛙们不再吵闹了, 而是一起玩耍, 一起分享快乐。

《这是我的!》

孩子在优美、有趣的故事中，真切地感受到3只青蛙互相友爱的快乐和满足，尤其是故事的最后画面，特别感人。这就是安宁，这就是美丽，这是属于我们的时刻。

2岁左右的孩子，已经有了私有财产的概念。他会明确指出，这是我的，不会让其他人来染指自己的东西。这时候家长千万不要妄加标签，评价自己的孩子自私、小气，其实这是孩子再正常不过的成长历程，家长稍加引导就可以了。

还想跟大家提及的是，这本书的作者李欧·李奥尼，拿了4次凯迪克大奖，这可是绘本界的奥斯卡大奖哟。

• • •

圆圆和点点不再是小宝宝了，他们有了一个新家。他们特别喜欢这个新家，喜欢到不让小麻雀、小猫、小狗靠近。但是到了晚上睡觉的时候，他们觉得好孤单、好寂寞啊。当他们叫来了其他小动物一起挤到新家睡觉的时候，感觉温暖极了，自己也不寂寞了。

故事非常适合1—2岁孩子亲子阅读。家长可以引导孩子，在你跟别人分享以后，会有非常愉快的体验，正所谓独乐乐不如众乐乐。

《圆圆和点点的家》

• • •

这是一个让孩子体会分享是快乐的故事。鲁拉鲁先生有一个整齐、漂亮的院子。为了守护心爱的院子，他总是随身带着弹弓，一看到有入侵者，就赶紧把他们全部赶出去。有一天早上他起床看到院子时吓了一跳，竟然有一根大木头躺在草坪上。他非常生气，要把它赶走。可是木头却突然张开了大嘴巴，原来这根木头是一只大鳄鱼。鲁拉鲁先生连忙拿出弹弓，可是他一想，万一鳄鱼生气了，跑过来咬我怎么办呢，于是他决定先观察观察。结果，鳄鱼向鲁拉鲁先生招了招手说："喂，老头，你躺下吧，舒服得很呢。"

《鲁拉鲁先生的院子》

鲁拉鲁先生醍醐灌顶，绷着的脸放松了下来。他头一次感受到软软的小草，痒痒地扎着肚子，真的很舒服呢。看到他那陶醉的样子，跟之前僵硬的表情，真是大相径庭。

故事在慢慢向孩子展现分享是一件非常快乐的事。鲁拉鲁先生原本自豪的是他干净、整洁、漂亮的院子，但是后来最让他骄傲的，是院子给大家带来了快乐和舒适。

• • •

这是一个授人玫瑰、收获温暖的故事。

《彩虹色的花》

早春的一天，雪还没有完全化掉，原野上突然绽放了一朵彩虹色的花。终于能见到太阳了，彩虹色的花十分高兴，由衷地跟每个人分享自己的快乐。每次路过它身旁的，都是一些善良可爱的小家伙。彩虹色的花总是很热情地帮助它们，慷慨地把自己的花瓣一片一片地交给蚂蚁、蜥蜴、老鼠、小鸟、刺猬，于是小家伙们心满意足地走掉了。彩虹色的花也分享着它们的快乐。

随着季节的变化，彩虹色的花慢慢地枯萎老去，被掩盖在白茫茫的雪地下。虽然彩虹花离开了，但是给大家留下了一片温情。

第二年，冬去春来，彩虹色的花又回来了，又见到了温暖的阳光，孩子能够从中体会到生命新生的快乐。

当你学会分享付出的时候，朋友和友谊也会如期而至。

小皮斯凯在卡茨大伯的商店里看到了漂亮的彩色玻璃，非常想把它买下来。为了这个目标，他拼命地干活儿。

有一天，他偶然帮助了小乌鸦（爸妈认为的天敌），并且跟小乌鸦交上了朋友。小乌鸦默默地鼓励他，安慰他。小皮斯凯不辞辛苦地把小乌鸦送回家时，受了伤。

下雨天，小皮斯凯又遇到翻倒的货车，但是他还不忘跑去帮助别人，结果自己的愿望最终没能实现，但他一点儿都不后悔。这

《小皮斯凯的第一个朋友》

种真诚的友谊，最后还是给小皮斯凯带来了安慰和奖励。

小朋友会被这个一波三折的故事深深吸引，小皮斯凯愿意分享、乐于助人的真诚和美好，会在小朋友的心里埋下一颗美好的种子。随着孩子慢慢长大，生活阅历慢慢丰富，这颗美好的种子一定会发芽、开花、结果。

这是一个美国版的关于"众人拾柴火焰高"的故事。

三个和尚来到了一个饱经苦难的村庄，村民们常年在艰难的岁月中煎熬，心肠已经变得非常硬了，不愿意接纳任何人，不愿意分享，也不想帮助任何人。

和尚们用煮石头汤的方法，让村民们不知不觉地付出很多。在这个过程当中，他们明白了一个道理，那就是付出越多，回报也就越多。

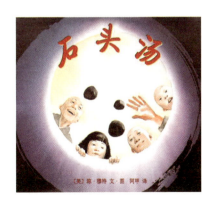

《石头汤》

这个绘本故事已经成为全国百所小学和幼儿园推荐的必读书目。该书的作者琼·穆特，也是凯迪克大奖的得主。

●●●

3岁以上的孩子完全可以接触更高层次的关于分享的故事，不仅包括交换玩具和食物。这个故事发生在第二次世界大战结束之后，整个欧洲都面临着战后的萧条和破败，荷兰也不例外。一天，在荷兰奥斯特小镇上，有一个女孩儿凯琪意外地收到了美国小女孩儿罗西寄来的包裹，里面有肥皂、毛袜子、巧克力，还有温馨的书信。这让凯琪和她的妈妈以及邮递员，都感到日子有了无限的光彩。两个小女孩儿虽然相隔几千公里，但她们却开始了一段特殊的友谊。罗西和妈妈把荷兰奥斯特小镇的情况告诉了很多朋

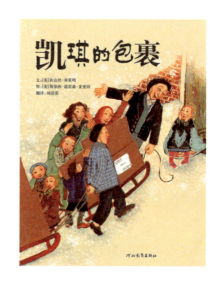

《凯琪的包裹》

友，让他们发起募捐，整个冬天持续地将包裹寄往荷兰。春天的时候，在美国的罗西也收到了一个令她惊喜不已的包裹，一个来自荷兰奥斯特小镇的礼物。猜一猜，是谁寄给罗西的呢？包裹里又有些什么呢？

虽然这个绘本故事所描绘的年代离我们有些久远，但有的时候生活中突然而至的灾难，会让人变得很无助，只要人与人之间互相分享、互相关爱，人的希望就不会被摧毁。

孩子不愿意跟人分享，有时候是担心自己心爱的东西被别人破坏，比如，爸爸妈妈送给他们的礼物等。家长还是要尊重孩子的意愿。另外很多私密的东西是不能与人分享的，比如孩子用的水杯、牙刷、小内裤，等等。

没有孩子天生愿意分享，习得分享真的是很困难的事，我们需要多创造一些机会跟环境。孩子学习的过程可能有些缓慢，但不要焦虑，多给孩子肯定的鼓励，让他慢慢体会分享的快乐。

宽容

"他上课总是乱插嘴，不听老师的话儿，我们都不爱跟他玩。"

"都怪他跟老师提问题，害得我们又多了一项作业，以后不理他了。"

记得小时候在班里，我也会随大流儿地孤立某些不太受"待见"、经常被批评的同学，现在想想，真的很不应该。他们也许偶尔犯错冒犯了我，但自己的不宽容是不是太过计较、小气呢？

缺乏宽容心的孩子容易走极端，不容易让人亲近，时间长了，没人愿意与他玩耍，人际关系会越来越差。

究其原因，还是孩子自我意识过重，考虑问题总是从"我"的角度出发，不能从对方角度想。只知道"自我感受"，总是挑剔别人的过失与不足，说白了就是，我自己都有理、都对，错在对方，是别人不好。

讲个历史小故事：三国时期的蜀国，在诸葛亮去世后任用蒋琬主持朝政。他有一个名叫杨戏的属下，性格孤僻，不善言语。蒋琬与他说话，他也是只应不答。有人看不惯，在蒋琬面前嘀咕说："杨戏这人对您如此怠慢，真是太不像话了！"而蒋琬却坦然一笑，说："人嘛，都有各自的脾气秉性。让杨戏当面赞扬我，那不是他的本性；让他当着众人的面说我不好，他也会觉得我下不来台。所以，他只好不作声了。其实，这正是他为人的可贵之处。"

这是"宰相肚里能撑船"典故的由来，有了宽容之心，蒋琬才能以德服人，才能当好宰相。

操作要点

① **学会换位思考, 多沟通交流。** 比如刚才提到的"害"全班同学多写作业的孩子, 他会不会觉得很委屈、难过呢? 问问自己的孩子, 如果这件事情是你引发的, 你会怎么想? 每个人都有这样那样的毛病, 人无完人, 要多看别人的优点、长处, 试着从小事中学会感动。宽容别人也是善待自己。记得女儿有段时间放学回家总是抱怨某个同学, 但有一次她忘了带餐具, 就是这个同学借给她的, 我就借机说了句: "关键时刻, 人家救了你的急啊!"

② **父母的言行尤其重要。** 父母是孩子的镜子, 孩子是父母的影子! 育儿就是育己! 教育孩子也是爸爸妈妈教育自己的过程。快递小哥送餐晚了点儿, 没必要不依不饶地打电话投诉, 他们也很不容易, 酷暑严寒中奔波, 不是一般人都能承受的, 大家彼此需多一分理解、宽容。接过快递不忘说声"谢谢", 这些不经意的小事会给孩子立榜样。你善良, 孩子善良; 你冷酷, 孩子亦冷酷。

③ **鼓励孩子多参加集体活动。** 英国有句谚语: "犯错是人性, 宽容是神性。"孩子只有在集体活动中, 通过与同伴交往, 才能体会到宽容的意义, 体验到宽容带来的愉悦。引导孩子不去忌妒比自己强的人, 不嘲笑"差的"伙伴或者竞争对手。在一个团队中, 个人的勇于承担会收获他人的感激、友情、欣赏。当团队遇到失败时, 引导孩子分析失败的原因, 不要一味互相指责。

④ **让孩子多亲近大自然。** 大自然有着无穷无尽的奥秘和神奇之处, 是最生动的教科书, 而且永远读不完。花草树木、山水虫鱼, 无不蕴含着美的因素。有条件的话, 多带孩子出去走走、看看, 游历自然的大好河山, 让浩瀚的海洋、奔腾的河流、秀丽的湖光山色陶冶孩子的心灵, 开阔视野和胸襟。如果条件不允许, 就利用节假日或周末带孩子走出封闭的钢筋水泥大楼, 到附近的公园里玩一玩。

小羊遇到了蝴蝶，他一直希望蝴蝶能留下来陪他，但蝴蝶喜欢海阔天空地飞呀飞……小羊和蝴蝶最后会在一起吗？

故事借由小羊和蝴蝶的互动，呈现了两种截然不同的生活模式：小羊群居，蝴蝶单飞。

他们相遇所产生的趣味对话，让孩子了解包容和尊重的道理，学会去接纳与包容不同的声音，让不同的乐器共同合奏出动人的乐章。如果一味地要求和自己性格不同、生活方式和行为习惯不同的人跟自己一样，那么对彼此都是一种伤害。

推荐这本书还有一个原因，就是它的图画创作者是绘本大师艾瑞·卡尔，代表作《好饿的毛毛虫》《棕色的熊，棕色的熊，你在看什么？》相信大家都看过，这本《小羊和蝴蝶》也不能错过。

《小羊和蝴蝶》

● ● ●

这是一本幽默、机智且充满想象力的绘本。

一只勤劳的面包店猫伙计，却摊上一个吝啬而苛刻的老板——下班后抓不到老鼠，交不出老鼠尾巴，连早餐都没有。老板吝啬也就算了，还有一个坏脾气、懒惰的老板娘，总对他呼来喝去，骂得他"猫"血淋头。猫伙计太悲惨、太憋屈了。一开始，他只是逆来

《面包店的猫伙计》

顺受，但后来在老鼠们的帮助下，想办法赶走了老板和老板娘，成为面包店的主人。

整个故事充满戏剧性，画面幽默，细节丰富，对话充满孩童的真诚。猫伙计在面对不合理、不公平、不开心的事情时，接受了小老鼠们的帮助。猫和老鼠本来是一对天敌，但在面对共同的对手时选择了合作。与猫相比，老鼠是弱小的，但弱小的老鼠反而发挥出异常强大的能量。

这个故事告诉孩子，宽容不是怕人，不是懦弱，不是盲从，不是人云亦云。宽容是明辨是非之后对同学、朋友的退让，而不是对坏人坏事的妥协。

勇敢

○ 孩子太胆小了，怎么办？

孩子在成长的过程中，需要勇气去应对生活中的各种状况与变化：第一次伸出小手去抓东西，第一次扶着墙直立行走，第一次开口叫爸爸妈妈，第一次独立坐马桶拉大便，第一次向妈妈坦白闯了祸——这些都是内心充满勇气的表现。

谁都希望自己的孩子勇气可嘉、自信满满，但常常都是事与愿违，比如课堂上老师提问，从来不敢举手，抑或是举的高度只有自己能看到；都上学了，还不敢一个人睡一个房间；半夜上厕所更是要叫上大人，因为怕黑……

为什么孩子缺乏勇气呢？

1.性格偏内向，要在熟悉的人和环境面前才能自信地展现自我；

2.平时对孩子的要求太严格了，令他们不知所措，不知如何做才好；

3.大人的脾气暴躁，一言不合就大声呵斥，发火批评，孩子变得谨小慎微；

4.环境的突然变化，比如原来是爷爷奶奶抚养，现在转为爸爸妈妈了，教养规则的不同，也会让孩子在一段时间内变得内向。

操作要点

① **孩子害怕时，不要生硬地把他推出去。** 我经常看到亲子故事会活动上，孩子赖在妈妈怀里不肯跟其他小朋友坐到一起。这时候如果你把他硬生生地推到前排，他会紧张到大哭，正确的做法是让他先在你的大腿上坐一会儿，直到放松、熟悉。你需要改变自己的期望，接纳他的胆

小，让孩子慢慢去适应新鲜的事物跟环境，时机合适了，他自己会充满信心地尝试。这个过程可能需要一些时间，需要我们的耐心，引导孩子不就是静待花开的过程吗？

② "以毒攻毒"，陪他一起找到解决恐惧的办法。孩子对黑暗与怪兽会产生恐惧，是因为他们的认知还没有达到解释这些现象的水平，带他们去实地体验、尝试、感受，会收到意想不到的"以毒攻毒"的效果。记得我带孩子去恐龙园玩的时候，他们很想尝试鬼屋，但又因为恐惧而拒绝进入。其实当时我也有点儿害怕，虽说"为母则刚"，但我也对那个黑漆漆、不时传来尖叫的房子充满了恐惧。具备勇气不是不害怕，而是尽管害怕，还要挺身而出。最后我们手拉手，跟在几位男性游客的后面，试探性地走了进去。虽然手心出汗，小心脏怦怦乱跳，过程中不断大喊大叫，但走到出口的那一刻，我们还是欢呼着跳了起来。这中间有征服恐惧的喜悦，也有激发勇气的成就感。

③ 带上让孩子安心的慰藉物。有没有发现，孩子总是喜欢搂着毛绒玩具睡觉，外出离家要带上心爱的小毯子，这些东西可以带给孩子战胜内心紧张、恐惧的力量。类似的还有"超人的披风""英雄的佩剑"等，此外孩子与"想象中的朋友"对话也会让他获取足够的安全感与慰藉。下次再遇上孩子可能害怕的情况时，就带上他心爱的玩具、熟悉的物件来缓解他的焦虑与恐惧吧。

④ 不断鼓励的暗示法。当孩子战胜了自己的恐惧做成某事时，一定要赞赏、表扬，哪怕是小小的进步也好。比如吃饭可以不再用宝宝椅，骑车不再用辅助的轮子，你都要及时地夸赞一句，这些鼓励都会增加孩子继续前行的勇气。

推荐绘本

勇气是个抽象的概念，怎么跟孩子描述呢？

这个故事很接地气，将勇气具象化、故事化，非常有画面感：勇气是你第一次骑车不用安全轮；勇气是你有两块糖，却能留一块到第二天；勇气是你跟别人吵架后主动讲和；勇气是改掉坏习惯；勇气是去参加朋友的生日派对提前到场；勇气是不开灯也可以上床睡觉；勇气是努力藏起你的小气、忌妒……这些情节好像是随意说出来的，你一言我一语，让孩子兴致勃勃地参与其中，一个快乐的、能够激发孩子想象力与勇气的游戏就这样开始了，勇气也被我们深深地记了下来。

《勇气》

当然，孩子也会记住另外一个词、一个概念、一种精神、一种品行，多年后当他为生活奔波而感到困顿的时候，当他惶恐、犹豫，碰到挫折，或者对未来迷惘的时候，这些简单、滑稽的画面会带给他无限的勇气与力量。

· · ·

这是一本畅销了40多年的经典绘本，故事包含了孩子们迷恋的元素：冒险、反抗、友情……

在樱花幼儿园，有两个让孩子害怕的东西，一个是壁橱，一个是鼠外婆。一天，两个犯错的小朋友被老师关进壁橱后，竟然遇到了鼠外婆，并与她展开了一场大战。凭着勇气、决心和友谊，两人最终携手冲出地下的世界，又回到了壁橱里。从那以后，壁橱和鼠外婆成了幼儿园两个最让人快乐的东西。

这本书有些另类，一共80页，比普通绘

《壁橱里的冒险》

本的页数多了一倍多，而且不是彩色的，但这并不妨碍孩子们喜欢。暗色调的图画加上刺激的故事，绝对可以帮孩子战胜恐惧！

• • •

这本书是帮孩子找到突破自我的契机。

《第一次上街买东西》

第一次的经历对孩子的成长非常有意义。比如，第一次独立出门，第一次一个人去上学，第一次烧开水，等等。孩子独立完成一件事，所产生的成就感是他勇敢迈出脚步的良方。

5岁的小惠突然被妈妈指派到商店去买牛奶，这可是她头一次自己上街买东西呢。跟所有的孩子一样，小惠非常喜欢帮爸爸妈妈做事儿，于是她大着胆子接下了工作，兴奋地跑出家门。但是她越走越害怕，尤其当一辆速度很快的脚踏车飞驰而过时，小惠的勇气一点一点在消失。还好这时候她遇到了好朋友小毛，小毛惊讶与佩服的话语给了小惠不少的勇气。

很多小孩儿为了在同伴面前表现出很厉害的样子，会硬着头皮去做一些自己不太有把握的事，这种心理恰恰是孩子突破自我的一个契机。

• • •

有时候，恐惧是自己吓唬自己。

这本书字数不多，但很有节奏感，如童谣般朗朗上口。

从前有一片黑黑、黑黑的荒野。荒野上，有一片黑黑、黑黑的树林。树林里有一座黑黑、黑黑的房子。房子的正面，有一扇黑黑、黑黑的门。门后面，有一个黑黑、黑黑的厅。厅里面，有一段黑黑、黑黑的楼梯。爬上楼梯，是一条黑黑、黑黑的走廊。走廊的尽头，是一块黑黑、黑黑的帘子。帘子后面，是一个黑黑、黑黑的房间……

作者非常了解孩子的心理，用悬念迭起、连环扣似的结构，把孩子的好奇心紧紧吊了起来。一口气把故事读完，神经绷得紧紧的孩子都会长长舒上一口气，情不自禁地笑出声来。空无一人的大房子里，居然只有一只小老鼠。

其实所谓的恐惧完全都是你自己在吓自己呢。

《一个黑黑、黑黑的故事》

操作要点

① 锻炼孩子。你要给孩子锻炼的机会，让他敢于迈出第一步。

② 不怕挫折。引导孩子在面对挫折的时候要有勇气，勇于担当。

③ 给予鼓励。告诉孩子，没有人是会永远成功的，人生允许有很多的失败。

④ 无条件的爱。在孩子失败或者是有挫折的时候，要无条件地接纳，给予他们无条件的爱。这比成功时候的掌声来得更有力。

坚强

◯ 如何培养孩子的抗挫能力

比智商、情商更重要的是逆商。

小说《离歌》里有个非常优秀的男孩儿,名叫毛比,一路从小学到高中,都是同龄人中的佼佼者,但在高考当天,他却由于迟到半小时而被拒之门外。他一路痛哭回家,把自己反锁家中,接下来的考试他拒绝参加,还对着爸妈嘶吼:"都丢了一门分数了,还考什么考?"高考结束的当晚,毛比从自家阳台跳了下去,留下遗书:"我是个失败者!"

现实生活中碰到挫折自杀的孩子不在少数,上海某重点高中,一位成绩优秀的学生由于一次模拟考试的失利而跳楼自杀。据《南风窗》杂志的不完全统计,在中国,每年自杀的年轻人在25万左右,其中不乏年轻有为、成绩优秀的人。

错过高考,可以再考,复读进入名校的大有人在。

失恋,心仪的人离你而去,可以再重新寻觅,没准儿会碰上更好、更合适的。

这些碰到挫折选择结束自己生命的年轻人,一句话描述就是"太扛不住事儿了"!在心理学上有个专有名词就是"逆商太低"。

逆商又叫挫折商,是由美国著名教育家保罗·斯托茨提出来的。也许你没碰到过因为挫折而自杀的人,但你身边一定有这样的人:他们会因为一点儿小事不如意而到处发脾气,因为遭遇一点儿小挫折让整个生活变得乱糟糟。

在保罗·斯托茨看来,一个人的逆商可以从4个方面来看:

1.控制。风浪来临时,你是否能控制住,不让它失控。

2.归因。直面挫折,找到失败的原因,承担后果。

3.延伸。能否控制住自己的情绪,不让事情的恶果延伸到生活的方方面面。

4.耐力。有时候,风浪会持续很长一段时间,你能否坚持下去。

逆商低的人,有时候不至于做出自杀等极端的行为,但常常会因为挫折、失败、困难而搞乱自己的生活,逃避责任,自暴自弃。

如今的爸爸妈妈,非常重视孩子的智商与情商,唯独忽略了逆商。

人生其实异常漫长,世界永远比我们想象的要残酷,每个人都要经历大大小小无数的风浪。古人云:笑到最后的,才是笑得最好的。

分享5种帮助孩子提高逆商的方法:

1.鼓励教育,尽可能鼓励孩子去尝试新事物。

2.包容错误,告诉孩子享受过程,而不是结果。

3.多带孩子出去走走,见世面很重要。

4.挑战有难度的人与任务,有难度才会有失败,培养孩子正视失败与分析原因的能力。

5.情绪控制教育,告诉孩子不要因为一点点的挫折就全盘放弃,还会有很多翻盘的机会。

推荐绘本

人生是一场马拉松,挫折与幸运共存。

小主人公内德收到了一封信,有人邀请他去参加惊喜派对。哇!真幸运啊!但是难题来了,派对在1000公里以外的佛罗里达州,而内德住在纽约,怎么去呢?

幸运的是,一个朋友借给了他一架飞机。但是挫折又来了,飞机爆炸了。幸好飞机上有个降落伞。但是内德没高兴多久,就

《幸运的内德》

发现降落伞上有个窟窿。啊呀呀，这可怎么办啊！

内德在去往派对的路上还会发生什么意外呢？小朋友们一定会被这悲喜交加的戏剧性场面深深地吸引，每次翻页都有惊喜，虽然内德的麻烦不断，但他每次面对困难都很乐观，积极寻求解决问题的办法。比如刚刚摆脱了水里的鳄鱼，一上岸就碰到饥肠辘辘的老虎一家。他赶紧跑，跑得比老虎快，结果不小心跑到了老虎洞。面对绝望，他开始不停地挖洞自救，终于成功脱身。

当你想克服困难的愿望足够强烈时，整个宇宙都会来帮你。

虽然在去派对的路上困难重重，但是都被幸运的内德一一化解。最后他也体验到成功带给他的巨大喜悦。

值得一提的是故事的结尾，没有我们期待的完美结局，而是在最后一页又出现了乌云。这种开放式的设计，预示着有可能困难还会来临。但是只要我们意志足够坚定，像内德一样积极寻求解决问题的办法，就会逢凶化吉，否极泰来。

· · ·

鼓励孩子走出家门，多去游历，多去尝试。

有人对弥留之际的老人做过调查，问他们这辈子最遗憾的事情是什么，回答出人意料，他们不是后悔这辈子做了什么，而是后悔有什么事情没有去做。所以我们看到这只可爱的小海豹马文才会眼前一亮，他敢于幻想，更敢于去尝试别人不敢想的事情。走出去，就会发现不一样的自己，就会体会到闻所未闻的快乐。

《海豹的旅行》

　　故事的开篇我们看到了灰不溜秋的海豹马文孤零零地站在页面的中央，就他一个，神情沮丧。再翻一页，沮丧的海豹不止一个，是一群。他们冻得瑟瑟发抖，挤作一团，相互取暖，灰突突的页面终于有了一丝色彩，马文那顶橙色的帽子格外亮眼，注定了他跟那群海豹不一样。

　　他厌倦了每天都是同样寒冷的鬼天气，每个看上去都差不多的海豹，讨厌每天都吃同样的食物，最让他受不了的是，这种平淡如水的日子，从来都不会发生任何新奇的事情。

　　直到有一天，他阴差阳错地搭上了一辆外星来的飞碟，奇迹终于发生了，绘本的色彩也绚丽起来（故事的高潮总是通过彩色的跨页来表现）。马文在闯入人类世界的路上，见到了闻所未闻的不同风景，他兴奋坏了。

　　人类也对这个天外来客惊呼不已，各国媒体纷纷报道，马文一下子成了万众瞩目的明星，走到哪里都会受到热烈的欢迎。但是没过多久，马文就对这种生活厌倦了，他知道这里不属于自己，是时候离开了。于是他重新登上了飞碟，跟地球人一一告别。读到这里，可能有读者会唏嘘，马文展开探险之旅才短短一个月就厌倦了呀，其实这正是孩子的心理，神游一番后，还是要回到自己熟悉的家人朋友身边。

重新见到家人朋友的马文却很开心,开始享受起平淡的生活了,这样的结尾意味悠长,有时候换个角度看同样一件事,心境也会不同。

海豹马文正是通过自己的冒险与游历,经历了一次与同类完全不同的人生体验,达到了内心的满足与升华。

• • •

放松心态,困难就会迎刃而解。

一个好的绘本故事一定妙趣横生,跌宕起伏,结尾开放,让你浮想联翩。每个孩子读完都有一个属于他自己的结尾,这也是"横看成岭侧成峰"的玄妙之处。

《鸭子的假期》

鸭子好不容易去度个假,就想一个人安静地享受时光,结果被各种小意外、小挫折给破坏了。吵闹的高潮画面,色彩绚烂,页面被撑得满满的,让人透不过气,突然画面暗淡了下来,狂风大作,乌云密布,大雨倾盆,鸭子沮丧到了极点。

这还不够,接下来,白皑皑的大雪把鸭子埋了起来,就在小读者也被搞得情绪低落时,一道彩虹出现了,鸭子又回到了海边度假的场景。等到你刚想长出一口气的时候,凶神恶煞的海盗又来了,他们居然要把鸭子给煮了吃。

故事起承转合的节奏被处理得很好,满是各国签证图章的前后环衬页十分吸引人,首尾的遥相呼应像极了电影的序幕与闭幕,将读者的情绪收放处理得妥妥的。

　　重视孩子逆商的培养吧，不要让他赢在了起跑线上，却因抵御不了风浪，而被拍倒在路上。

2

心理调适

执拗

如何面对孩子的"我不"

孩子进入2岁以后,你会发现他没有以前那么听话、乖巧了,拒绝你的次数越来越多。你让他去洗手,他偏不;你说这种东西不能碰,他却偏要去碰碰、摸摸;你说吃蔬菜有营养要多吃,他却偏不吃。经常是你说你的,他做他的,甚至他还会与大人顶嘴。这些负面情绪的出现说明他已经进入了执拗期。

出现执拗的原因:

首先,随着长大,孩子的反抗力也随之增强。德国的一位儿童心理学家追踪调查了100名2—5岁具有强烈反抗意识和毫无反抗意识的两组儿童。至青年期,反抗力强的孩子有85%成长为意志坚定、极具判断力的年轻人;而没有抬杠意识的孩子发展成为意志力强的只有24%,所以执拗未见得是坏事,有反抗才有判断。

其次,孩子把大人的话当耳旁风,是觉得大人说话太唠叨。当他们能听懂大人的话,开始懂一点事时,大人就显得很唠叨,于是只好捂上耳朵不听,自我防卫。如孩子打翻了杯子,大人开始责怪,孩子会不吭声,避开与大人的冲突。不听就不烦心,也就不会有冲突。有时候,大人说"我已经对你说三次了,你还不把它捡起来"时,小孩不听不捡,为的是试探一下父母的权威究竟到何种程度。

如何减少孩子执拗的情绪呢?

操作要点

① **要先倾听孩子说的话。**很多爸爸妈妈没有意识到自己平时对孩子的要

求常常置之不理。孩子的要求对大人来说可能微不足道，可对他却很重要。孩子因能力有限表达不清，导致大人没有耐心倾听，会使孩子感到沮丧和不被尊重。如果大人能经常倾听孩子的要求，孩子也不太会拒听大人的命令。

② **大人对孩子的要求应符合实际。** 大人常对孩子提些孩子搞不明白的要求，或是一次性提出太多、太复杂或不明确的要求，孩子都难以实现。长此以往，孩子就会产生无力感，不知道怎么做才会达到大人的标准，索性固执己见，故意不作为。

③ **说话要有亲切感。** 不要在距离很远的地方或背对着孩子发号施令，应该注视着孩子，最好是蹲下来，在同一水平面说话，让孩子有亲切感和被尊重感。

④ **命令要简单、亲切。** 学龄前的孩子，注意力集中的时间短，所以大人的吩咐要清楚明了，简单易懂，不要模棱两可，复杂深奥。

⑤ **如果孩子对大人说的要求没有反应，可通过另一种方式引起他的注意——移动孩子的身体。** 比如叫孩子吃午饭，而孩子只管玩，不理睬，可把他抱起来，带回桌边。如果他在伤害他人，又不听劝告，要立即终止他的行为，带他离开。态度要友好，不要大声呵斥，强行把孩子拖走。

⑥ **表示关心。** 当孩子愿意听你的话时，要及时表扬，表示更多的关心和注意，比如说，"我一叫你你就过来吃饭，我很高兴，谢谢你"。

孩子在2—5岁时正处于自我启蒙期，会开始动脑思考问题，观察周遭的一切，若在此时压抑孩子的反抗，会限制孩子独立思考的能力。相反，我们应该充分尊重孩子的个性。例如在家中，要先弄清孩子"我不"的原因，把他不讲理或不适当的行为一一列出，不要给他乱发脾气、借题发挥的机会。每天固定一个时间，单独与他在一起，交流一天的活动、感受，最好不要有第三者在场。如果你做得不对，应该坦率地向孩子道歉。只要你的态度好，方法得当，再犟的孩子也会向你敞开心扉，做到这一步，再对症下药，见效自然快得多。

《根本就不脏嘛》

主人公是一个极其淘气的孩子。比如,在吃饭前,妈妈说一定要洗手,她会回答:"可是我一直用餐具吃饭啊,手脏有什么关系呢?""只有在吃豌豆的时候,才需要用手抓,可是我压根就不吃豌豆!"

对于家长来说这真的是一个棘手的问题，多么执拗的孩子啊。她不喜欢洗手，觉得只有手真的很脏时才需要洗，而自己的手根本就不脏。虽然她会玩泥巴，还摸小兔子，玩水，抓鱼，可是她认为这些根本用不着洗手。有一天，妈妈告诉她，她手上其实有好多好多细菌，小女孩儿由此想到了许多许多……

我的两个孩子小时候也不愿意洗手，为此我给他们看了书中放大版的细菌，他们吓坏了，一想到这些虫子都会粘到食物上再被吃到肚子里，就乖乖地洗手去了。

这个故事非常幽默搞笑，会让很多大人回想起童年。虽说自己小时候也是这样，但理智告诉我们，讲究卫生是一个孩子在涉世之初就要养成的好习惯。尽管孩子百般耍赖，大人还是不能妥协，要心平气和地引导与监督。

看到标题就会觉得非常亲切吧。

很多孩子都很怕洗头，不哭不叫的孩子真的很少见。我的女儿整整哭了半年，各种洗头的方法和装备我都试过了，但只要淋浴喷头一举，她就哇哇大哭。当我翻开这本书的时候，她特别有兴致，还腼腆地笑了，也许跟小主人公很有共鸣吧。

麦克非常讨厌洗头。每天早晨，麦克一睁开眼睛立刻就问："今天星期几？"而星期二是洗头日，因为怕洗头，麦克也害怕星期二。

《星期二洗发日》

紧接着，作者交代了小麦克为什么怕洗头。原因很多，居然有一个是"我怕会淹死啦"！再来看看洗头"酷刑"的执行者——妈妈，即便麦克激烈反抗，她的态度仍然很坚定，毫不手软。爸爸呢？在一番"歪理"（居然提议拿一条湿毛巾帮麦克擦擦头）未被采纳之后，就气呼呼地躲到别处，等洗头大战结束后才回来。

接下来，故事的"主戏"就集中在麦克和小姐姐丹妮的身上。丹妮想帮麦克(或者也想帮妈妈)彻底解决每个星期二必定会上演的"洗头大战"。她酝酿了一段时间，突然有一天想到了一个好主意。丹妮建议麦克干脆理一个大光头，这样"妈妈就没有东西可洗了"。

来到理发店，看到另外一个小男孩儿剪头发的情景时，麦克打了退堂鼓，姐姐提醒他"今天是星期二，是洗头日"，麦克还是说"我想回家"。到了这个时候，小麦克的心里已经衡量出，洗头再讨厌，也"总比理个大光头要好吧"！

我女儿看到这里时好像悟出了什么，居然问我会不会给她剪光头发。我马上配合地说："女孩子剪光头太难看了，洗得干干净净、香喷喷的才好。"

之后洗头她还是会哭，但明显很配合了。过了一段时间，洗头就变成了自然而然的事。

• • • •

这本荣获2012年"罗尔德·达尔幽默童书奖"的绘本，源自作者女儿成长中的真实故事。小孩子故意找碴儿、发脾气的场景，相信能引起很多家长的共鸣。故事以"我"的口吻娓娓道来，很容易将读者带入小女孩儿贝拉那单纯敏感的内心世界，进而用孩子的视角观察、感受周围的人与事，体会那些"小事"带给孩子的冲击，倾听孩子对爱与理解的渴望。

《我的大喊大叫的一天！》

故事的主人公贝拉度过了"大喊大叫的一天"，就像有朵小乌云跟着她，挥之不去。她心情糟糕极了，用"大喊大叫"的方式撒泼耍赖。细细看来，这些让她不爽的都是"小事"——成人往往会禁不住说"干吗那么在乎呢""没事的""你应该……"，而这正是成人容易陷入指责与说教误区的地方。

让我们来看看贝拉妈是怎么做的吧——她没有顺着孩子的负面情绪走，而是让她先发泄，然后适当安慰。

首先，贝拉在大喊大叫时，只是在抱怨，只是陷入糟糕的情绪后无法摆脱，并没有做出伤害他人的举动，所以，贝拉的大喊大叫算不上是"错"。其次，贝拉在抱怨吃鸡蛋、饼干碎掉、不想穿鞋时，贝拉妈妈没有迎合她的不合理要求；在贝拉抱怨洗澡水凉、饭菜烫、不想睡觉时，贝拉妈妈也没有惊慌失措地赶来照顾她。

贝拉妈妈一直在做的就是静静陪伴，但绝不纵容溺爱。夜晚来临，贝拉大喊大叫的一天结束了。情绪平静后，此刻的贝拉最需要什么呢？一个温暖的拥抱，一句宽慰的话语。那是妈妈的爱，贝拉知道，无论怎样，妈妈都是爱着自己的。

操作要点

① **拒绝的同时适当地安慰。**比如，想吃巧克力却被拒绝了，孩子肯定觉得

委屈，于是哭闹表示反抗。家长可以适当地安慰，如给他一杯鲜榨橙汁代替。

❷ **转移注意力**。小孩子的注意力易分散，很容易就被新鲜的事物所吸引，比如他在墙上乱涂乱画，你就引导他："啊，我这儿有一张更大更漂亮的纸，咱们在那上面画画肯定更漂亮。"妈妈的建议很有吸引力，孩子很容易会将刚才的事情忘掉，跟妈妈一起去找漂亮纸张疯狂作画。

❸ **激将法**。比如吃东西的时候三心二意，没吃两口就说不吃了，妈妈用勺子盛起一勺，说："你不吃了呀，那给哥哥了。"哥哥也很配合，马上张大嘴巴。孩子一看，立马把小嘴张开，吞掉了勺子里的食物。利用孩子的好胜心理，激发他们的自信心去克服任性。

孩子的"反抗"心理，是独立的个性发展的重要标志，是一种正常的心理发育现象。因势利导，因材施教，对孩子的合理行为与要求，既要满足还要鼓励；对不合理部分则要采用适当方式加以引导，避免采用强硬手段。

孩子挑食厌食、不好好吃饭怎么办？

孩子挑食不好好吃饭时，真想打包快递到非洲饿他两天。

为什么会挑食？

1.孩子1岁以后就会出现自我意识，进入人生第一个反抗期，坚持自己的意愿，表现为大人给他选择的食物，他会拒绝。

2.吃得多，根本不饿。如果口味好的零食吃得多了，当然正餐就吃得少或者不想吃。

3.如果父母本身就有不爱吃的东西，孩子肯定会有样学样。

4.孩子多少都有一些逆反的心理，他会通过挑剔、拒绝食物来获取父母更多的关注。

应对孩子的不好好吃饭，我们做父母的就该对症下药，在孩子挑食的时候，不要强迫他吃，更不要去指责，正所谓"己所不欲，勿施于人"，你自己都有不爱吃的东西，干吗要求孩子什么都吃呢？胡萝卜、绿叶菜有营养，不吃问题也不大，实在想让孩子补充，就动动脑子，变出花样来给孩子做，就像下面绘本故事中的可爱食物形象。

孩子挑食换个角度，也是一件好事儿，说明他有自己的主见，知道去选择，去真实表达自己的愿望。

总之一句话，挑食没什么大不了的，一定要放下焦虑，从孩子成长的长度看，少吃一顿或者不吃什么，对他的生长发育影响不太大。反倒是你追在后面喂，逼他吃这、吃那，会让他产生逆反心理。

下面的这些故事会帮助到各位父母。

画风属于日系小清新，活泼又呆萌。翻页的方式也很特殊，是纵向的，大人跟孩子一起做游戏，里面的小鹿、小兔、小猪、小老鼠和小象，分别代表周一到周五的时间。食物分配好，放到可爱的餐盘里，对宝宝说，我们今天吃小鹿套餐好不好？也可以模仿故事中的场景来点仪式感，比如用一块布把便当盒包起来，慢慢打开后就会发现小兔子形状的米饭（这个模具可以在网站上买到，网上

《开始吃啦！》

还有不少妈妈给娃儿准备了创意饭菜）。为了大口吃饭的熊孩子，妈妈们加油吧！

有时候不是孩子挑食，是你做的太难看、太难吃了。

● ● ●

全套共6本：

《鸡蛋妹妹我爱你》

《纳豆妹妹我爱你》

《豆腐哥哥我爱你》

《西瓜弟弟我爱你》

《苹果弟弟我爱你》

《饭团弟弟我爱你》

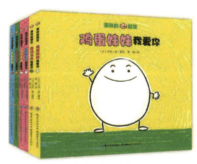

《美味的朋友》

黄色的蛋蛋君,圆滚滚,有鼻子有眼睛,还有两只小手招呀招的,超级可爱!

扑通! 鸡蛋妹妹从高处掉下来。骨碌骨碌,骨碌骨碌……啊——摔碎了,蛋蛋君怎么办呢?

这些被冠上了弟弟妹妹昵称的普通食物,就像陪伴在孩子周围的亲密玩伴一样。故事情节不复杂,但是很吸引孩子,尤其是当食物们遇到麻烦时,他们会说"不用担心"。这句话就像咒语一样,使人豁然开朗,我跟两个孩子都很喜欢这种活泼的拟人形式。他们在吃饭的时候,"鸡蛋妹妹""豆腐哥哥"地叫着,心情十分愉快,饭也吃得很香甜。

这套经典的食育绘本,在日本畅销了很多年,帮助成千上万的孩子爱上吃饭,爱上水果蔬菜,养成健康的饮食习惯!

生气

孩子总爱生气，乱发脾气怎么办？

孩子生气不可怕，可怕的是你错误的处理方式！

爱发脾气是孩子在1岁前后出现的现象，一旦不如意，他们便会"动肝火"。发脾气高峰在2—3岁，这时候他们的自我意识已初步形成，有自己的主张，但又不能很好地用语言表达，于是吹胡子瞪眼、拍桌子、大喊大叫……

要想让孩子少发脾气，我们首先要找到原因，才能对症下药。

1. 被过分溺爱。爸爸妈妈如果对孩子有求必应，任其为所欲为，孩子就会利用你来实现自己的愿望。这种放纵失教的情形，会慢慢养成他们暴躁的性格。

2. 遭受了挫折。挫折感也是孩子发脾气、生气的主因之一。2岁的孩子成长得很快，有一种强烈的想自立、想"掌控"事情的愿望，却常常被大人或自己有限的能力所阻碍。这时孩子遇到失败、挫折会感到沮丧，对自己的无能感到愤怒，因此试图发泄。

3. 模仿成年人。有些大人遇事很容易大发雷霆，若父母或老师容易发怒，孩子会相应模仿。许多父母会在儿女身上看见自己的影子，其中有可爱的一面，也有可憎易怒的一面。

4. 身体劳累。出去玩得太久太嗨或者睡眠不足、疲劳过度等，都可能使孩子发怒动气。若孩子湿了尿布、肚子饿了或身体虚弱等，也都有可能令他们容易生气。

5. 健康问题。身体不适、生病会影响控制能力。孩子遇到一些不如意的事情，也容易失去自制力。还有在生病期间，孩子受到的待遇特殊，一旦病好了，特殊待遇取消，孩子便会发脾气。

曾经有这样一句话："我们总是把坏脾气留给最亲近的人。"也许孩子生气、发脾气仅仅是希望爸爸妈妈能多陪陪自己、多关注自己、多理解自己。所以最不该做的就是：孩子情绪不好，你跟着火冒三丈。一旦以怒制怒，孩子就会觉得他的愤怒是理所当然的,暴躁的爸爸妈妈谁受得了? 既然你们态度恶劣,我也没必要和颜悦色。

面对孩子的生气,爸爸妈妈的最高行为准则就是:你越火大,我越冷静!

这是因为:

1.情绪可以传染。父母冷静的安定氛围会对孩子情绪的恢复起到正面的作用。

2.镇定的处理方式,也是孩子需要学习的课程。你的冷静处理与和平解决有助于孩子控制自己的情绪。

这就是我们常说的"以静制动"。举个例子:

每个周六的早上,女儿都要去少年宫跳舞,有一次她闹情绪,说什么都不起床,还任性地说:"我不要去跳舞,就不去了,我要睡觉!"

错误的做法是,把被子一掀,厉声说道:"马上给我起床,时间来不及了,学费都交了,怎么能说不去就不去呢?"(这事我干过,结果孩子哇哇大哭,少年宫是去了,但一整天都是生气、闹情绪的状态。)

正确的做法是说:"你不起床,北海道蛋糕没得吃了,下周还要补课,下午也不能去科技馆玩了,真遗憾啊!"(她想了想,很不情愿地起了床,但心情不错,因为有她期待的蛋糕跟游乐园。)

也可以参考下面这些绘本故事,从中找到一些控制孩子情绪的玄机。

推荐绘本

妈妈让亚瑟去睡觉,不要再看电视了。他非常非常生气,气得要把整个宇宙都震成碎片。面对大发脾气的亚瑟,这位妈妈的做法很赞,她没有被孩子的负面情绪牵着鼻子走,而是克制住自己,不去理睬亚瑟,让他痛痛快快地发脾气好了。

《生气的亚瑟》

有时候你不回应,孩子就控制不了你的行为。

故事的最后,亚瑟发完了脾气,神游一番便安静地睡去了。

· · ·

菲菲跟姐姐抢玩具,结果被姐姐给推倒了。摔疼了的菲菲气坏了,负面的情绪像火山爆发一样马上就要喷发出来,她恨不得把姐姐给吞掉。

菲菲跑出家门,到空旷的地方呼吸了一下新鲜的空气,爬上了大树眺望远方,欣赏了美景。慢慢地,她的心情平复了下来,心里也原谅了姐姐。

故事通过强烈的戏剧冲突,唤起小读者内心强烈的共鸣,也提供了一个良好的示范,如何来疏导、释放自己的负面情绪。

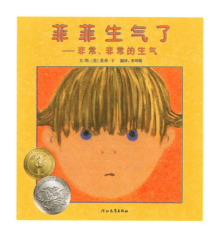

《菲菲生气了——非常·非常的生气》

· · ·

小主人公霍斯这一天过得很不开心,他带着一肚子的怨气回到了家里。妈妈看到不高兴的孩子一不批评、二不追问,而是让霍斯把坏脾气发泄出来,怎么做呢?

他们一起煮了一锅"生气汤",先把水烧开,然后两个人对着锅子龇牙咧嘴、吐舌头、敲打锅子,最后霍斯终于笑了。

碰到难以控制的负面情绪,爸爸妈妈可以引导孩子一起释放。

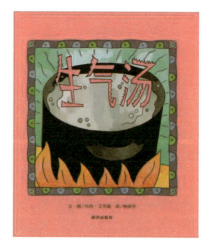

《生气汤》

最后再总结一下：面对发脾气的孩子一定要冷静、冷静、再冷静！想想你是孩子的亲妈！

1.如果孩子叫嚷，可以试试拥抱，让他平静下来。

2.如果故意哭闹，你要站稳立场，一发脾气就能得到想要的东西，以后他就会更随心所欲地乱发脾气。冷静处理他的哭闹，让他明白，叫喊没有用，只有好好说话，才会被聆听。

3.转移注意力。音乐有镇定的功效，放点儿音乐可以吸引孩子的注意力，使哭闹停止。你也可以忽然提出一个新的事情，让孩子和你一块儿去干，兴奋之余他就会忘记发脾气的事。

4.隔离政策。心平气和地把孩子抱到另外一个安静的地方，告诉他不再哭闹了，才可以回来。

分享一个妈妈安慰发脾气孩子的方法："我会明确告诉他，绝对不会改变主意，转身就近找个地方待着，等孩子自己平静下来。如果他不能自行平静，我就走过去试着讲笑话给他听。"

有时候，我素性自己趴到地板上，模仿孩子的样子大喊大叫："我要一个钢铁侠！现在就要！"这时候孩子会吃惊地看着我说："妈妈，你怎么啦？"然后他就忘记了自己的坏情绪。

总之，永远不要说："如果你不起来，我就把你扔在这里自己回家了。"默默地告诉自己，要理解孩子，他只是希望能和大人一样。

孤独

◊ 如何排解孩子的孤独感？

最近，我的朋友圈被一个名叫"唐钱钱"的8岁小男孩儿刷了屏，由于妈妈晚上要加班，就给了他20块钱自己去吃晚饭，结果唐钱钱小朋友又拿出100元压岁钱，出去潇洒地点了小火锅。背着小书包的他叫了蛋炒饭、毛肚、鸭肠、酥肉、香菇，一张桌子四个位置轮流坐，假装有人陪。

很多人评论唐钱钱好可爱、很独立，还有的说8岁就这么灵光，做事很有计划，知道20元不够吃小火锅，还带上100元压岁钱，还知道给妈妈点蘸料，但是我看到的却是孩子的孤独。

有位学者说过，孤独的孩子就像镶嵌在夜空的星星，一个个独立而沉默地存在，闪烁着孤独却美丽的光亮。其实，即使孩子产生孤独感，我们也不必过于慌张，而应把这种心态当作他们成长过程中的一种体味。

列举几种帮助孩子摆脱孤独的方法：

1.多关注孩子。我非常理解唐钱钱的妈妈，因为我也是如此，忙起工作来真的无暇顾及孩子，既然时间的量不够，就靠质来补。多借助睡前时光与孩子进行平等、推心置腹的谈心，互相说说这一天发生的开心、不开心的事儿。

2. 做点儿自己一直都想做，但是好久没做的事。比如，带孩子去爬山、游泳、外出旅行、看电影，跟孩子逛博物馆、美术馆，和孩子参加绘本馆的故事会，等等。这样你既得到了休息放松，也缓解了孩子的孤独，可谓一举两得。

3.为孩子提供与同龄人沟通、交流的机会。带孩子到楼下游乐园玩，参加小朋友的生日会等。我女儿生性有些害羞，熟人面前是话痨，生人面前就失语。从她2岁多开始，我就坚持带她去参加故事会，不逼她开口，就让她去听，去看，去参与，去熟悉，她慢慢就变得开朗了。

4.多交朋友。女儿在三年级的时候，有一天放学突然开心地跟我说："我跟张悦然交上朋友了！"这个名字她从来没有提起过，我就问她，为什么突然跟她成为好朋友了呢？她开心地说："因为我发现她也在看柯南，我们都喜欢工藤，有很多可以聊的。"之后她们还相约来家里一起看《名侦探柯南》，成了无话不说的好朋友。共同的兴趣爱好让她们彼此不再孤独，你说的，我懂，我说的，你可以回应，真好！

推荐绘本

这是绘本大师安东尼·布朗的力作，它利用孩子喜欢涂鸦的特点，训练孩子观察图画的能力。

这个游戏很简单，先随手画出简单的线条与形状，然后让孩子根据基本的轮廓发挥自己的想象，进行再创作。

《形状游戏》

安东尼·布朗担任伦敦泰德艺廊驻馆画家时，利用馆里的艺术资源指导了一千多位小朋友，用他们的反馈信息制成了这本书。

你会在每页的图画里找到很多名画的影子，这些画可能很多家长都没有看过，但是没有关系，从小让孩子沉浸在一种经典美学的氛围里，必定会培养出他们发现美、鉴赏美的能力。这些能力与兴趣会陪伴孩子的一生，让他们在孤独、寂寞的时候，无处排解郁闷的时候，可以挥洒自如地画上几笔，给无聊的生活添上几缕光彩。

荣登《纽约时报》畅销书榜的作品。

故事以山西太原为背景，讲述了一个被父母独自留在家中的小女孩儿，因为太过孤单，看着相册思念外婆，于是只身出去寻找，然后在电车上睡着了，做了一个长长的梦。

孤独的小女孩儿在梦中认识了一只麋鹿，这只麋鹿带着她在云上翻滚、游戏，还认识了一个海豹朋友。读完这本书的人，大多有同一个感受："情绪因小女孩儿的孤独而起，看完却感到治愈的温暖。"

作为独生子女一代，在作者郭婧的童年记忆里，孤独是很深刻的烙印："一开始住的

《独生小孩》

是平房，我和小伙伴玩得比较多，拍洋片啊，骑自行车啊，也没有父母在后面护着。真正体会到孤单，是搬进楼房后。父母去上班，就把我反锁在家里。我只好看电视，看到电视里在唱京剧，我就学着京剧演员的打扮，把我妈的高跟鞋穿上，床单披在身上，在屋子里走来走去。每天都盼着妈妈早点回家，如果她回来晚了，我就非常恐惧。为了缓解恐惧，我在纸上画各种祈祷的图案，希望妈妈安全回家。但她一回来，就累得想休息了，我又不得不一个人玩。"

孩子在成长过程中经常会产生孤单感，很多事情，你必须要一个人去面对，内心要变得很强大，变得更强大以后也得到了一种格外的力量。

就像绘本中的麋鹿，仿佛是守候在我们身边的亲人或者爱人，他们会时刻关怀我们，用爱支撑彼此。即使有时候我们的身边没有人相伴，但是内心仍然是温暖的。

快乐

○ 感受快乐，享受快乐

让孩子快乐，才能激发潜能。

大教育家斯宾塞就主张快乐教育。孩子在情绪低落、精神紧张的状态下，自信心会减弱，智力与潜能也会大大降低。

斯宾塞在儿子5岁的时候，给他买了一架脚踏风琴，让他接受音乐的熏陶。小斯宾塞表现得很兴奋，度过了最初美好的学琴时光。

没过多久，女管家焦急的尖叫声、指责声与儿子不协调的琴声交织在一起。有一天，忍受不了的女管家向斯宾塞抱怨："一支简单的曲子，学了一百遍也不会——他在音乐上没有一点儿天赋。"

斯宾塞听完她的话，觉得有必要出面阻止这种教育了。他对管家说道："不恰当的方法会扼杀孩子的天赋，如果弹琴是一件紧张、痛苦的事儿，是永远学不好的。"

晚饭时，斯宾塞对儿子说："我特别喜欢你弹的那首小曲儿，能弹给我听听吗？"

儿子痛苦地摇了摇头。

斯宾塞故作遗憾地说："可惜我不会，要是我能弹上一小段该有多好啊！"儿子赶紧说："那我就试试看吧。"

出人意料的是，他弹得非常流畅，轻重恰到好处，女管家一脸错愕。

从此以后，斯宾塞每天下班都要让儿子弹上一曲。他听得非常专注，还配合着拍手、踏节奏，这种欢快的气氛无疑是对孩子最大的奖赏。小斯宾塞长大后，果然在音乐方面有所建树。

经常会有人问我："怎么让孩子爱上阅读呢？翻开一本书，刚读了几个字他就跑开了,让他坐下来看书就跟上刑一样。"想一想,如果让你端坐下来看一本书,你又能坚持多久?己所不欲,勿施于人,毕竟这不像刷手机看八卦那么轻松又无须思考。

也许有的妈妈会说,我很喜欢看书啊,碰到感兴趣的可以一口气读完。这是因为书的内容给你带来了快乐与愉悦,试试高中的语文教科书,你恨不得把它撕得粉碎吧。

如果你带孩子看书总是想让他学到什么,明白什么道理,反倒让他有压力,习得是自然而然的事情。

推荐绘本

我在女儿1岁半的时候给她看了这本书,由于这本书的字数不多,可以给孩子提供无限的创想空间。

故事内容很单纯,就是启发大人带着孩子边看书边玩:怎么做泥巴,怎么用泥巴画画,怎么捏泥巴。

作者独具匠心,把生活中随处可见的泥巴描绘得活灵活现。下雨天,孩子们最喜欢的就是踩水坑、溅泥巴了,虽然大人觉得有些脏,但那是属于孩子最原始的快乐,我小时候,最爱玩的就是和泥、挖泥坑。

《小泥人》

如果大人心里真的过不去脏泥巴的坎儿,可以选择用橡皮泥,或者用轻型黏土来代替,这样就不会弄脏你和孩子的衣服了。

感受到无拘无束的快乐,孩子才会发自内心地爱上带给他快乐的媒介。

这是一个会跳跃的故事。

寂静的冬日树林，一群落叶在快乐地跳舞。

每片落叶都有表情，就像鬼魅的精灵一样，带给孩子丰盈的诗意。

看这本书的时候，你一定会被作者丰富的想象力所折服，他竟能把如此常见的落叶变幻出那么多的形状。

每年秋天，地上都会有很多落叶，爸爸妈妈可以带着孩子学书里边的操作，把落叶捡起来，然后拿回家去做手工，去画画。

《落叶跳舞》

这事儿我的女儿在中班的时候就实践过，放学路上，边走边捡，小丫头还会根据叶子的大小跟形状编故事。我知道，她的灵感来源于这本《落叶跳舞》。很多幼教机构也会把这些唾手可得的落叶当作孩子的美工课材料，激发孩子的想象力与动手能力。

快乐的游戏可以让人忘掉一切，也能让人引发思考。

这群爱跳绳的动物是怎么用一根绳子度过特别快乐的一天的呢？

故事很简单，还有一点儿荒诞：一群疯狂的人因为跳绳忘了一切。

作者运用了"翻页惊喜"的功能，吸引着小朋友一页一页地翻下去，他们始终会对下一页的情景充满期待，有新鲜、惊奇的感觉，非要一口气看完不可。

《跳绳去》

不少幼儿园与小学的户外运动就是跳绳,孩子们也喜欢边跳边计数,手脑并用,非常开心。

白天在学校运动,晚上回家看故事书,切身的经历融合进艺术的创作,会激发孩子无限的乐趣。

· · ·

这本洞洞书完全可以成为一个"小剧场"。

书的中间被挖了一个洞,如果把封面、封底都平铺开,洞洞刚好变成一个圆。孩子们可以把自己的脸放到这个圆圈里,咦,瞬间就变成了一只大狮子。

故事一页一页地开始了:如果我是一只狮子,我要"嗷嗷嗷"地嚎叫;如果我是一只猫,我会撒娇"喵喵喵";如果我是一只山羊,不开心的时候,我会轻声"咩咩咩";如果我

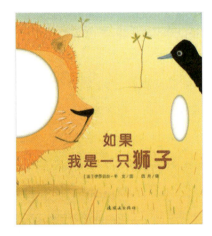

《如果我是一只狮子》

是一只鸟儿,我会高唱"叽叽叽";如果我是一只青蛙呢,我会大声"呱呱呱"。拟声词朗朗上口,随时随地让孩子入戏,专治孩子不爱看书的习惯。

这个来自德国的绘本非常有创意,孩子可以把它拿在手里当玩具,也可以给爸爸妈妈演示,还可以对着镜子自己表演,自娱自乐。

焦虑

如何用绘本故事解决孩子的入园焦虑

每年9月初的幼儿园开学，门口都会出现不少哭得撕心裂肺的孩子，大声地向送行的家长呼叫："我不要去幼儿园，我要回家。妈妈你为什么不要我啦?"有时候你还会看到神情凝重的大人扭过身，偷偷地擦眼泪。这场酷似生死离别的入园焦虑大戏，每年都会上演，每次都会反反复复地持续至少一个月。

大人焦虑的是：孩子第一天进幼儿园会不会哭呢? 能跟小朋友玩到一起吗? 会不会被欺负? 孩子不吃葱姜蒜，不吃香菜，不吃猪肉，不吃胡萝卜，不吃青椒，怎么办呢? 孩子睡觉踢被子，要搂着他的小熊才能睡，学校不让带怎么办? 听说这个学校的老师都挺严厉的，怎么沟通才能让老师多关注我家孩子呢?

也有些大人不太在意，觉得不就是上个幼儿园吗，有什么大惊小怪的，哭就哭两天吧，习惯就好了。曾经有研究者针对北京、上海、广州、深圳、成都的2063名新入园孩子及其家长进行了调查：88%的孩子经历了"入园不适"，其表现为入园时哭闹、经常生病、胃口变差。40%的家长一开始对孩子入园要面临的挑战并不担心，但看到孩子经历的种种不适后，感到后悔、懊恼。37%的家长表示孩子的不适感已经对自己的工作、生活产生了影响。27%的家长更表示影响已经远远超出了自己的预期。

说说我的亲身经历吧。虽然读了7年的师范专业，做了无数次分离的预演，但是当我把女儿送到幼儿园大门口，转身告别的时候，她还是哇地哭出来了。那一刻我的心也被"蹂躏"了，不敢回头，怕见到彼此的眼泪。等到老二上幼儿园的时候，我的心态好多了，虽然他也连哭带嚎，但我已经知道如何处理了。

你需要至少提前一个月做好心理辅导与调试，比如带孩子到报名的幼儿园去实地感受，哪里是教室，哪里是游乐场，午睡的地方是什么样的，小便的地方在哪里，等等。如果学校没有开放日，就在附近兜兜圈，告诉他那个叫幼儿园的地方是干吗的。如果你的语言贫乏，不知如何描述，就带娃儿看绘本吧。

咦? 不是要让孩子去幼儿园吗, 怎么书名是反的呢! 你看得没错, 作者正是抓准了孩子的心理, 先抑后扬, 欲擒故纵, 这就是故事的魅力。

封面的男主人公穿着超人的衣服, 眼珠子滴溜乱转, 表情搞怪, 一肚子坏水的模样。孩子开始共情了:"对对, 我也跟他一样, 就是不想去幼儿园。"

虽然不情愿, 但迫于压力, 还是委屈地跟爸爸走进了幼儿园, 开始哇哇大哭。后来他在幼儿园画了画, 吃了饭, 睡了觉, 踢了球,

《我不要去幼儿园》

打了鼓, 当妈妈来接他回家时, 居然说:"我不要回家!"

其实孩子的恐惧来自他对幼儿园的陌生与不熟悉, 如果你告诉他幼儿园是什么, 在幼儿园里会发生哪些很好玩的事情, 他的焦虑就会大大降低。这一点跟大人一样, 我们刚到一个陌生的环境也会莫名地紧张, 只不过我们早已学会了掩饰。这么一想, 你就会理解孩子的焦虑, 从而帮助他进行缓解了。

• • •

小兔子马上要上学了, 他很害怕, 有些胆怯, 于是就带着自己最心爱的玩具查理马儿一起去了。结果在上学的路上, 小兔子就把午餐给吃掉了。

来到学校的小兔子很害羞, 有些胆怯, 只愿意跟自己熟悉的玩具玩。到了午餐时间, 同学们把自己的午饭拿出来跟小兔子一起分享, 也恰恰因为这样, 小兔子交到了自己最好的朋友, 这也是他一天中最开心的事情。有了朋友的陪伴, 小兔子对幼儿园的恐惧与焦虑也减轻了很多。

让孩子带他最熟悉的东西去幼儿园,可以有效缓解他的入园焦虑,通过与小朋友的交流、分享、互动,建立友谊,交到好朋友,这些都可以让孩子慢慢爱上幼儿园。

《小兔子去上学》

一只名叫阿文的小老鼠有个习惯,无论是走路、吃饭、睡觉还是和小朋友玩,都要带着他心爱的小毯子。有小毯子陪伴,阿文的心里就很安稳,也不会整天都黏着妈妈和爸爸。

但是,他慢慢长大,即将去幼儿园的时候,还是离不开小毯子。阿文的爸爸妈妈着急了,既不能让他过分地依赖小毯子,又不能伤了孩子的心,怎么办呢? 终于,他们想出了好办法,把小毯子剪成一块一块的小手绢,每天让阿文带着去上学。

《阿文的小毯子》

有的幼儿园会让孩子带上自己的玩具和心爱物,有了熟悉的慰藉物,孩子的焦虑感会大为减弱,但有些是坚决不让带的,怎么办? 学学"斑马小奔"的爸爸妈妈,把吻画在孩子的手上,谓之"存起来的吻"。

我当时在女儿的手背上画了小星星,让她在想妈妈的时候,就用手背贴贴脸,感觉妈妈随时陪在她身边。

这是一本演员孙俪都要买回家看的绘本。小主人公入园那天起不了床，觉得幼儿园很恐怖，自己要被爸妈卖到那里，但是慢慢地，他爱上了幼儿园，因为那里有自己的朋友。虽然他一开始不懂"开学"与"上学"的区别，也不理解老师说的"社交生活"，但他学会了分享、照顾自己等。

《我爱幼儿园》

故事客观描述了孩子从刚入园的担心、害怕、焦虑，到后来慢慢适应的过程。各位爸爸妈妈要提前有个准备，孩子的情绪并不会像书中描述得那么快、那么顺利地发生逆转。试想想，原来在家是众星捧月，而现在是班级里几十个小朋友中普通的一员，落差何其大，吃饭、睡觉、穿衣、如厕都要靠自己一个人，难怪一万个不乐意呢。

总而言之，核心是要给孩子安全感，但送他进幼儿园的态度要坚决。

操作要点

① **跟孩子表达你的爱，让他感到被关怀、支持。** 在入园前要多陪陪孩子，玩游戏、讲故事、听听他的想法等。同时注意化解会引起孩子不安的因素，比如刚出生的弟弟或妹妹、爸妈吵架等等。

② **用小东西降低孩子的焦虑感。** 给他一张妈妈或爸爸的照片、一个他最爱的玩具或其他可以陪伴他的物件，告诉孩子，想家的时候可以看看照片，或者跟小朋友去玩耍，转移一下注意力，他就开心了。

③ **入园一刻，离开孩子时要温暖、坚定，最好有个小小的仪式。** 离开前抱抱孩子，温和而明确地告诉他什么时候一定会来接，希望他在幼儿园

玩得开心,也相信孩子一定能做得到。或者在走的时候亲亲他的脸颊,握握他的小手,拍拍他的肩膀,最后再把他交给老师。

④ **准时接**。这个承诺一定要遵守,尤其是入园的前几周,如果接他的时候迟到了,孩子会因为久等而加重入园焦虑,最好提前几分钟,让他一出教室就可以看到你。

⑤ **可以在家里玩玩捉迷藏的游戏**。让孩子体验到,父母虽然暂时不见了,但还是会出现的。让他有个预期,去幼儿园就像跟爸爸妈妈玩捉迷藏一样,只不过躲起来的时间稍微有一些长。

切记以下这些事情不能干:

① **欺骗外加偷偷溜走**。逃避是不能解决问题的,孩子反而会因为不知道爸爸妈妈哪句话真、哪句话假、什么时候在、什么时候不在,而变得更加不安。

② **把担心和焦虑表现出来**。焦虑是会传染的,更何况这个年龄的小朋友是透过父母来了解世界的,父母不安,孩子自然会感到害怕。

③ **用情感威胁**。比如对孩子说,"再哭就不喜欢你了"。孩子本来就因为分离而缺乏安全感,这些话会让他们更加相信爸爸妈妈真的不爱自己了,分离焦虑只会更加严重。

④ **只想解决问题,忽视孩子的情感**。比如对孩子说,"我不管你了,你就哭吧",或者把孩子交给老师直接离开。倾听并尊重孩子的感受才是让孩子更有勇气的方法,辱骂、嘲笑、嫌弃、生气都只会让孩子更加无助,更感受不到父母的爱,更怕失去。

⑤ **用惩罚威胁**。比如对孩子说,"再哭回家就不许看电视"。可以用孩子以往和父母成功分开的例子来说服孩子:"你很勇敢,这点困难是可以克服的。"

⚪ 如何应对孩子对新环境的焦虑（搬家转学等）

一次讲座后，有妈妈问我："先生的工作换了，不得不搬到一个新城市、新的房子，但转学后的孩子一直不能适应新的环境，郁郁寡欢，总嚷着让我们搬回去，我该怎么办呢？"

搬家，意味着熟悉的环境发生变化，还有琐碎的、数不清的整理与劳作。虽然会有新的惊喜与期待，但更多的是悲伤与分别。喜欢的物品跟玩具被打了包，要跟亲密的玩伴儿、朋友说再会，往后的日子会是什么样子，孩子全然不知，这种迷茫、失控、悲伤会引发焦虑与深深的不安。如果除了搬家还要顺带转学，那焦虑的情况会更加严重。

解决焦虑的前提是要先接纳这种情绪，每个人换了新环境，都会或多或少地焦虑，不要排斥、压抑，要用一段时间进行调整与过度。

1.和孩子一同讨论搬家

坦诚地告诉孩子搬家的原因：爸爸或妈妈换工作了；我们要搬到离爷爷奶奶家近一些的地方，他们年纪大了，需要照顾；现在的房子太小，我们住不下了，要换个大一些的房子才能放下你的宝贝玩具。

也可以问问孩子："这次搬家，你都想带上什么？""新家你要怎么摆放你的床？"等等。问题越具体越好，让孩子知道，你了解他的感受。

还可以和孩子议论一下，如何与即将分别的亲朋好友告别，虽然有些不舍和伤感，但是搬家以后，他还是能和这些人保持联系、见面。在这个交流的过程中，孩子焦虑的情绪会得到缓解，你也能帮助到孩子勇于表达自己的想法。

2.和孩子一起整理打包，保存孩子心爱的"旧物品"

在收拾、整理物品时，尽量征求孩子的意见，不要未经同意就随意丢掉孩子的心头好。

在断舍离的时候，多替孩子想想，那些旧玩具与物品，是过去美好生活的回忆和纪念,就像《奥古斯汀》中妈妈的做法,让小企鹅把自己的物品打包,并且在箱子上画上蓝色星星作为标记。你也可以把想丢掉的东西集中收在一个纸箱里,把它们带到新居去。等孩子习惯了那里的日子,再做处置也不迟。

3.尽量还原以前的家庭生活

搬到新家后,尽快恢复原来的生活,比如原来几点起床就几点起床,沿用固定的吃饭时间,晚上临睡觉前继续讲绘本故事,全家一起吃晚饭,等等。如果需要转幼儿园或者学校,也提早带他们去看看,让他们尽快参与到当地的课外活动里,与那些有共同兴趣爱好的孩子建立联系。

4.爸爸妈妈要表现出积极乐观的情绪

不要小看你的一言一行、一举一动,大人的心情也极大地影响着孩子。如果大人对前往新居兴致勃勃,孩子就会更简单、更自然地接受这种变化。反之,孩子就会有严重的不安与焦虑情绪。

一定要记住:在打开行李、安置新家的那一刻,露出你们的笑脸,不要因为鸡毛蒜皮的琐事发生争吵,更不要因为遇到一些困难而相互埋怨、指责。

难题都是暂时的,慢慢都会解决,多给自己与孩子一些时间去适应与调整,更要给孩子多一些安慰和爱。他们会看着爸爸妈妈的脸色行事,你就是他们的榜样,千万别搞砸了。

推荐绘本

奥古斯汀是一只喜欢画画的小企鹅。因为爸爸有了新工作,全家辛苦打包整理,一路飞行,终于从南极飞到了北极,搬进了新的房子。奥古斯汀也转进了新的学校、新的班级,认识了新的老师和同学,这里的一切是那么新鲜有趣。

羞涩的小家伙也碰到了难题:怎样适应新的生活?怎样和新的同学进行交往?陌生的世界,对朋友的思念让奥古斯汀"脚底冰凉",不想去上学……

画画的特长帮了奥古斯汀的大忙，很快，他用自己的方式吸引了同学们的关注，交上了朋友。还在老师的帮助下，举办了自己的画展，这让他很自然地融入了新的集体。

《奥古斯汀》

这本故事书色彩鲜艳，造型可爱，格外贴近孩子的生活。作者别出心裁地采用了新颖的画面布局，在对页中用右侧的大图讲述主干情节，用左侧的九格小图进行细节描绘，两者彼此呼应，别致有趣。另外书中巧妙地穿插了许多世界名作，等待着细心的小朋友去发现。该书在疏导孩子情绪之外，还带给孩子们艺术的熏陶。

• • •

这本书可以帮助孩子顺利度过成长中第一次在外留宿的心理焦虑。

《存起来的吻》

放假了，小奔要去参加学校组织的夏令营，还要在外面过夜。第一次离家在外，小奔焦虑得不行，没了爸爸妈妈的晚安吻，怎么办呢？

妈妈给小奔的衣服缝上了名字，和爸爸一起做了一盒子的纸片吻让他带上，要是想家了，就把这些"吻"贴到脸上。

火车上，小奔拿出盒子，把这些神奇的纸片贴到脸上，心里真的好受不少，止住了思念的泪水。他还用多余的纸片吻去安慰同样想爸爸妈妈的小朋友。

孩子第一次独自在外过夜往往是激动又害怕的，希望父母能在身边，但又想体现自己长大了。记得小时候第一次在姨妈家过夜，晚上睡觉的时候我非常想家，哭得枕头都湿了，对陌生环境的恐惧、对亲人的思念，都会让自己焦虑、难过。

如果孩子不得不在外单独过夜，不妨用他们熟悉的替代物来安慰，减轻环境变化带来的焦虑。

• • • •

这是2015年的凯迪克银奖绘本，可以帮孩子克服恐惧，快速适应新环境。

小男孩儿放假了，来到了奶奶居住的城市。

这里跟他住的地方截然不同，地铁站里拥挤不堪，马路上施工的轰隆声，交警指挥交通的哔哔声，还有满墙的涂鸦、路边乞讨的乞丐，小男孩儿惊恐万分，奶奶怎么能住在这样一个拥挤、嘈杂、恐怖的城市呢？

幸运的是，小男孩儿有个睿智开朗的奶奶，她要带着孙子好好认识这个城市。

《奶奶的红披风》

小男孩儿已丧失了探索的勇气，所以焦虑恐惧。

奶奶彻夜不眠地为他织了一件红色披风。小男孩儿披上它，仿佛有了盾甲保护一般，勇气顿生、冲劲十足，像极了即将出征的小勇士。

奶奶带着他去逛公园，那儿同样挤满了人。有的人忙着骑车，有的人忙着看书，有的人忙着游戏，却感受不到一丝慌张失措，反而满溢安宁与欢喜。

接着他们又去观赏街头艺人唱歌跳舞，音乐声震耳欲聋，却给人带来喜悦。

奶奶还领着他一起照顾动物，帮助乞讨者，学习怎样伸出援手，帮助有需求的人。

通过奶奶的带领，小男孩儿终于感受到这个城市如同奶奶说的那样，是那么热闹、充满活力温情啊！

红披风并没有什么神奇的功能，同样的城市、同样的场景，换个角度却能看到别样的风情，正所谓"境随心转"。

红披风是一种勇气的象征，鼓励孩子去探索这个世界。

它可以是一顶帽子、一个手办、一条围巾，总之，它能给孩子带来安慰，减轻他们对新环境的焦虑。

🔅 如何解决孩子的分离焦虑（1—3岁）

有妈妈问我："女儿1岁半，特别黏我，我一说要上班，她就扯衣角、抱大腿不让我出门，非要一直陪着她，这可怎么办呢？我总不能不去上班啊！"这是典型的分离焦虑现象，每个孩子或多或少都会有些，对于这种焦虑，缓解是可行的，完全消除却不可能。

分离焦虑是小宝宝情感发育的正常现象。此后他们会开始慢慢理解"客体永存"的概念，就是不管人或者物在不在附近，他们都是永远存在的。爸爸妈妈不在身边，并不代表他们不存在，玩具也是一样。这个概念对于孩子来说要逐步建立，需要一个较长的时间培养。而且2岁以下孩子的反射弧是单向的，需要逐步引导他们建立双向的反射弧，即眼前消失的这个人或者物还会回来。1岁半的孩子还没有建立这种双向反射，看到妈妈拎包扭头出门，不哭才怪呢，他们会以为妈妈永远消失，再也不回来了。

分离焦虑产生的时间：一般会出现在宝宝5—6个月的时候，经过几个月的相处后，他会对主要照顾人(通常是妈妈)产生密切的依赖关系。只要妈妈不在他的视线范围内，他就会烦躁不安，哭闹不止，内心也是焦虑害怕的，即"分离焦虑"。这种分离焦虑会在10—18个月的时候达到顶峰，常发生在爸爸妈妈出门上班或者外出的时候。一般情况下，在宝宝2岁左右，分离焦虑会得到缓解。

分享一些帮助孩子减轻分离焦虑的技巧。

① 如果条件许可，尽量减少分离。3岁前为了更好地照顾孩子，若家里经

济条件许可，可适量减少工作，或者全职在家陪孩子。有些妈妈非常享受被孩子需要的感觉，做出适合自己的取舍也不错。如果不想放弃工作，也尽量减少饭局、应酬等不必要的工作，如今很多老板都会稍微照顾一下家有嗷嗷待哺的孩子的母亲。

② **让孩子逐步适应与妈妈的分离。** 职场妈妈可以找一个放心的帮手照顾孩子，比如爸爸、爷爷奶奶、外公外婆、亲戚保姆等，让孩子慢慢跟主要的照顾人熟悉，建立亲密安全的依恋关系。

③ **逐步培养孩子独处的经验和能力。** 当孩子安静地玩玩具、看绘本、拼拼图的时候，尽量不要打扰，只要确定他单独在房间是安全的，就可以走开去做自己的事情。

④ **按照约定的时间回来。** 千万别因为害怕孩子哭而偷偷走掉，呆萌的孩子会更加恐惧焦虑，认为妈妈不要他而彻底消失，再也不会回来了。出门的时候，记得拥抱或者亲一下宝宝，温柔坚定地说"拜拜"，明确说什么时候回来，让孩子有所期待。

⑤ **让自己放轻松。** 大人的焦虑情绪是很容易传染给孩子的，千万不要孩子一哭你也跟着哭。跟宝宝告别的时候，要面带微笑，不要依依不舍，泪流满面，又不是生死诀别。有可能你刚走到楼下，孩子已经停止哭泣，愉快地玩耍了，有时候放不下的是妈妈自己。

⑥ **一旦离开就不要折返。** 前几天看大S的微博，她说老公汪小菲看到女儿哭着不让他去出差，真的就取消了国际航班和重要的会议，先不说有钱人真任性，单从育儿角度看其实很不恰当。孩子下次再哭怎么办？难道就不出门了吗？而且孩子会机敏地感觉到，哭闹的方式很有效，可以让大人屈服。一旦决定要出门，就要斩钉截铁，当机立断，不要因为孩子哭闹就心软变卦，这样只会让孩子和看护人更加难办。

很多妈妈都会碰到这样的情形，一离开宝宝的视线，宝宝就哇哇大哭。看到妈妈拎包出门上班，他哭得更厉害。在孩子6—18个月的时候，孩子的思维是单向的、一维的，如果看到自己喜欢的玩具被人拿走了，他就会觉得这个东西再也回不来了。所以看到妈妈转身离开，他也会觉得妈妈永远离开了，自然会哭闹。

那如何用绘本故事来缓解孩子的这种分离焦虑呢？我们一起来看下面的几个绘本故事。

下班后的拥抱、陪伴很重要。

不要宝宝一哭闹，你就放弃去上班的念头。帮助孩子建立双向思维的反射——妈妈早上出门，到晚上下班就会回家抱你，陪你玩。慢慢地宝宝就不会哭闹，分离焦虑会大大减轻。虽然妈妈不能时时刻刻都陪在身边，但心里一直都在惦念。

《我妈妈上班去了》

有一个妈妈看了这本书后给我留言："为了孩子会更加努力地工作，更会珍惜回家那弥足珍贵的亲子时光，高质量地陪伴孩子。"

• • •

有一天，这本书的作者和女儿去公园玩，突然看见灌木丛中的浣熊妈妈在舔小浣熊的手，接着又拉起小浣熊的手摩挲自己的脸颊，好让它仔细闻闻妈妈的味道。

作者查询资料才知道，原来浣熊妈妈在离家寻找食物，或是必须和小浣熊分开时，都会这么做，目的是希望小浣熊因为有妈妈的气味相伴，能够安心待在家里，不至于焦虑、害怕。

《魔法亲亲》

于是作者如法炮制，她发现女儿的情绪和情感获得了极大的安抚，正是这段特别的经历激发了她的灵感，创作了这个温暖、动人的故事。

故事中的小浣熊真实地反映出每个身处"分离"的孩子的感受和情绪——焦虑、恐惧、不安、失措，对于刚刚离开襁褓的他们来说，实在有些难以招架，仿佛离开父母或自己所爱的人，就会失去安全的保障。

浣熊妈妈的"亲亲"是爱的印记，虽然仅仅是种形式，却深刻传达了妈妈对孩子亲密、浓郁的爱。这样的爱带给小浣熊十足的安全感和勇气，令小浣熊抖擞精神，直面自己的恐惧。

· · ·

该书曾获1994年《纽约时报》最佳童书奖。

《妈妈心·妈妈树》

小苹果不想上学，于是妈妈做了一颗"妈妈心"。有了这颗心的陪伴，小苹果在学校就没那么想家、想妈妈了。

作为妈妈，我无数次地告诉孩子，不管发生什么事情，妈妈永远爱你，永远站在你身边。

我们可以在短暂分离时做一颗"妈妈心"，也可以在孩子的手上画一个吻再出门。下班回家时，给飞奔到你怀里的孩子一个大大的拥抱，并低声告诉他"我爱你"。

我们中国人总是爱在心里口难开，越是至亲越是羞于表达。但是对于3岁以下的孩子，你不表达，他们就无法感知。

不要不跟孩子告别就偷偷溜走，也许有的家长说，我是怕他哭。刚开始哭没有关系的，等他知道你出门后还会如期回来就放心了。如果让孩子减少哭泣，你可以学着做一颗"妈妈心",临走的时候交给他,让他有所安慰,有所寄托。

从进化的角度看,分离焦虑是一种优势,如果孩子一抱就走,不会哭闹,那不就会被人随便抢走了吗? 我们要做的就是包容、接纳孩子的分离焦虑,帮助他们顺利度过这个阶段。

悲伤

♦ 如何跟孩子谈死亡

在女儿7岁的时候，我的爸爸去世了。朝夕相处的外公突然不见了，小丫头很困惑，她怯生生地问我："妈妈，外公去哪儿了？外公是死了吗？"

这个话题真的很沉重，当时我也处在极度的悲伤中，就简单地跟她说："外公去世了，他去了天堂！"那几天家里的气氛很压抑，女儿做什么都谨小慎微，我知道自己的情绪影响到她了，必须先让自己振作起来，给她立个榜样。

我先后看了《西藏生死书》《最好的告别》等，但发现还是不能让我对死亡有一个很好的认识，更别说去跟孩子解释了。

于是我想到了绘本，虽然这些故事没有标准答案，但很适合跟孩子平静、客观地交流、讨论。

首先，让孩子了解，死亡是生命中不可避免的事。

家里养的金鱼死了，女儿会伤心好几天，特意埋到小区花园的地里。奶奶家养的宠物狗死了，她在过了很久再想起时仍会流眼泪。这次外公去世，她是将悲伤憋在了心里，不知如何释放，也不知如何去表达。

有一天临睡前，她突然弱弱地问我："妈妈，你会死吗？"

我就问她："你是不是很怕妈妈死掉啊？"

她居然泪眼婆娑地紧紧抱住我，点了点头！

我故作轻松地说："你怕，妈妈更怕！每个人都讨厌、害怕死亡。但是没有死亡，整个地球就要爆炸了，还记得以前给你讲的《爷爷的爷爷的爷爷的爷爷》吗？那么多太太太爷爷，你要晕了吧？地铁挤不下，车子堵得一塌糊涂，再加上不死的恐龙、猛犸象，你脑补一下？"

她好像轻松了不少，但又接着问："那死了的人都去了哪里呢？"

"去了天堂啊，外公一直在天堂看着我们呢！"

"那我还是不想让你死！"

"那我就一直活到你让我死，我再死，好不好！"

孩子的心理承受能力还是很弱的，你如果直接跟他说"妈妈会死，你也会死，每个人都会死"，未免有些太残酷了，如果你们没有宗教信仰，轻松些的对话会安慰到他们。

其次，给孩子一个空间，告诉他死亡还不能完全被解释，要坦诚地说出自己的弱小与无知。妈妈失去了爸爸也很难过、悲伤，对于死，我也很害怕，也说不清死亡这个话题。

死是生命中不可预测的事情，谁都知道这个终点，但谁也不能预测这个终点何时会来。有时，是在生命衰弱的时候（衰老死亡）；有时，是在年纪轻轻或者壮年的时候（病死或者意外）；有时，甚至是在生命刚开始的时候（夭折）。

既然我们对死亡无法预测、掌控，那就不要胡思乱想、焦虑恐惧。我们唯一能做的就是拼尽全力过好每一天，让自己的生命有质量。

比如我跟女儿讨论：等你长大了，要不要当医生去救助更多的生命？如果你想完全了解死亡，大学可以选择哲学专业。我们可以让孩子对未来留有努力探索的空间。

再次，珍惜有限的生命，提高生命质量。

任何生命（树木、花草、动物）的周期都不是一帆风顺的，有干旱、有虫害、有病痛，这些都是生命的成长与磨砺。

现在有很多爸爸妈妈害怕自己的孩子"受苦"，将其保护得很好，但是被屏蔽了苦难、挫折的孩子，等于被剥夺了享受生命的权利。

无论多大的挫折，只要人活着就可以扛过去，征服它以后的成就感是一种满足的愉悦。就像贫困，在事过境迁之后，会像黑白照片一样，产生一种朦胧的美感，转换为甜美的回忆。

帮孩子找到生命的价值，提高生命的质量，其实很简单，让他们去做自己喜欢的事儿，过自己想要的生活，不要因为我们的束缚，而让他们失去体现精彩生命的机会。

记得龙应台说过："大树有大树的长法，小草有小草的长法，这世界的大部分人，都是小草。"我们要相信，每个孩子都有自己的成长轨迹，都有属于自己的价值，我们要做的就是，帮助他们找到。

关于如何跟孩子谈死亡，这些绘本故事真是帮了我的大忙，不仅是孩子，包括我自己都受益匪浅。

推荐绘本

布鲁诺的爷爷过世了，他以为那只是一场把爷爷"藏起来"的游戏。

可是爷爷离开他的时间越来越长，布鲁诺有点儿生气，后来，他想起了许多跟爷爷有关的事情，觉得心里有点痛。

通过不断跟大人谈话，他慢慢了解了"生命""死亡"的含义，虽然话语稚嫩，却饱含

《爷爷有没有穿西装？》

哲理。比如"灵魂就是爷爷身上令我喜欢的东西吗？""如果爷爷现在生活得很幸福，那么我是不是也要变得开心一点儿？"

故事中，爷爷去世了，小宝宝却出生了，隐喻着生命的轮回与生生不息。亲人离去固然会给孩子带来伤痛，但却可以让他的心灵慢慢成熟、丰盈起来。

时间可以抚平一切伤口，让活着的人更加珍惜生命的每个时刻。

这是一本黑白的摄影绘本，通过艾玛奶奶生前的爱猫思达讲述她生命中最后一年的故事，我们能感受到一个有韧度、有尊严的生命散发出来的光和热。

艾玛奶奶身患绝症，当死神即将降临时，她在"临终意愿书"上签了字，从容地处理自己的后事，与亲人一一道别。在那一刻

《再见了，艾玛奶奶》

到来的时候，艾玛奶奶、她的家人还有思达，平静地等待死亡的降临。

故事中的一幅幅黑白照片，串联起艾玛奶奶人生中最后一年的时光。虽然病情日益恶化，面容日渐憔悴，但艾玛奶奶始终乐观、坚强。她珍重生命，正视死亡，与家人共同珍惜着这最后的相处时光。

艾玛奶奶回顾自己的一生时，说："现在是我这一生中最幸福的时候。过去的那些

失败呀、痛苦呀，现在都变成了甜美的回忆。"如此豁达的态度，让人动容。

爱生命就是爱它的每一个状态，童年的天真烂漫、青春的甜美羞涩、壮年的力量、中年的智慧、老年的从容，甚至临终前的悲喜交集，都是生命的美妙。人生四季，各有其美，即使是生命的尽头，也要好好珍惜。

●●●

这只猫死了100万次又活了100万次，更准确地说，它活了100万次又死了100万次。为什么呢? 因为它在这100万次的轮回里，从没有为自己活过，哪怕是一次。这只猫曾经是国王养的猫，更是水手、魔术师、小偷、孤独的老太婆和小女孩儿的猫。在这些主人的手上，猫活得只是一只猫，浑浑噩噩，行尸走肉。它的内心是无望的，继而对每一个养它的主人心生厌倦，也从来没有哭过。

《活了100万次的猫》

直到这一世轮回，它变成了它自己，一只仅属于自己的野猫，并且爱上了一只美丽、沉静的白猫。它体验了爱与被爱的美好，体会到活着的意义。当心爱的白猫死去时，它伤心至极，放声恸哭。

死亡不可怕，可怕的是没有真正地活过。死不过是一秒钟的事情，但是为了这一秒的恐惧，而不敢大胆地度过生命中那几十亿秒，真的是太不值得了。

真正体验过生命的存在，活一次就够了!

●●●

这是一本关于生命的童话书。世界上没有两片一模一样的叶子，如同人一样。一片叫弗雷迪的叶子和它的伙伴们经历了四季的变化，逐渐懂得了生命的意义在于经历美好的事物，在于给别人带来快乐; 明白了死亡并不代表一切毁灭，而是另一种形式的新生……

书的扉页上写着："谨以此书献给那些经历过生死离别的孩子，献给对这种事无法解释的大人。"

节选书中一段译文，是任溶溶老先生翻译的，每次给孩子读，心里都莫名地感动：

《一片叶子落下来》

"有一天大树也要死。不过有一样东西比大树更强。这就是生命。它将永存，我们大家全都是生命的一部分。"

"我们死了到什么地方去呢？"

"谁也说不准。这是一个大秘密！"

"我们会回到春天去吗？"

"可能回不去，可是生命一定会回去。"

"这都是怎么回事呢？"弗雷迪追问说，"既然我们要飘落下去死掉，我们干吗生长在这里呢？"

丹尼尔继续实事求是地回答："这是为了享受太阳和月亮。这是为了一起过那么长一段快乐时光。这是为了把影子投给老人和孩子。这是为了让秋天变得五彩缤纷。这是为了看到四季。难道这些还不够吗？"

安全感

孩子的安全感哪里来？

孩子如果没了安全感，就会苦苦寻觅。

有一次讲座结束后，我碰到了这样一位妈妈，她女儿4岁多的时候开始咬手指，后来越来越严重。她苦口婆心地说了很多次，孩子还是控制不住，最后手指甲已经被咬得脱落变形了，妈妈就很紧张，问我该怎么办。

孩子咬手指，是内心严重缺乏安全感的一种表现。

孩子3岁前心灵最主要的营养就是"安全感"，如果这个阶段营养不良，就会使孩子在随后的一生中苦苦寻觅，并因此引发各种状况。

什么是"安全感"呢？一句话，就是让人感到稳定、可控的感觉。

一个安全感十足的孩子，有勇气面对各种困难，会想办法去解决，而不是躲避，比如第一次断奶，第一次分床睡，第一次去帮大人做事儿，安全感缺失的孩子会哭闹得特别厉害，几乎是痛苦地拒绝。

一个安全感十足的孩子，能够接受人生的一次次离别，不会因分离而苦恼不已，比如第一次在外过夜，第一次跟妈妈分开，第一次去幼儿园，安全感缺失的孩子会有被人遗弃的感觉，甚至会因此生病。

长时间缺乏安全感的孩子，做什么事都担心、害怕，如果是天性细腻、敏感的孩子，更会自卑、怯懦。孩子控制情绪的能力本来就弱，所以会通过咬手指来缓解这种紧张的情绪。

怎么解决孩子安全感缺失的问题呢？

可能有些爸爸妈妈要担心了，我的孩子已经过了3岁，怎么办呢？不必恐慌！3岁前安全感建立得好，可以少走弯路，但并不是说错过了就无法挽救。孩子自我修复的能力非常强大，千万别小看了他们。即使已经成年的我们，不也在不断修复自己的内心吗?

我女儿曾经因为弟弟的出生而被送到奶奶家待了一年多,儿子也由于种种原因被带回浙江老家上幼儿园,他们两个的安全感建立得不是很好,我也为此而感到内疚、惭愧,但是谁的成长又是一帆风顺、鲜花满地的呢?回首自己的童年,我先是被寄养在姑姑家,后被送到外婆家,小学三年级才回到爸妈的身边,安全感极度缺乏,性格有些孤僻,但是我一直在努力去修复,不断积极地调整。我在成为妈妈后,意外遇见很多绘本,于是跟着孩子一起修补,效果非常好,分享我的心得吧。

1.妈妈的情绪要稳定

在安全感的建立上,妈妈的作用要大于爸爸。毕竟十月怀胎,血脉相连。如果妈妈总是焦虑不安,担忧过度,情绪不稳定,会把这些负面的情绪传染给孩子。

小龙女吴卓林跟妈妈之间会产生很大的矛盾,就是因为吴绮莉的情绪极度不稳定。我相信她对女儿是深爱的,但上一秒温情脉脉的妈妈,下一秒就暴跳如雷,甚至会出手体罚女儿。小龙女小小年纪,就要为大人的错误买单,一次次的报警也是保护自己的无奈之选。后来她辍学、离家出走、抽烟、酗酒,想要走出缺乏安全感的漩涡已经难上加难了。

单亲妈妈有很多,但如果能调整好自己的情绪,带着好心情来陪伴孩子,就能让他们感受到积极、乐观的心态,还可以让自己变得平和,容颜也会有所改变。

我是一个职场妈妈,工作压力不小,但一回到家,我会把所有的烦恼、不开心都锁起来,尽量不去想。"对陌生人毕恭毕敬,对至亲大吼大叫"是最愚蠢的。真的有控制不住的时候,深呼吸,背对着孩子走7步,再走回来;也可以躲到卫生间去洗个手,或者做一些能够让你冷静下来的事。如果忍不住吼叫了,事后要向孩子道歉,说出你的感受,孩子也会理解。

有一天晚上,快睡觉的时候,儿子还没有收拾好书包,提醒两次,还在拖拖拉拉,去客厅拿本子时看到汽车玩具,就杵在那儿玩了起来——又困又累的我朝他吼了几句。问题是解决了,但儿子却被抓狂的妈妈吓哭了。事后我非常后悔、愧疚,真诚地蹲下来向他道歉,儿子也体会到了我的不易。

2.营造和谐的家庭氛围

美国家庭治疗大师萨提亚说过:"无论国王还是农夫,只要他家庭和睦,便是世界上最幸福的人。"

在家庭中,夫妻关系是第一位的。如果父母关系不好,孩子就会缺乏安全感。

你有没有发现,父母吵架时,孩子会变得非常懂事,他们会认为爸爸妈妈吵架都是因为自己不好。我的一个发小,她的爸爸妈妈吵了一辈子,为了她有个完整的家庭而不离婚,发小就在不安、恐惧中上完了小学、中学,终于考上大学,才离开了没有温情的家。这样的经历让她很难对他人建立信任感,她一直没有结婚,因为她认为唯有挣钱才能让她找到安全感。

所以尽量给孩子提供一个和睦的家庭氛围,夫妻之间有矛盾,有争执,最好避开孩子。婚姻真的无法维持下去的时候,也不要因为孩子而凑合过。

不是所有单亲家庭的孩子都缺乏安全感,看看天后王菲,两段婚姻都出现了问题,但她不会为了孩子而选择将就。即使无法给孩子完整的家庭环境,但她还是把两个女儿教育得非常好。窦靖童、李嫣都有各自的不完美,但却安全感十足,我行我素,活得洒脱。

3.有效地陪伴与关注

为什么强调有效呢?如果你跟孩子人手一个iPad,你打"王者荣耀",他看"熊大熊二",各玩各的,就是无效的陪伴,充其量说是待在一起。我们至少还可以陪手机50年,但孩子真正需要你的时间只有几年,等他不需要你的时候也许你会追悔莫及了。

儿子在奶奶家度过了幼儿园的3年,虽然我们不能每天见到,但我会尽量保证每天通个电话,每个月去看他一次,节假日基本全天候地陪伴,做得最多的就是一起看绘本、讲故事。我们之间的安全感建立得很好,他上小学后回到我身边,也没有出现任何不适应的情况。

4.积极回应孩子

及时地回应孩子,会让他们感到安心、踏实、稳定,有利于安全感的建立。比如孩子说:"妈妈,你看我画得像不像?"即使你再忙,也要认真地看看,给出你的积极评价:"嗯,是不错,小象的鼻子画得活灵活现。"千万不要敷衍了事,说："妈妈正忙呢，去找你爸玩。"本来兴致很高的孩子，会产生不受重视的挫折感。

爸爸妈妈要给孩子这样的感受：无论何时，我都会给你及时、温暖、可预测的回应。孩子可以毫无顾忌地表达自己，尽情说出自己的感受。

5.多和孩子交流，表达你的爱

我陪两个孩子的时间不多，但只要在一起就经常拥抱他们，这个肢体动作可以传达出温暖、信任与鼓励，孩子会有被保护的感觉。我从来没有打过孩子，严厉的批评也没有，偶尔吼两次，事后都会蹲下来向他们真诚地道歉。

坚持每天睡前讲故事，讲完还可以跟孩子聊聊天，说说各自一天发生的事儿，爱就在不经意间流动，弥足珍贵。快上初中的女儿到现在还会跟我无话不说，经常告诉我心底的小秘密。

如果你像前文的那位妈妈一样，有一个喜欢咬手指的孩子，记住不可大声呵斥，又简单粗暴地把孩子的手从嘴里抽出来。要找到孩子缺乏安全感的原因，对症下药。

故事的主人公叫小莉，是一个个性非常鲜明的小老鼠，她美丽可爱，但娇气敏感。

她生活在一个温馨的家庭里，有对她百般呵护的爸爸妈妈，还有唠叨、慈爱的奶奶。

但是小莉平时总是担心这、担心那：爸爸妈妈会不会突然不见了，自己会不会因为变小在澡盆里淹死，墙如果裂开了会不会有怪兽爬出来，院子里的大树会不会砸下来呢，暖气片里会不会爬出一条蛇，她更担心

《我好担心》

自己心爱的布娃娃小花瓣，怕它受委屈，怕它永远消失。到游乐场她也担心。过生日也担心，过节就更担心了……

到了上幼儿园的时候，她的担心越来越多，这种情绪也传染着全家人跟她一起担心。就在小读者替小莉捏把汗的时候，故事出现了戏剧性的转折。

小莉居然自己解决了问题：她找到了喜欢的小伙伴，和他们玩得非常开心。

幼儿园放学的时候，她告诉老师："我一定还会来的，不要担心。"

我女儿在2岁多的时候就非常喜欢这本书，要我反复拿来讲，也许她在小莉的身上找到了自己的影子，有了共鸣，才会深爱。

当孩子出现紧张、焦虑的情绪时，要赶紧疏导、释放，适当转移他们的注意力，找到他们感兴趣的游戏、玩具和心仪的伙伴等。

• • • •

一本让孩子摆脱自卑，建立自信与安全感的绘本。

小主人公玛丽莲不喜欢上游泳课，因为她太胖了，每次跳进水里就会溅起巨大的水花。其他的小朋友见了，就会大声嘲笑："玛丽莲，大鲸鱼！"

《大鲸鱼玛丽莲》

她觉得很难过。有一天，教练说："如果你想象自己的身体很轻、很轻，你就会游得很快、很好。"

玛丽莲决定试试看，结果……真的出现了意想不到的效果。她不只在游泳课的时候想象自己是条鱼，还把这种方法运用到了生活当中。慢慢地，她建立了自信与安全感，开始喜欢上自己原本的样子。

有时候我们的想法有了新的转变，就会看到一个崭新的、令人愉快的世界。

积极的心理暗示法，会帮助我们面对成长中的挫折、嘲笑和各种考验。

威利是一只非常善良的小猴子，他什么东西都不忍心伤害。

有一次，他出去散步，被一群小混混边打、边喊："胆小鬼威利。"威利非常讨厌这个外号。晚上回家的时候，他在报纸广告上发现了一本能使自己变强壮的书，于是就邮购下来。

拿到书之后，他开始依葫芦画瓢：慢跑，吃营养大餐，参加有氧运动课，又学了拳击，还去健身俱乐部。

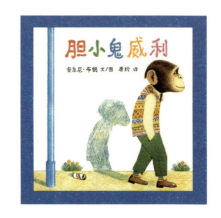

《胆小鬼威利》

几个星期过去了，几个月过去了，渐渐地，威利变得很强壮，很强壮，非常非常的强壮。现在威利非常喜欢自己的样子，他不仅打败了街上的那群小混混，还救出了小女孩儿米粒。

每个人都只有不懈地努力，才会遇见那个日渐强大的自己。

探险

◊ 如何应对爱探险、爱冒险的孩子

小时候我干过一件至今难忘的傻事，就是"舔大冬天的铁扶手"。因为好奇雪的味道，结果舌头被牢牢粘住，哭了好久大人才发现，被解救出来后，舌头被粘掉一大块皮，流了很多血。

学了儿童心理学之后才明白，孩子在不会讲话的时候，是用嘴巴来感受这个世界的。你看小婴儿总是习惯性地把手里的东西放到嘴巴里尝尝，要不然怎么了解"热"与"冷"、"硬"与"软"是什么感觉呢？

毛德皇后大学儿童早期教育教授艾伦·桑德斯特（Ellen Sandseter）曾在全球权威杂志《进化心理学》上总结道："孩子有尝试危险和刺激的天然心理需要。在冒险刺激中，孩子起初是被吓坏，但随后就能克服这样的恐惧。"

比如很多爸爸妈妈担心孩子摔伤以后会恐高，但研究结果恰好相反：5—9岁时有过高处跌落受伤的孩子，18岁时会很少恐高。

再比如大人担心过早让孩子独立会产生分离焦虑，但研究表明，9岁前经历的分离次数与18岁时出现的分离焦虑程度成反比。

艾伦教授还发现，孩子如果没有机会用可接受的方式体验冒险，将来会出现更鲁莽、极端的行为，比如暴力倾向、嗑药、酗酒等。

他建议孩子在成长过程中需要经历7类冒险游戏：

1.高度探索——高度能够激起对恐惧的知觉。

2.拿危险的玩具——用锋利的剪刀、刀子或者沉重的锤子，起初孩子很难掌控，但要尝试学会。

3.接近危险的地方——在有水的池塘、湖海或者有火的地方玩耍，这样孩子会锻炼出对危险环境的敏感度。

4.混打游戏——摔跤、玩乐性的打斗可以让孩子学会处理攻击与合作。

5.速度——比如骑车、滑冰等。

6.迷路或者寻找方向——当孩子感受到迷路的危险时,就会有强烈的冲动去探索未知的领域。

7.一个人独处——学会对自己的行动、决定负全责,本身就是惊险、刺激的。

那我们该怎么应对孩子的这种天性呢?

与其这不让他做,那不让他碰,总想替他遮风挡雨,不如让他自己学会"打伞"的本事,毕竟,你能陪他的时间不多。坚信一点:你再有本事,也不是孩子的,要让他自己长本事。引导孩子激发出身体的潜能来,比如游泳、滑板、轮滑等,让他戴好头盔,做好防护措施,教他保护好自己。这是大人要做的,而不要因为有危险就禁止孩子去尝试,越晚让他尝试,将来的危险就越大。

推荐绘本

在一个阳光明媚的日子,年轻的爸爸带着4个孩子——还在蹒跚学步的婴儿、学龄前的男孩儿、两个穿着裙子的漂亮女孩儿,外加一条黑色的牧羊犬,欢呼雀跃地上路了!

他们排成长长的一队,又蹦又跳地去捉狗熊! 捉狗熊? 是的,是去捉狗熊,还是一头大狗熊!

听起来很惊险,很刺激吧。他们不怕被吃掉吗? 他们能捉到大狗熊吗?

小孩子刚翻开这本书,就已经被吊足了胃口。

接下来故事的发展欢快而清奇:一条又深又冷的小河拦住了他们的去路。他们脱鞋下河,一边唱着欢快的歌,一边勇敢地蹚了过去。一片又深又黏的烂泥拦住了他们的

《我们要去捉狗熊》

去路,他们照样一边唱着歌,一边深一脚浅一脚地走了过去。

捉狗熊的路非常遥远,他们先后穿过了树林、遭遇了暴风雪……当一家人跌跌撞撞地摸到熊洞里的时候,突然,一头巨大的熊扑了出来。

于是,这5个"勇敢"的猎人调头就逃。这回他们不唱歌了,失魂落魄地又一次穿过暴风雪、树林、烂泥地、小河……一直被熊追回到了家里。5个人钻到了一条粉红色的大被子下,长长地松了一口气:"我们再也不去捉狗熊了!"

读到这里,大人跟孩子都哈哈大笑,这场闹剧真是太刺激了! 去捉狗熊,怎么能不带上枪呢? 怎么能带上一群手无寸铁的孩子呢? 那不是去捉熊,是去喂熊了。

显然,这是一次幻想的狩猎,一次奔放而又快乐的冒险游戏。

经历了这场欢快的闹剧后,孩子的好奇心得到了极大的满足,终于体会到家的安全与温暖。

●●●

这本书曾经获得了1988年的凯迪克金奖。

一个隆冬夜晚,爸爸带着女儿去森林拜访猫头鹰。这个开头听上去就很酷吧,让人屏住呼吸继续翻页。

月亮高高地挂在天上,远处传来火车的鸣笛声,回应汽笛声的是阵阵狗吠……一路上,女孩儿大气都不敢喘,因为爸爸不断提醒她,看猫头鹰一定要非常安静才行。

空荡荡的雪地里,两人一前一后地走着,留下长短不一的脚印。

《月下看猫头鹰》

父女两人置身在梦境般的宁静中,悄悄地追寻着猫头鹰的行踪。这是怎么样的一段冒险? 他们能否找到向往已久的猫头鹰?

猫头鹰对于大多数孩子来说,有些惊悚,有些神秘。在昏暗的冬夜,守在寒冷的森林里等待猫头鹰的出现，本身就是一件需要勇气和耐心的事。我曾经在儿子6岁的时候给他讲过这个故事，引导调皮好动的他："谁都喜欢探险，但需要有胆量跟忍耐，你能做到吗？"

《不一样的卡梅拉》

这套脍炙人口的经典畅销绘本来自富有幻想的法国。

卡梅拉是只普通得不能再普通的小母鸡，她从小幻想着去看看外面的世界，比如大海。但她的梦想遭到了所有人的反对，包括她的爸爸妈妈："鸡就该每天下蛋，为什么要去看海？你脑子没毛病吧？"

终于有一天，卡梅拉走出了世世代代居住的鸡窝，历经险阻，遇上了自己的公鸡王子。

在这个探险的过程中，卡梅拉还生下众多调皮的孩子。与大多数小鸡一样，她的家族也面临着天敌的威胁，但这些天生爱冒险的小鸡却能跟天敌斗智斗勇。这中间的故事让孩子们脑洞大开，有着区别于《熊出没》《喜羊羊与灰太狼》的高级幽默。

这是一本与众不同的立体互动书，你可以用拉拉、翻翻的方式给孩子立规矩。

《安全常识互动游戏书》

孩子好奇，喜欢冒险可以，但一定要了解必要的安全常识，在做好防护的前提下去体验冒险。比如：家用电器的使用常识，如何用火、用电等。爸爸妈妈也可以在日常生活中抓住各种教育契机，教给孩子安全常识，实现自我保护。

书里还用互动游戏的方式，向孩子们形

象展示了各种安全隐患在哪里,如果你在家里、商场、公园、海边碰到这些危险该怎么办,还有遇上突然降临的自然灾害怎么应对。孩子看到了,听到了,动手拉拉、拽拽,就会印象深刻。此外家长还应让孩子牢记应急电话:如报警电话110、消防电话119、医疗急救电话120、查询电话114等。

幻想

如何应对爱幻想的孩子

激发孩子的想象力,比你想象的要简单(无趣的家长最容易毁掉孩子的想象力)。

想象力是孩子与生俱来的品质,是靠保护出来的,而不是培养出来的。

在美国,一位出差回来的爸爸给两个儿子带回了一件礼物——会飞的蝴蝶。爸爸把玩具放在手心,轻轻一拉,蝴蝶便在空中飞起来。小哥俩非常开心,他们不由得想象:人是不是也能坐在蝴蝶上面飞呢?他们把想法说了出来,于是爸爸鼓励他们仿造玩具尝试做飞行器。

小哥俩动起手来,失败过无数次,但是始终没有放弃,后来的故事大家都知道了——他们创造出了人类历史上第一架飞机,他们就是莱特兄弟。

古希腊哲学家亚里士多德说过:"想象力是一切创新、发明的源泉。"其重要性可见一斑。

但在现实生活中,我们却在不经意间摧毁着孩子丰富的想象力。

记得看过一部电影,里面的小主人公上画画课。别的孩子都在画小猫、小鱼、小狗等可爱的小动物,唯独他在一笔一画地将整张白纸涂黑,而且毫不停歇地一张接着一张涂。这个怪异的动作让老师,甚至他的爸爸妈妈觉得他有问题,并送进医院治疗。可就因为一个偶然的机会,妈妈突然发现了事情的真相,孩子根本没有毛病,只不过他把所有的"涂色"拼成了鲸鱼的模样。

现实就是这么可笑,我们一边在嗔怪孩子缺乏想象力,一边在不经意间扼杀着它们。

周末去逛街时,路遇商场门口有人工在维修水管,一个小男孩儿指着水管漏水的地方,兴冲冲地跟妈妈说:"快看,妈妈,小水管在哭泣!"我在心里赞叹他诗意的想象力,可他妈妈的回答好无趣:"水管又不是人,怎么会哭呢,就是漏了个洞而已。"

这样毁人的做法还有很多，我列出来，希望你觉得很陌生：

1.太多的禁令：不许干这，不能干那，时间长了，孩子就被束缚住了，对大人言听计从。比如"怎么能把这个玩具汽车给拆了呢？这个很贵的，下次不给你买了"。

2.用大人的理论回答孩子的问题："妈妈，太阳为什么要下山呢？""这是自然规律。"显然孩子不懂这个，就这样，天就被聊死了。如果换个回答，"太阳公公工作一天了，要回家好好休息啦"，会不会更好些呢？

3.习惯性用成年人的标准来点评："爸爸，你看我画的美人鱼！""你画得一点也不像啊，美人鱼怎么会有翅膀呢？"

重点来了！我们该如何去做呢？

操作要点

① **鼓励孩子的奇思妙想**。非要穿着斗篷出门，假装自己是超人，就由着他吧，不要在意周围人的目光，多给孩子自由。

② **表扬孩子看似奇怪的作品**。毕加索说过："我花了一辈子的时间去学习像孩子那样画画。"所以碰到孩子随意的涂鸦不要再说："你这画的是什么呀？花不像花，马不像马的。"

③ **多做脑筋急转弯，多动手**。曾经有段时间我的两个孩子迷上了看《脑筋急转弯》，两个人互相提问，公布答案后，哈哈大笑。他们还经常向我发问，天马行空的解答的确会让人脑洞大开。

④ **多陪孩子看书**。美国芝加哥大学的心理学家勒维指出："孩子看书，一定是自己创造出所有的情节。他一边看，一边想象人物的形象，揣摩他们的情绪、说话的语调，创造出周围的环境等。"可以引导孩子把他们的想象画下来、讲出来、记下来。

比如下面的这些绘本就是很好的媒介。

《线之旅》系列共五册。故事的主线就是一条线，孩子们顺着它展开了想象。

看似平淡无奇的线，在作者的笔下，变得充满童趣，演绎出一个个细节丰富、创意十足的小故事。

脑洞大开的奇妙世界，蕴含了丰富的知识，极大开阔了孩子们的视野。

跟着这条线，我们见识了日常的街道、路人、信号灯、海上的船、水里的鱼、天空、森林、动物……靠着一根线，孩子们练习了数数，认识了颜色，发现了事物间的差别。

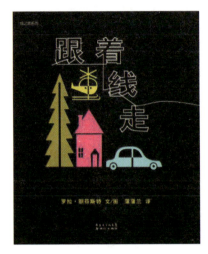

《跟着线走》

我们跟着这条线进到房子里，先后进入厨房、地下室、卧室、浴室、娱乐室和阁楼。这些房间里都放着哪些东西？有没有东西放错了位置？

《跟着线走 穿过房子》

跟着这条线，乘着热气球环游世界。从非洲到格陵兰岛，从撒哈拉沙漠到亚马孙雨林，从斯里兰卡到墨西哥……这些地方都有什么不同？丰富多彩的世界，都在一根线上展开。

看完故事，引导孩子一起画线条，将看到的、感受到的，结合自己的想象一起表达出来。

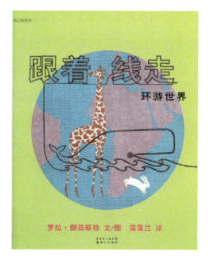

《跟着线走 环游世界》

这是根据乌克兰的民间传说改编的故事。

一个下雪天，有只手套被丢在了白雪皑皑的野地上，手套哪儿来的呢？故事就这样开始了……

老爷爷带着小狗去森林打猎，走着走着，他的一只手套掉在了雪地里，而他全然不知。

一只小老鼠跑过来，看到这只手套，住到了里面。过了一会儿，一只青蛙也住了进去。狐狸、狗熊、野猪不断地出现，排着队挤了进去，这只手套就像被赋予了魔力，再多动物都能住进去。

《手套》

最后，老爷爷发现手套丢了就回来找，小狗跑在前面"汪汪汪"地叫着。听到狗叫，大家都跑掉了。

故事在不断地重复中，慢慢被推向了高潮，孩子的想象不断被颠覆，一只小手套怎么能住进这么多动物呢？显然这是不合常理的，但画家却通过画笔从容、自然地容纳了它们，实在是脑洞大开，而又那么合情合理。

荒诞的故事，一定会引起孩子们的共鸣，觉得"太好玩了"，所以这个故事才会经久不衰，历久弥新，被世界各地一代又一代的孩子们深爱着。

· · ·

这是一个连美国前总统奥巴马都喜欢给自己女儿讲的幻想故事，精彩之处非常多。

小主人公麦克斯穿上狼外套在家里撒野。他把妈妈房间的被单钉起来做了个小帐篷，拿着叉子追着小狗跑。妈妈太生气了，把他关在房里不让他吃饭（画面大家都很熟悉吧）。

《野兽国》

晚上麦克斯的房间长起了一片树林。他走出树林，乘着一只叫"麦克斯"的小船到达了野兽国。起初这些面目狰狞的野兽想吃掉他，可是麦克斯用自己的聪明才智驯服了它们，成了野兽国的国王，过起了万人之上的幸福生活。

可这样的日子没过多久，他就感到孤单了，于是麦克斯告别了想要极力挽留他的野兽，又乘着小船回到了自己的房间。一切还是他离开时的样子，晚饭放在桌子上，"还热着呢"。

面对熊孩子麦克斯，妈妈把他关在小黑屋里也是迫不得已。当一个人独处的时候，往往是孩子想象力无限膨胀的时候，他们在生理上是弱势的，会陷入某种压抑而不能反抗的境地，从而产生恐惧、愤怒等情绪。

要征服这些情绪，孩子就需要幻想。在想象中，他们的情绪会得到缓解与发泄，比如我小时候被老爸老妈骂完觉得委屈的时候，会拿他们的枕头打着出气。而我们的麦克斯小朋友想得更奇妙，他创造了一个国度，他就是那里的国王，可以为所欲为。

其实每个人心中都有一个野兽国，我们可以在那个地方做任何想做的事，做自己的主人，不理会一切烦恼忧愁。通过这种自由的幻想，我们可以排解现实的压力与困惑，从而更好地回归当下。

• • •

无字书最适合喜欢幻想的孩子看，由于没有文字的限制，孩子可以天马行空地自由想象。

星期二晚上8点，池塘里昏昏欲睡的青蛙被惊醒了！接下来，在荷叶上尽情飞翔的青蛙会带你穿越城镇的每个角落，感受一个不平静的夜晚，初升的太阳将照耀恢复平静的城镇。第二个星期二的晚上，房子外墙上借由灯光的照射，半空中出现了猪的影子……

《疯狂星期二》

这本书对于孩子最大的吸引力，是飞翔的青蛙乘坐的荷叶好像阿拉伯神话故事中的飞毯。

无字书对于某些成年人来说可能会是灾难，我自己第一次就没有看懂，但是对于没有任何思维限制的孩子来说，他们一眼就能明白图画所描述的故事情节。梦幻般的画面激活了他们的想象力，更让他们感受到因为有了幻想，世界才会如此美妙。

依赖性太强

◯ 孩子太黏人怎么办?

有位妈妈写信说:"我的孩子已经3岁了,可是整天都要黏着我,我走到哪儿,她跟到哪儿,出门都不能让她看见,否则哇哇大哭。在外面玩,我也不能离开她的视线,一会儿要抱抱,一会儿跑过来蹭蹭。我是全职妈妈,等她上幼儿园了我就要出去工作了,可孩子这么依赖我,是不是独立性太差啊?我该怎么办呢?"

相信很多妈妈都碰到过这样的情形吧,我儿子在1岁多的时候,也是如此黏着我,上个厕所都要开着门跟他说话。孩子在6个月到3岁之间,出现黏人的状况很正常,他需要妈妈在身边随时满足他的各种需要,比如饿了,马上会有奶喝;尿布湿了,有人给他换;想要玩,有人会陪他。这样他在碰到危险的时候,可以随时寻求帮助。

1959年美国心理学家哈洛和他的同事做了一个实验,把一只小猴子单独放在一个房间,它出现了焦虑不安的神情。随后它的妈妈进去抱了它一会儿,小猴子没那么害怕了,开始探索这个新环境。正因为有了妈妈这个安全港,小猴子才能放松下来。

所以请这位妈妈放下担心,不要急着把孩子推开,黏人跟独立性不是对立的,而是统一的,只有孩子跟妈妈建立了牢固的安全依赖才能逐渐独立。

孩子为什么会出现黏人现象呢?

1.分离期没有把握好

孩子在6—9个月的时候,会对身边的主要照顾人产生明显的依恋。如果这个时期,妈妈经常出差或者不在身边,经常更换照料人,没有给孩子足够的身体接触,都会加重孩子的分离焦虑。

2.焦虑期的错过

孩子在18个月左右开始萌生自我意识,会用言语跟动作反复确认一件事:妈妈爱不爱我。答案的肯定与否,关系到孩子今后的"黏人"程度。

3.没有高质量的陪伴

尽管有些妈妈不上班,24小时都陪在孩子身边,但陪伴的质量不高,没有全身心地投入到孩子的游戏与活动中。比如你跟孩子一人一个iPad,他看动画片,你刷韩剧,这就不是高质量的陪伴。如果每天下班能抽出半个小时给孩子讲绘本故事,聊聊他这一天的开心与不开心,那这样的相处就是高质量的,胜过一天24小时的无效陪伴。

4.社交示范与社交机会的缺乏

孩子1岁以后,多带他出门,多接触其他的小朋友跟大人,从鼓励孩子跟人打招呼开始。记住"己所不欲,勿施于人",参加聚会或者集体活动,你首先要做好示范,一言一行的社交互动都会给孩子树立榜样。如果你扭扭捏捏,不主动跟人交流,孩子也会害羞地躲在你身后。

对于孩子黏人的现象,要具体问题具体分析:

1.如果3岁前黏人,可以尽量满足他,不要急着把他推开,此时对爸爸妈妈的依赖,是出于心理安全的需要。比如让他跟人打招呼,他躲在你身后,说什么也不肯开口,那就不要逼他。让他跟其他小朋友玩游戏,他就是牢牢抱着你的大腿不撒手,那就给他一些时间放松,直到他放松了再加入。

1—2岁的小孩子不断用呼唤爸爸妈妈来测试一个问题:当我有需要时,你会及时回应吗?你们会马上出现在我的面前吗?如果爸爸妈妈能满足,孩子就会安心——爸爸妈妈是爱我的,不会不管我。这种确定会给孩子带来安全感,让他们觉得自己是被爱的,是有价值的,由此获得足够的心理能量,慢慢成长为一个自信、独立的人。

2.如果3岁后还黏人,大人就会有心理压力了。看着同龄的孩子都可以自己玩一会儿了,只有我家孩子还抱大腿,对自己寸步不离,可如何是好呢?

绝对不要冷处理。有些妈妈觉得黏人的孩了不独立，尤其是男孩子，没有男子气概，于是不管你怎么跟着我，我都不理睬。殊不知，这样的做法只会更加伤害孩子，他们的感受是：妈妈把我推得好远，她不爱我了。为了找回妈妈的爱，他会表现得更加黏人，生怕被你抛弃。

正确的做法：如果你手头正忙，就告诉他耐心等几分钟，忙完就来陪他。我儿子在2岁多的时候特别黏我，有一次下班回家着急发一封工作邮件，他说什么都要我抱，这时候把他赶出房间，他肯定会哭闹——我都一天没见着妈妈了，可她一进屋就开电脑，不抱我，她一点儿都不想我。我让他耐心等5分钟，孩子还没有时间概念，我就随手拿了一本涂鸦本子，让他画画，写完邮件我赶紧来抱他。这样的做法会让他的测试得到肯定的答复：妈妈还是爱我的。

另外，除了及时的回应，还要找到他存在心理压力的真正原因。

你可以问孩子："这几天你总跟着妈妈，我很好奇是什么原因呢？"记得问孩子的时候，一定要蹲下来，目光跟他平视，眼神的交流会让他放松下来。这种试探，能让孩子打开心扉。你会发现他的压力也许是因为幼儿园的节目表演，他的表现不好，小朋友嘲笑他，不愿意跟他一组；又或许是大家都可以达到老师的要求，就他不行；还有可能是坐在他旁边的女孩儿总是挤他，还乱说话，真的很心烦。

如果孩子能把原因说出来，说明他的安全感建立得很好，你应该感到高兴。所有黏人的孩子都不会莫名其妙、故意跟大人做对。

真正得到过爱的回应的孩子,才有足够的安全感去独立应对外面的世界。

《小一步,回来了!》

从完成简单的任务开始培养孩子的独立性。

妈妈交给小一步一项艰巨的任务——给楼下的田中叔叔送一封信。虽然只有两层楼,但对于1岁多的小一步来说,还是个不小的挑战,因为他要一个人上下楼梯。

小一步能做到吗? 他穿上了鞋子,打开门,扶着楼梯把手小心翼翼地走着,咚! 咚! 咚! 一步一步下楼梯,一点儿也不敢马虎,遇到转弯的地方,他还本能地放慢了脚步。

终于到达田中叔叔家的门口啦,他抬起胳膊,踮起了脚,很郑重地将信塞到了信箱里,只听啪嗒、扑通,太棒啦! 任务完成了。

满头大汗的小一步兴奋极了,连上楼的步子都大了起来,速度也加快了。他要赶紧向妈妈汇报成绩,我可以一个人上下楼梯啦,还完成了妈妈交给的任务。

故事的最后,妈妈张开了双臂,迎接凯旋的小一步。妈妈幸福的表情跟小一步神气的动作有着强烈的感染力,孩子的能力远远超乎你的想象。

还想跟大家分享的是,能让孩子自己完成的任务尽量让孩子自己去做,其间你不要去参与,比如说给邻居送点儿东西,去楼下的便利店买一些东西回来,等等。孩子在

完成这些简单的日常小任务的过程当中,独立性就慢慢培养起来了。

孩子的弱点也能转化为优势。

小克兰西一出生就和别的牛不一样,因为他身上没有小白条,为了这件事情他很

苦恼。

为了要跟大家一样,他想尽一切办法,结果都失败了。

他很沮丧,因为跟同伴不一样,他经常受欺负。然而,万万没想到的是,没有白条这个事儿反而还帮助了克兰西到红牛那里吃到了草,让他变得越来越强壮。

故事的最后,小克兰西在摔跤比赛中胜利了,为他们的牛群争回了草地。

孩子在探索世界的时候,难免会碰到很多困难与挫折,要学会换个角度看问题,积极寻求解决问题的好方法。有时候别人眼

《勇敢的克兰西》

里的缺点,或许恰恰就是你的优势呢!

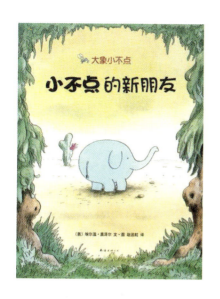 

《大象小不点》系列

这套书一共有四本,分别是《小不点走丢了!》《小不点的大冒险》《小不点的新朋友》《小不点回家了!》。小不点是一只迷你大象,它出生没多久就和象群走散了。它从来没有见过自己的爸爸妈妈,也不知道自己是谁。为了寻找家人,它开始了一场充满挑战的冒险之旅。一路上小不点经历了种种困难,也遇到了很多新朋友,大家互相帮助,最终小不点找到了爸爸妈妈。

这是一次特别的心灵成长之旅,小不点每遇到一个新朋友,就向着独立和更明确的自我迈出了重要的一步。它教会了孩子在孤独的时候不要紧张,失望的时候也不要沮丧,遇到困难的时候更不要放弃。

相信孩子会从小不点身上吸取正能量,大人也会得到启示:每个孩子身上都蕴含着无限的能量,放手让他们去做,就会收到意想不到的惊喜。

共情能力

🪔 学会换位思考

懂得换位思考的孩子,谁见了都会喜欢。

我妈是个急性子,最见不得人拖拖拉拉,有一次要着急出门,就跟磨磨蹭蹭的女儿起了冲突,吼了她几句。结果小姑娘来了情绪,哭着跑回自己的房间,说什么也不出门了。

我压住了内心的着急情绪,深呼吸,走到她的房间,抱了抱她,蹲下来跟她说:"妈妈知道外婆吼你,你觉得很委屈,对不对?"她点了点头(不管发生什么,先接纳孩子的情绪,理解她的感受)。

接下来你要引导她:"可是外婆提醒了你好几次换衣服,你就是不动弹,她站在门口等你是不是很不耐烦啊? 换位思考一下,你每天上学,不愿意等磨磨蹭蹭的弟弟,是不是也很想训斥他?"女儿慢慢从不愉快的负面情绪中走了出来,起身顺利出门,整个事件得到了圆满的解决。

我不是一个高情商的妈妈,有时候也会控制不住自己的情绪,但会不断努力去调节,去修为,多跟孩子一起梳理,交流。我记得有一本育儿书中有一段话:"懂得共情的父母,更容易走进孩子的内心;懂得共情的孩子,在未来的人际关系中会显示出更高的情商,更受大家欢迎。"

分享一些可操作的方法,跟孩子一起提高共情的能力。

1.学会换位思考

站在对方的角度考虑问题,如果是我被抢了玩具,是不是也会动手打人?

2.学会倾听

在发生矛盾、冲突的时候,要先听对方把事情说清楚,说完整了,再去评判、做决定。

3.少问为什么

每个人都有不为外人道的理由,尊重对方的想法,求同存异。比如少说:"你怎么会喜欢喜羊羊这么垃圾的动画片啊?"换种说法:"相比喜羊羊,我更喜欢看《猫和老鼠》。"

4.积极回应,但可以不完全认同

说白了就是:我理解你,我愿意听你说,但不能全部认可,我有底线跟原则。

5.经常使用如下的共情语

A.表达对人情感的理解

"你现在的感受是……因为……"

"你感觉……因为……"

B.表达对对方意图的理解

"你想说的是……"

"你现在最希望的是……"

"你的意思是……"

C.表达对对方的尊重

"我理解你的感受,我知道这对你很重要。"

"我能理解你的心情,这种事情处理起来的确很难。"

D.用具体的行动表达关心

"需要我做点儿什么吗?"

"你看我能为你做点儿什么?"

E.表达不同的观点

"你的话很有道理,但我还有一点不同意见……"

"你的观点很新颖,但我还是有不同的看法……"

如今的孩子,由于受到的关注太多,很容易以自我为中心,稍微不如意,就大哭大闹,大喊大叫,的确很令人头疼。对于涉世不深的孩子来说,让他们自己领悟到换位思考,从他人的角度考虑问题的确是一件难事。不妨试试下面的绘本故事。

换个角度看问题,世界大不同。

睡觉前,暖呼呼的床上有一个小男孩儿在看书。他突然发现旁边有个妖怪,不由得大喊起来:"爸爸,我的床上有妖怪!"咦? 怎么妖怪也同样在叫自己呢?

故事从人类和妖怪的角度分别来讲述。当看到自己眼中的妖怪时,男孩儿害怕地喊爸爸过来。其实与此同时,妖怪看到男孩儿

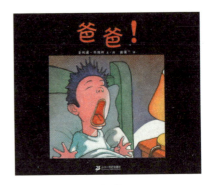

《爸爸!》

呢,也会把他看成妖怪,惊恐万分地喊自己的妖怪爸爸前来。

你觉得别人是妖怪,其实人家也把你当怪物呢。换个角度看问题,我们所谓的差异和距离就不存在了。

有一只猫非常想成为狗,他觉得做狗很好玩,当一只猫太没劲了。"我要是一只狗就好了",这只猫整天愁眉苦脸地向我们告白。当小猫不好吗? 为什么想成为一只狗呢? 那只背对着我们的小狗又想跟读者说些什么呢?

其实我们又何尝不是经常羡慕别人,觉得别人家的孩子就是比自己的好,总是盯着别人的长处、别人所拥有的,总是看到自己的短处、自己所缺乏的,就像故事中的小猫,他总是说"我要是一只狗就好了,狗有所有的

《我要是一只狗就好了》

乐趣"。但真实的境况未必如此,希望小朋友在哈哈一笑之后,对自己有一个全新的认识和判断。

· · ·

换位思考,收获友谊。

有一天,幸运小贝撞到了蓝色大怪兽。怪兽说:"你看起来很美味啊,也许我应该把你一口吃掉。"小贝脑袋转得飞快,为了转移怪兽的注意力,他想出各种有趣的、可以和蓝色大怪兽一起做的事儿:一起滑滑板车,一起开鲜花快递公司,一起开侦探事务所……他们玩得超级开心。但是怪兽总是容易失去兴趣,很快就又会感到无聊、饥饿。

《幸运小贝和蓝色大怪兽》

弱者小贝碰到要吃掉自己的大怪兽,想出各种引人入胜的活动来转移怪兽的注意力,进行积极的自保,而不是坐以待毙。当小贝的点子快用完的时候,怪兽说出了让他惊喜的话来。原来学会换位思考,从别人的角度看问题,不仅能够营救自己,还会收获意想不到的惊喜。

· · ·

领悟宽容与谅解。

很久以前,在一个晴朗的日子里,山嘭嘭嘭地喷火,地咚咚咚地摇晃。这时,甲龙宝宝出生了。他遇到了滴答滴答流着口水的霸王龙,但让我们惊掉下巴的是,小甲龙居然叫了一声"爸爸"。这击中了霸王龙内心最柔软的地方,从此小甲龙盼着早点儿长得像爸爸一样。

小甲龙对霸王龙"爸爸"无限信任，真诚关爱又无比骄傲，让霸王龙埋在坚硬"土壤"里的"爱的种子"发芽啦。虽然失去了"很好吃"的美味，霸王龙却尝到了被爱的滋味。因为有人爱着，他便不再孤独。

在遇到小甲龙之前，霸王龙凶猛的外表下其实包裹着一颗孤独的心，从未被人信任过，从未被人爱过，也从没有谁为他骄傲过。在爱与被爱之间存在着循环往复的通道，小甲龙也不再孤单，霸王龙为他挡住敌人的袭击，教他各种本领，并帮助他回到了父母的身边。在一起的日子，对他们而言是一段幸福的时光。

《你看起来好像很好吃》

孩子的成长道路不会是一帆风顺的，有时难免会遇到霸道的、顽劣的熊孩子，或者本身就是霸王龙式的孩子，但每一个人心里都有一颗爱的种子。小朋友会借由这个故事，体验到爱与被爱，以及人与人之间交往的真谛——信任、关爱和鼓励。

我曾经在绘本馆给孩子们讲了这个故事，一个原本跑来跑去的男孩子居然安静地坐下来，并且专注地听起来，当讲到最后，霸王龙与小甲龙分别的时候，他居然哭了。据他的妈妈说，小男孩儿在幼儿园非常调皮，经常被老师批评，还打过小朋友。也许外表粗暴、可怕的霸王龙唤起了小男孩儿的共情能力，让他内心深处那颗爱的种子开始萌发。

顺便说说，这个系列的创作者宫西达也先生，虽然已经年过花甲，但他童心未泯，从养育4个孩子的育儿经验中得到创作的灵感，著有《你看起来好像很好吃》《我是霸王龙》《你真好》《永远永远爱你》《跟屁虫》《好饿的小蛇》《乒乒和乓乓钓大鱼》《青蛙小弟睡午觉》《今天运气怎么这么好》《1只小猪和100只狼》《喵呜》《好饿的老狼和猪的小镇》等多部绘本作品，获得过日本剑渊绘本大奖、讲谈社出版文化奖等。《你看起来好像很好吃》被北京儿童艺术剧院改编成儿童剧，作为2008年六一儿童节的献礼，在国家大剧院演出。恐龙的温馨故事系列还被改编为动画电影在日本公映，宫崎骏的制作团队与久石让的音乐，深受大家的喜爱。创作的同时，宫西达也还致力于绘本的推广工作，走遍了日本的每一个县为孩子和家长做绘本演讲。

.3

社会交往

亲人

🩸 隔代教养

　　提到这个话题，我突然想到一个女性朋友曾经跟我吐槽，说跟自己的妈妈住在一起真的是太烦了，时刻想让她搬回老家。我就说，那你就让她回去嘛，她想了想说："目前还不行，我需要她帮我买菜、做饭、带孩子、接送幼儿园。她走了，我还得找阿姨，又一大笔开支，还不放心。"

　　我只能开导她："当你不能改变现状时，不要吐槽，不要抱怨，好好接纳当下，尽力把你认为的不幸变成有幸。"

　　譬如我自己，从怀孕开始，妈妈就从老家赶来照顾我，用她的话说，背井离乡，没有朋友，没有社交，唯一的寄托就是我和我的孩子。两代人同处一室，难免有磕磕碰碰的情况，我也因为育儿观念的差异跟老妈大吵大闹，有两次还把她气得要买机票回老家。我苦恼过，发愁过，但似乎找不到更好的破解方法，既然不能改变别人，就改变自己吧，慢慢去接纳生活的不完美，并且学会跟她共处。

　　在发生隔代教养差异的时候，我不会像以前那样指出她的不足、不对，而是跟她沟通、讨论，虽然结果未见得如你所愿，但长辈会感受到你的态度，是在跟她协商，而不是激烈地辩论。长辈都要面子，也很固执，不要试图一次就把他们改变，但沟通总比不沟通要好，而且都是为了孩子考虑，目的一致就更容易彼此体谅。

　　隔代教养极具中国特色，有数据表明：0—3岁婴幼儿在我国的入托率仅为4%，远远低于发达国家50%的比率。我们80%的婴幼儿都是由祖辈参与看护。我的老大是外婆帮着带大的，轮到老二则是奶奶出马，她们的年纪都不小了，本来可以颐养天年，却要为了孩子牺牲自己，所以我心里一直很感恩。尽管在育儿观念上有很大的差距，但若是站在更远、更高的角度看，当下纠结的小细节就都是浮云。比如孩子不会因为吃了一顿梅干菜而让身体产生多大的影响，犯不上跟长辈争执。

有些人担心长辈带出来的孩子要么胆小不自信，要么霸道任性，但事实上，隔代关系赋予了爱和生命更多的宽度与深度。童年时代被适当宠溺，全心接纳，会培养孩子更多的同情心，加深他们对生命传承的理解。很多祖辈带大的孩子成人后，并没有出现父母担忧的那么多问题，反倒收获了更多温暖。

推荐绘本

孩子们就是这样自然而然被引领着，学会了爱和爱的表达。爱和生命就是这样延续的。

我记得儿子在4岁的时候，有一天起床后，眼里噙着泪水跟我说："妈妈，我做了一个很可怕的梦。我梦到奶奶死了。"

有时候，老人会在无意中，也许就是通过一句玩笑话，跟孩子传达一种信息：我老了；我的牙齿掉了；你长大成人的那天，也不知道我们能不能看到呢；我们会离开你……老人随口一句也就过了，但孩子很容易在心里留下印记。

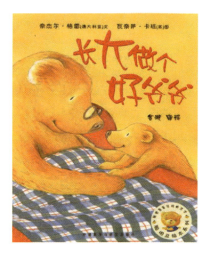

《长大做个好爷爷》

我家奶奶就说过"你长大了，我就死了"这样的话，这会让孩子对"衰老"产生抵触，对"死亡"有惧怕情绪。于是我带儿子看了这个绘本，希望能够缓解他的焦虑不安。

故事的主人公是只小熊。每个星期五，小熊都会去看望他的爷爷。他们一起喝茶，吃点心，并排坐，看外面的世界。当然，少不了故事。爷爷给小熊讲了很多发生在过去的老故事。直到有一天，爷爷躺在了病床上，直至永远睡着，再也醒不来。

故事的结尾虽然忧伤，但很有力量。熊妈妈和小熊并排坐，相拥在一起，静静地流泪。小熊哭着说："等我当了爷爷，我一定要做个好爷爷，就像爷爷那么好。""会的，小小熊。"妈妈说，"你一定会的。"

死亡主题的生命教育绘本，多数以爷爷奶奶为主角，它会用一种坦然的方式告诉我们：时间决定一切，同样也会教会我们一切，关于生死，关于传承，关于理解和爱。作为父母，要积极引导孩子看到老人身上温暖、智慧的品质，并自然地将生命教育纳入日常教养当中。

● ● ●

故事由作者狄波拉的亲身经历改编而成，记录了他和外婆、曾外婆之间的生活点滴，展现了祖孙三代互相关爱、其乐融融的生活。这是他童年的真实写照。

作者的家庭是早年到美国寻求发展的爱尔兰移民，他的绘本多半取材于民俗故事，偏爱人与人之间最朴素、真挚的情感。他的作品曾荣获美国"凯迪克"等多项大奖，而狄波拉本人也在1990年获得"安徒生奖"的提名。

《楼上的外婆和楼下的外婆》

● ● ●

祖孙之间，总有一种不可思议的亲近。日本心理学家河合隼雄曾经说过："孩子来自另一个世界,而老人马上要去另一个世界,两者都与另一个世界相近,在这一点上是相同的。"走在生命的初始和归途,以血脉亲情为纽带,祖孙之间总能产生温馨的交流,生成很多意味深长的故事。

《先左脚,再右脚》

小主人公巴比刚生下来时,爷爷巴柏是他最亲密的朋友。

巴比学走路的时候,爷爷耐心地说着"先左脚,再右脚",一步一步教会了巴比。突然间,爷爷中风住进了医院。经过了漫长的等待,巴柏虽然回家了,却不会走路,甚至不认识巴比了……

一切都让巴比十分害怕,直到他鼓起勇气亲近巴柏,帮助巴柏。终于有一天,爷爷在巴比说着"先左脚,再右脚"的引导下,重新学会了走路……

这是美国著名童书作家狄波拉以自己的亲身经历为素材创作的祖孙情绘本。他的作品常提及生老病死,用他的话说:"大人往往以为孩子脆弱得像花一样,其实孩子过了3岁,会有一种自然生成的勇气,是值得培养和鼓励的,因此我从不避讳在自己的图画书中表现生离死别。"

• • •

这本书很温馨地处理了"隔代关系"和"生命光辉"这两个相关的主题,使"老年"成为可爱的生命现象,用"离去"阐释"死亡"。

外公跟外孙女之间,人生经验的差异自然很大。外公所珍惜的,是"过去的美好时光"。外孙女却以认真的态度面对一个跟外公所经历的完全不同的"现在"。祖孙俩在一起,总想互相交换一些心得,但是因为所

《外公》

关心的事件不同,他们虽然在"交换",却不能产生"交集"。有趣的是,他们虽然不能产生思想的交集,但在情感上却是相连的,这就是亲情。

绘本大师伯宁罕用他风趣的图画语言,生动地描绘了纯真的"隔代关系"。

约翰·伯宁罕的作品都是自写自画,他对图文关系的运用非常独到。比如小女孩儿跟外公吵架,文字是:"那种事情外公不想听。"但是他们又会很快和好,外公说:"这巧克力冰激凌真不错。"孙女说:"不是巧克力,是草莓。"

最令人震撼的是最后的跨页,左边是用线条画的小孙女,右边是空空的绿沙发,暗示着外公已经不在了。作者用"消失""不见了""从此不再回来"等来处理死亡这个话题。

他不希望"死亡"对幼小读者造成伤害性的影响,这种态度是非常友好、和善的。

• • •

奶奶去世了,家里只剩下孤零零的爷爷跟一只猫。忍受不了突然的孤独,爷爷带着行李来到城里的儿子家住。

但是久居在乡下的爷爷有一些特殊的习惯:吃饭时大声地嚼东西,用一只手擦鼻涕,很少说话,经常呆呆地看着外面的街道。

不过,爷爷很能干,他会修理漏水的水龙头,会修剪玫瑰,还会讲故事给孙儿们听,但最后爷爷还是因为不习惯城里的生活而回到了乡下。

虽然这是一个来自欧洲的故事,但其中传递的情感很中国化。就拿我的女儿来说,

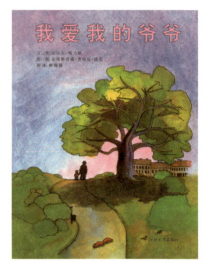

《我爱我的爷爷》

她对外婆的依恋有时候甚至超过了我,她听外婆讲一些妖魔鬼怪的故事,在我看来有些庸俗、市井,但女儿却听得津津有味。

其实我也是听这些故事长大的,所以不去评判对与错,就像落向大地的雨水,先接受它,然后再消化,吸收有营养的部分。

○ 兄弟姐妹

有妈妈问我："Lisa老师,我跟您一样是两个孩子的妈妈,能分享一下老大老二的相处之道吗?他们总是打来打去让我头疼,不知道该怎么办!"

我有个弟弟,自己的女儿也有个弟弟,说起两个孩子的相处的确是个让人头疼的问题,稍不留神,两个人就会掐起来,有时候还会动手互殴。姐姐喜欢用嘴巴唠叨,弟弟表达能力差,能用手解决的,绝对不叨叨,出手快稳准,经常以迅雷不及掩耳之势,就把姐姐打哭了。

先说说不同孩子的性格与行为的成因,这样才能有针对性地处理彼此间的交往。

心理学家凯文·李曼(Kevin Leman)从1967年开始就研究出生顺序与父母教养对兄弟姐妹人格差异的影响。

出生顺序+父母养育=行为特征

仔细想想这个公式,还真的很有道理。当初我养老大时,何其尽心尽力啊。抱孩子前必须消毒洗手,衣服都是专门手洗,喂奶都要定闹钟,餐具奶瓶专门消毒,每次洗澡水温都要严格控制在40摄氏度,喂好奶专门给她拍嗝,哪怕是半夜,也要强打精神。另外还买了一堆育儿书,学习怎么制作、搭配辅食,发了湿疹怎么办,屁股红了怎么办,如何应对各个阶段的敏感期,如何开发智力,如何进行英语启蒙,如何选择幼儿园,如何培养她的阅读兴趣……

到了老二出生,画风全变,直接找了月嫂。等他再大一些,让他自己抱着奶瓶喝奶,衣服也不专门手洗了,拍嗝太麻烦,吐两次习惯就好,学步也不弯腰扶,感觉他爬着爬着就能站起来走,摔倒了,自己再站起来……

完全是老大照书养,老二当猪养。

结果如何呢?老大敏感、谨慎,碰到问题喜欢求助大人,比如弟弟打了她,她会原地杵着哭诉:"妈,他打我!"弟弟正好相反,有难题自己想办法,饿了知道去翻冰箱,渴了会自己倒水,跟小朋友发生冲突,一定会奋起反击。不管是打人还是被打,他多半不会先求助大人。这样的结果没有严格的对与错,只是让我对他们多了解、多关注,针对他们的性格与行为模式,不断调整自己的养育策略,让他们都能身心健康地成长。

分享我的亲身经验:

1.让老大感受到荣耀与自豪

我是意外怀上的老二(当时国家还没放开二胎政策,如果留下这个孩子算是超生)。原本姐姐刚上幼儿园,稍微轻松一些,结果又一个突然而至。都说孩子是上帝送给你的礼物,纠结再三,还是留了下来。姐姐对妈妈怀孕还没怎么反应过来,于是我就提前给她"灌输"当姐姐的荣耀感,时不时提及"你就要当大姐姐了,以后要带着弟弟或妹妹一起玩了,真好啊"。她非常羡慕被夸长大了的感觉,这份荣耀感给了她不少期待与自豪。想着弟弟或妹妹出来以后,就有人陪她一起玩了,她很开心。

2.绝对不能冷落了老大

由于我要上班,还要照顾老大,所以在怀孕6个月的时候,实在有些吃不消了,就忍痛将老大送到了浙江奶奶家。但是周末我挺着大肚子也会尽量去看她,每天也要通电话或者视频聊天,让她感受到妈妈一直关注她爱她,并没有因为老二的到来而忽略了她,暂时的分别只是为了更长久的相聚。你只要用心,孩子是能感受到的。那时候女儿还经常安慰我:"妈妈生孩子一定很辛苦吧,我给你加油,生出来我给他喂奶!"在弟弟出生的当天,姐姐用充满爱的眼神激动地望着这个小肉球。大人让她抱抱的时候,她无比紧张,小心翼翼地接过来,喃喃自语道:"我是姐姐,你饿不饿呀?"那一刻,她无比自豪。

3.不做比较

经常会有人问我,两个孩子像不像呀?言外之意就是两个孩子容貌性格的比较,抑或是两个孩子你比较喜欢哪一个。有的妈妈认为反正老二那么小还不懂,先照顾好老大的情绪比较重要,就顺从老大说爱他比较多。但我总是坚定地回答:"两个孩子很像,我都很喜欢,手心手背都是肉啊!"我记得一位育儿专家说过,爸爸妈妈送给孩子最好的礼物就是一对兄弟姐妹。我们之所以要两个孩子就是为了让他们体验手足亲情,成长的过程不孤单,有更多的美好瞬间,而非给他一个攀比妒忌的对象。若干年后，他们的爸爸妈妈可能不在这个世界了，但他并不孤单，还有手足陪着他。

4.无关大小，只有对错

规则就是规则，跟谁大谁小没有关系。两个孩子的玩具、物品都尽可能准备双份，根据他们自己的意愿决定是否分享交换。我比较反感的是别人说："你是姐姐，你要让着弟弟一点儿……"并不能因为是姐姐，就要像个受气包一样忍让弟弟，弟弟也不能以为年纪小就可以恣意妄为，任性霸道。做错了事情，违反了规则，都要受到处罚，你需要就事论事，而不针对某个人。

5.一视同仁，平等对待

孩子一打架，你就冲过去教训打人的，安慰被打的，强行将他们拉开，这无疑是在鼓励孩子打架告状，让孩子学会诋毁对方来抬高自己。应该怎么做呢？别把自己当法官，让两个孩子自己解决争端：

"你们再打，就到外面去打个够，给你们一个小时够不够，不够两个小时。"

"一个到厨房，一个到客厅，都给我冷静一下，保证不再打架了再出来。"

你也可以让家里的大人分别带两个孩子到不同的地方。

这不是消极处理，而是你真的很难搞清楚事情的真相，孩子的争端多半是无心的，而且健忘，过一会儿就又愉快地玩耍了。如果你充当法官，不但解决不了什么，反而会把事情搞得更加糟糕。

6.即使明显是老大的错，也要先安慰他，再带着大的给小的道歉

这样做不是鼓励老大犯错，而是他欺负老二一定是有原因的，先满足老大的需求，才能停止他的行为。有一次弟弟被姐姐欺负哭了，当时他还是小宝宝，根本说不清究竟发生了什么。妈妈的本能让我批评了老大，但事后我发现自己做错了，姐姐因为本子被弟弟乱画才骂了他，而妈妈对弟弟的祖护让姐姐感到了无比的失望，激发她对弟弟的妒忌与嫉恨。

就这件事情，我后来跟女儿道了歉，再碰到类似的情况，我会先安慰老大，再让老大安慰老二，毕竟是父母先伤了老大，老大才伤了老二。如果老大仍然在气头上，不愿意接受你的拥抱等安慰，就先等等，可以做出一些姿态："妈妈知道你还很生气，很委屈，我们过一会儿跟弟弟抱抱好不好？"

7.用幽默搞笑的方式解决问题

我一直觉得懂得示弱、调节气氛的妈妈才是高情商、睿智的妈妈。

有一次姐弟两人在外面因为一点儿小事就动起手来。弟弟揪住姐姐的长头发不放，这时候我就掏出手机，模仿记者的样子给他们录像，还振振有词地说："我是新闻频道的记者宣克炅，为您现场报道一场大战……"还没等我说完，两个人同时放开手来夺我的手机，大叫道"不许拍，不许拍！"矛盾转移后，他们又愉快地玩耍了，还联合起来怼我："妈妈最坏了！"

总而言之，要让老大老二和谐共处，减少争端，不是让你像个法官一样去评判谁对谁错，也不是让你以家长的威严来惩戒强势，偏袒弱者，更不是让你一味要求老大必须让着老二。关键是要引导他们合作、团结，大的要保护小的，而小的要尊重大的。

推荐绘本

哥哥总是抱怨自己的妹妹是个跟屁虫，做什么事情她都要跟着。哥哥说蹦，跳了起来，妹妹也说蹦，可是她根本跳不起来。哥哥说再来一碗，把空碗递给妈妈，妹妹也说再来一碗，可是她的碗里还是满满的嘛。哥哥说"我要尿尿"，冲向了洗手间，妹妹也说"我要'料料'"，可她却尿在了尿不湿里面……

宫西达也不愧是绘本大师，寥寥几笔就把兄妹组合的日常相处搬上了绘本。哥哥嘴上抱怨妹妹什么都做不好，还是个甩不掉的

《跟屁虫》

小尾巴，但内心充满了对妹妹满满的爱。宫西达也有4个孩子，他对儿童心理的精准把握，以及对兄妹日常的细致观察，让世界各地的爸爸妈妈们对这本书爱不释手。

• • •

这是绘本大师安东尼·布朗的大作，哥哥妹妹性格完全不一样，在一起总是吵架，但当哥哥碰到危险的时候，妹妹会奋不顾身去解救。中间的一个小细节非常值得家长思考，哥哥一开始只顾自己，不管妹妹，所以跑进森林就变成了石头，只有亲人伤心的泪水才能解救。这个情节可以引导相对冷漠的孩子去感受手足之情的温暖。

《隧道》

• • •

家里突然多出了个妹妹，彼得不能随便大声说话了。他的摇篮被刷成了粉红色，他的高脚凳也要被重新粉刷，还有他的婴儿床，连他最爱的小椅子也不放过。彼得怒了，这个家还有我的位置吗？于是他带着心爱的玩具跟小狗离家出走了……

老大老二争宠是必然的。故事中彼得的爸爸妈妈做得很棒，他们没有生硬地说

《彼得的椅子》

教，因为有时候你说了，孩子未必会懂，说不好还会适得其反，而是让老大参与到老二的养育中，让他学会跟小妹妹相处，享受妹妹带给他的快乐，让他知道，越分享爱越多。

爸爸临走前留下一句话："我们的家就要变得不一样了。"小凯的内心开始给自己加戏，究竟是什么呢？安东尼·布朗超现实主义的画风很魔性，将老大对老二的期待、不安刻画得淋漓尽致，孩子看了会有所共鸣。

《小凯的家不一样了》

对于一个孩子来说，家中有新生儿降临，是一个很大的改变，带给他们的心理冲击也很大。敏感的孩子会觉得自己的领地受到了侵犯，担心弟弟妹妹会抢走爸爸妈妈的爱。这时候父母也很难办。我有过切身的体验，在怀上第二个孩子以后，就不断给女儿讲着类似《小凯的家不一样了》的故事，不断传递新成员给家人带来的喜悦，也让她了解在迎接弟弟妹妹这个过程中会产生的焦虑与不安。顺利过了这一关，孩子就会慢慢地在生活中学会与他人和睦相处，学会与人分享。

生活在中国东北农村的兔子一家过着勤劳朴实、春种秋收的简单生活。兔丫头今天5岁了，全家人在门前的酱缸旁照了一张全家福。春天来了，兄妹三人在地里选了3棵南瓜秧来比赛，看谁种出的南瓜最大。因为哥哥和弟弟的小秘密，妹妹赢了，可是怎么把大南瓜运回家呢？爸爸拉来平板车，邻居们都来帮忙运南瓜，最后一起分享了收获的喜悦……

《妹妹的大南瓜》

当你打开书，会遇见可爱的兔子一家。去他们的菜园逛逛，没准你会发现自己就是兄妹三人中的一个呢。你会为哥哥对妹妹的宠爱而感动，和他们一起经历挫折享受收获果实的快乐。

如果你仔细看还会发现书里的另一家子，这是故事的另外一条线索，他们又在做着什么事情呢？兄弟姐妹一大家子的家庭在当下是越来越少了，正因为少才变得弥足珍贵，如果你有手足，那就要好好珍惜，享受兄弟姐妹间平实而又温暖的真挚情感。

◊ 爸爸妈妈

世间唯一不求回报的爱，最后是为了分离。

黎巴嫩诗人纪伯伦在《你的孩子其实不是你的孩子》这首诗中写道：

> 他们是生命对于自身渴望而诞生的孩子
>
> 他们通过你来到这世界，却非因你而来
>
> 他们在你身边，却并不属于你
>
> 你可以给予他们的，是你的爱
>
> 却不是你的想法
>
> 因为他们自己有自己的思想
>
> 给他们一个栖身的家
>
> 不要把他们的精神关闭
>
> 他们的灵魂属于明日世界

当下孩子接受的教育中，知识最不欠缺，但对爱的认知教育却最为匮乏，存在很大的空白。

世上没有不爱孩子的父母,但是认知的扭曲往往会让我们出现误区:

1.爱就是控制:那么多人我不管,我唯独操心你,因为你是我的孩子,我爱你,我管你都是为了你好。

2.把爱物化:你是我的孩子,就跟我拥有的物品一样,我要对你负责,要塑造你、规划你、改变你,把你变得更好。

在这样的误区指导下,父母跟孩子的关系会产生哪些影响呢?

1.给孩子太多的建议、指导,而鼓励太少

爸爸妈妈习惯用过来人的身份对孩子的成长指手画脚,这会让孩子自我判断、自我完善的能力变弱。孩子会觉得,爸爸妈妈都为我规划好了,我只要按照指示去做就行了。

2.包办孩子的一切

爸爸妈妈帮助孩子的速度太快了,帮着背书包,帮着整理课本作业,跌倒了赶紧扶起来,跟小朋友起了争执,马上冲过去帮着解决。孩子的自立能力很差。

3.孩子犯错,反应过激

孩子是在不断犯错的过程中成长起来的,但很多爸爸妈妈就是习惯性地盯住孩子的缺点与不足,很少鼓励表扬。我记得小时候,特别羡慕一个女同学。她相貌平平,成绩一般,但她的妈妈却总是当众赞扬她,是发自内心的赞扬。而我的妈妈总是觉得我不够好,考了满分还会说:"有什么值得炫耀的,要一直考100分。"得不到最亲近的人的认可,内心是很悲哀的。

4.溺爱孩子,百依百顺

对孩子的要求照单全收,不合理的也要想尽一切办法满足,这样的孩子容易任性、以自我为中心,不会顾及其他人的感受。

重点来了,应该怎么做呢?

跟大家分享一下南宋著名学者朱熹的教子故事。

尽管很多年轻人不远万里来向朱熹求学,他却劝自己的儿子离家游学拜师。大家都很不解,朱熹却对儿子说:"一个人老待在家里,容易被生活琐事缠住,并且被亲人的温情所羁绊，这样就很难在学问上有长足的进步。"

朱熹深谙自己的学问再大，只凭父教子学，很难育出英才。于是他狠下心来说："你应该离我膝下，千里求师才对。一个年轻人，不到外面吃点苦，是不容易长进的。"儿子谨记父亲教诲，外出游学，进步很快。最终学有所成，官至吏部侍郎。

《纽约时报》畅销书作家安娜·昆德拉（普利策奖得主）说过："世间所有的爱都是为了团聚，只有一种爱是为了分离，就是父母对孩子的爱。父母真正成功的爱，不是把孩子留在身边，而是培养他独立，放手让他远行。"

生命就是一个又一个轮回，在家中当父母的孩子，到学校做学生，入社会当员工，后来结婚生子，又有了新的角色，当了爸爸或妈妈——孩子一系列的变化，父母只能在一旁看着，不能替代他完成生命的成长，就像龙应台在《目送》中写道：看着孩子的背影渐行渐远。

你需要知道及做到：

1.在孩子年幼时，给予最亲密的爱，帮助他们建立安全感。

2.孩子慢慢长大的过程，也是逐渐走出父母庇护、学会独立的历程。

3.青春期，孩子的想法更多了，知道自己是怎么样的人，明辨了是非好坏，也迫切想知道自己存在的价值。

我们要给予力所能及的支持，选择权和决定权交给孩子，并且提醒他学会承担随之而来的一切结果。最好的父母，是孩子成长悬崖的守护者，路走错了，拉他一把。

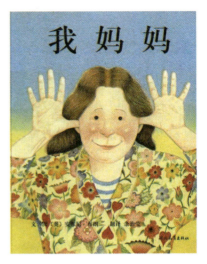

《我爸爸》 《我妈妈》

这两本书的作者是同一个人——大名鼎鼎的安东尼·布朗,他绝对是英国国宝级的图画书大师,获过的大奖自不必提,单是插画就会令人过目不忘,而且无论大人小孩都很喜欢。

这两本书的节奏是每一页都有一幅完整的图画,每一幅图画都配有一句很简单的主谓句,没有多余的废话,全靠精美的图画来演绎情节。

"我爸爸什么都不怕,连坏蛋大野狼都不怕。他可以从月亮上跳过去,还会走高空绳索。他敢跟大力士摔跤。我爸爸吃得像马一样多,游得像鱼一样快。他像大猩猩一样强壮,也像河马一样快乐。我爸爸真的很棒!我爸爸像房子一样高大,有时又像泰迪熊一样柔软。他像猫头鹰一样聪明,有时候也会做一些傻事。我爸爸真的很棒!"

通过如此简单朴实的语言和精心设计的排比句式,一个孩子眼中真实的爸爸形象跃然纸上:他既强壮又温柔,样样事情都在行,给孩子十足的安全感,还像太阳一样温暖。

另外,这两本书在细节上也做足了功课。两本书的扉页就是爸爸、妈妈睡衣的图案,连烤出的面包都是爸爸的睡衣模样。再看看妈妈的睡衣，上面布满了鲜红的红心，这颗红心在她做的蛋糕上有，种植的花上有，宇航服上有，连远处的高楼上都有爱心避雷针。类似的有趣细节还有很多，你可以带着孩子慢慢寻找。

• • • •

小兔子认真地告诉大兔子"我好爱你"，而大兔子回应小兔子说"我更爱你"。如此一来，小兔子不仅确定了大兔子很爱自己，还希望自己的爱能胜过大兔子的爱。他想尽办法用各种身体动作、看得见的景物来描述自己的爱意，直到累得在大兔子的怀中睡着。

《猜猜我有多爱你》

一大一小两只兔子短短的对话，浓缩生命中最复杂也最伟大的情感。小兔子认真地向大兔子表达"我爱你"，并用各种办法表达自己对大兔子的爱。但不管怎么比，永远也比不过大兔子来得多、来得高、来得远的爱。

本书全球销量已突破2300万册，算是国内引进绘本的鼻祖，开启了中国孩子的图画书阅读时代，梅子涵老师的倾情推荐让这本书成为亲子共读书单上必不可少的一本。

父母的爱原本不是容易被量化的东西，可是经过大小兔子的对话，孩子能够彻底感知。

• • • •

这是一本非常经典的描述母子情深的图画书。

小兔子要逃走了，妈妈要去追他。妈妈最了解自己的孩子，小兔子变成小鳟鱼，妈妈拿着网，用钓鱼竿去吊他，诱饵是胡萝卜。小兔子变成高山上的大石头，已经不再年轻的兔妈妈全副武装爬到山上。小兔子变成花朵，妈妈就变成园丁找到他。最让人感动的是小兔子要变成马戏团的空中飞人，而不再苗条轻盈的妈妈竟然盛装打扮走起了钢索，为的是能在半空中正好遇到她的小兔子。

《逃家小兔》

读罢，我这个中年妇女泪眼婆娑，看着孩子一天天长大，内心真的很矛盾：一方面希望他越飞越高，去更广阔的天空翱翔，另一方面又很怀念当初躲在你怀里蹭来蹭去的小肉球。每当这个时候，心里就在想：孩子，妈妈的怀抱跟家永远是你的避风港，记得常回家看看！

◌ 单亲家庭

我接待过一位单亲妈妈，她特地从江苏坐高铁赶到上海跟我见面，目的是想用绘本慰藉亲历父母离婚的女儿。跟她聊天得知，原本活泼外向的孩子由于爸爸的离开而变得郁郁寡欢，能看得出，妈妈非常焦虑痛苦。

想要安慰孩子，必须先让自己振作起来。其实现在单亲家庭多的是，数量还在逐年增长。据不完全统计，到2010年已经有2400多万户单亲家庭，其中又有70%是单亲妈妈的家庭。所以不要被所谓的标签压得透不过气，单亲家庭长大的孩子也有性格阳光、积极乐观的，关键要看大人怎么做。

正如我前文提到的王菲，她的两个女儿都是成长在单亲家庭，小女儿李嫣还是天生的唇裂，这些标签非但没有阻碍她们健康成长，反而激励她们跟这些标签和谐共处，把伤疤变成鲜花。李亚鹏也功不可没，降低婚姻破裂的伤害，最大限度地保护了她们。

对于普通的爸爸妈妈，下面的这些绘本故事可以帮助到孩子，让他们不觉得孤独，感受到浓烈的爱，体恤到爸爸妈妈的不易。

推荐绘本

封面上的小主人公阿福围着爸爸的绿围巾，戴着的帽子遮住了大半个脸，双手紧紧握住围巾，一看就是个非常害羞、缺乏自信的孩子。

故事就围绕着绿围巾展开了。

星期一，阿福围上了爸爸的围巾去上学，路上遇到了一条大黑狗，但是他紧握围巾没有被吓到。星期二，阿福和同学们玩捉迷藏，跑得比以往快了很多，老师也吃了一惊。星期三，同学美子夸奖了阿福的围巾，他高兴

《爸爸的围巾》

了一整天。星期四，阿福和淘气的良知第一次玩在了一起。星期五的晚上，阿福去公园拿书，发现了猫咪在长椅上看书。星期六，阿福替生病的妈妈去买东西，得到了大家的表扬。星期日，当阿福和朋友出去跳绳玩的时候，大风刮走了爸爸的绿围巾。围巾找不到了……但是，它却变成了春天的绿树绿草。看着满眼的绿色，阿福不再哭泣了。

故事的最后，作者才把谜底揭晓，原来阿福的爸爸已经去世了。

绘本没有讲述死亡的残酷和可怕，而是向孩子传递出，在面对生活的困顿时需要勇气和坚持，慢慢迎接充满希望的春天。

单亲这个话题，没有必要刻意去隐瞒或回避。孩子的成长过程不会美如童话，现实生活中谁都会碰到很多不如意和挫折。引导孩子勇敢地面对这些困难，在得到和失去的过程中，慢慢体会珍惜和感恩。

小男孩儿跟着离婚的妈妈，每年只能见到爸爸一次，只要能单独在一起，每一分钟都是快乐的。他会自豪地告诉热狗店的阿姨、电影院的伯伯、披萨店的邻居，站在他身边的这个人是他的爸爸。当弥足珍贵的陪伴结束后，小男孩儿会眼巴巴地望着爸爸乘火车离去，期待着下一次的重逢，故事宛如朱自清的经典名作《背影》。

生活的不如意十有八九，在希望与现实之间，总是隔着180条大街，但只要心中有爱，不沉沦，就能鼓足勇气，充满力量。

《我的爸爸叫焦尼》

书的封面是通体的红色，这样热烈的情感，暖暖地、紧紧地包裹着我们淡淡的小忧伤。

如果妈妈不在了，生活就跟以前大不一样了。要怎样才能保留妈妈的味道，要怎样才能收藏妈妈的声音呢？要怎么做，才不会忘记妈妈呢？

为了留住妈妈的味道，书里的主人公捂住了耳朵，闭上了嘴巴，关上家里所有的窗户。为了藏住妈妈的声音，他跑得筋疲力尽，还弄疼了自己。

故事真实地刻画出了孩子的担心：没有妈妈后的生活会怎么样？那个和孩子一样

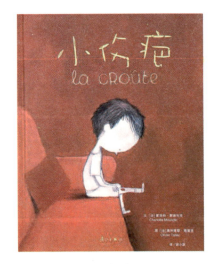

《小伤疤》

没有妈妈照顾的爸爸，又会怎么样呢？

伤痛降临，无人幸免。故事写得最美、画得最美的是结尾，如同妈妈的手，轻轻抚过，给人无限安慰。

• • •

故事中的爸爸，由于担负着养家糊口的重任，很少有时间跟女儿进行沟通交流。

女儿安娜喜欢大猩猩，非常喜欢！她读有关大猩猩的书，看有关大猩猩的电视，但她没有真正见过大猩猩。

故事中的妈妈一直没有出现，单亲爸爸肩负着很多的无奈。他不太会表达，经常把工作带回家里，没有时间和精力陪伴孩子，造成了非常疏远的亲子关系。

《大猩猩》

在生日当天，小主人公的心愿终于达成了，爸爸还送了一个玩具大猩猩作为她的生日礼物。到了晚上，大猩猩居然活了过来，它带着安娜去动物园玩，还看电影，吃夜宵，一起跳舞，安娜度过了一个无比快乐的夜晚。

这个故事的作者，安东尼·布朗，是非常知名的绘本大家。他自己也来自单亲家庭，所以作品能够反映孩子的真实世界，他们能在画面中获得很多寄托和安慰。

• • •

这是一个关于再婚家庭的故事，虽然小主人公萝拉的亲生妈妈去世了，但她跟爸爸往后的生活还要继续。爸爸重新娶了妻子，希望一家人一起走下去。知易行难，但故事中的继母珍妮做到了，她肯付出，会蹲下来真诚地帮助萝拉找项链的扣子。这些都被萝拉看在眼里，并且最终接纳了这位新妈妈。

真心希望世间多一些这样温暖的故事，让我们的孩子在心间埋下爱的种子，将来

发芽、开花、结果。记忆的项链是珍贵的,爱
也是珍贵的。

这本书的作者伊芙·邦婷是凯迪克大
奖的得主,她的作品非常贴近孩子。小朋友
在阅读的时候很容易将自己化身为故事中
的人物,和他们一起体验其中的喜怒哀乐,
情感也会被深深触动。

《记忆的项链》

这本书隐含了再婚家庭的融合技巧。

故事的小主人公凯蒂和爸爸,住在海边
的一栋房子里,她很喜欢这样平静的生活。
然而有一天,玛丽带着儿子肖恩来到了她的
家。现在凯蒂不得不和他们分享自己的房子、
自己的玩具、自己的散步时间,还有自己最
亲爱的爸爸。

玛丽的衣服几乎摆得到处都是,给凯蒂
准备午餐的时候总是出错。玛丽的肖恩更
是各种搞怪惊吓,让玛丽头疼不已。最后凯
蒂终于忍受不了了,让爸爸赶走了他们,但是
当凯蒂面对空荡荡的房子,她短暂的喜悦也变得异样起来。

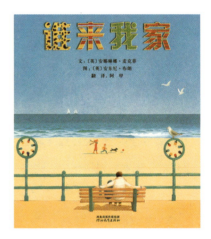

《谁来我家》

分享和独享是每一个人都要面对的问题,具体到单亲家庭的孩子,他们该如何迎接
新的家庭成员呢? 作者用超现实主义的手法,诠释了单亲家庭重组过程当中微妙的亲
子关系。

这本书是安东尼·布朗的又一力作,它反映了一个重组家庭孩子内心的真实感受,
从最初的抗拒、忍受,到最后正视内心真实的声音。

其实很多单亲家庭的孩子，没有我们想象的那么悲切可怜。父母的逝去或者离异可能会在某个时间段对孩子造成伤害，但只要大人处理得当，就会把这种伤害减到最低。

首先，我们没有必要去将单亲这个事实向孩子隐瞒，如果孩子知道了真相，反而会怨恨大人欺骗自己。我们要鼓励孩子勇敢地面对——现在的生活可能跟原来的不一样了，会面对很多的困难和挫折，但是只要一起努力就会克服过去。

其次，大人也要努力给孩子营造一种愉悦的家庭氛围，如果发现孩子有什么低落抑郁悲伤的苗头，要多加疏导，不要百依百顺。

最后，也呼吁广大的家长和孩子不要给单亲家庭随意地贴上一些标签，也不用刻意地去照顾和同情他们，让他们在一个更加包容的环境里成长。

合作

♦ 合作是一种能力，每个孩子都要有

在经营绘本馆的10多年里，我碰到了不少不太合群的孩子：喜欢一个人玩，即使游戏需要合作完成，也不愿意跟他人一起；跟小朋友做游戏的时候，对方不顺着自己就不高兴，不懂得谦让；合作的过程中，总是跟其他小朋友争吵，用攻击解决问题。

心理学家阿德勒说："一个孩子如果没有学过与人合作，就不能期望他在需要合作的工作中表现良好。生命中任何问题的解决都需要合作的能力，任何困难的征服都必须在人类社会的框架中，增加人类的幸福感。"可见，合作能力的培养对孩子的未来至关重要。

操作要点

① **父母做好榜样。** 父母待人接物的热情、谦让会对孩子起到示范作用，征求他人意见时可以说"可以吗""好吗""这样行吗"。

② **让孩子参与家务。** 父母做饭的时候，孩子可喜欢凑热闹了。因为担心他们越帮越忙，父母一般会说："不要过来，到客厅去玩！"慢慢孩子就养成了袖手旁观的习惯。尽可能让孩子参与到家务中，如果担心动火、动刀危险，可以指派孩子完成简单的工作，比如让孩子淘米、洗菜、摆盘，或者到楼下的便利店买东西，给邻居送代收的快递等。

③ **培养孩子的责任心。** 试着让孩子养小动物吧，在照料的过程中他们会体会到责任感。

④ **尊重他人，和而不同。** 孩子在合作中遇到的最大问题就是"意见不合"，

此时该怎么处理呢? 早在几千年前, 孔子就提出了"和而不同"的观点, 这里的"不同", 并不是"不一样", 而是不强求别人和自己一致, 也不盲目地附和他人的观点。在大目标、大原则不冲突的前提下, 承认彼此之间存在的差异、尊重差异、包容差异, 这样才能让合作继续下去。

说了一堆大道理, 咱们还是看看如何用孩子听得懂的语言讲述吧。

推荐绘本

我由衷地佩服作者, 用了如此简单的画面, 就能把孩子逗笑, 还能让他们一遍一遍地反复翻看。

《我的兔子朋友》

一只会惹麻烦的兔子为了帮助朋友想尽了一切办法, 全然不担心会惹毛比自己体型大出好几十倍的动物。虽然惹来不少困扰, 但他还是坚持朋友间要互相帮助。为了帮助朋友取下飞机, 他请来了很多动物, 河马、大象等等, 他哪儿来那么大的力气呢?

在叠罗汉的过程中, 他竟然把小家禽放在中间, 河马反而放到了上面, 这又有什么玄机在里面呢?

德国有句谚语:"个人的努力是加法, 团队的努力是乘法。"为了做成一件事, 只有发动更多的人来帮你才行。

"14只老鼠"系列在日本已经畅销20余年, 总销量突破5000万册。

在这个由爷爷、奶奶、爸爸、妈妈和10个孩子组成的大家庭中，14只老鼠团结合作，其乐融融。

他们的年龄、个性、能力各不相同。为了生活，他们发挥特长，互相照顾，齐心协力克服种种困难，过着和谐美满的家庭生活。

在"大搬家"的故事中，每只老鼠都发挥自己的优势。他们群策群力，积极乐观地为这个大家庭做出自己的贡献。虽然生活有些艰难，但你看不到沮丧退缩，这种团队的合作与凝聚力，很值得我们细细品味。

《14只老鼠大搬家》

再说说作者岩村和朗先生，他一直住在日本的深山老林里，对大自然熟稔于心。为了还原森林最真实的明朗色彩，印刷的时候用的都是专色，每一页的画面都充满了令人惊喜的小细节，孩子们会很喜欢。

• • •

猫、松鼠、小鸭子这3个朋友住在一起，他们的生活美满极了：玩耍的时候，猫吹风笛，松鼠弹琴，鸭子唱歌；做饭的时候，猫切南瓜，松鼠搅拌汤，鸭子负责放盐；睡觉的时候，3个朋友挤在一张床上——但是真正的生活绝对不是这样的。这不，3个朋友闹起来了。松鼠不甘心只是搅拌汤，鸭子也不愿意只负责放盐，于是朋友之间的争夺战开始了。最后鸭子负气离家出走，剩下的两人再也煮不出美味、好喝的南瓜汤了，于是他们开

《南瓜汤》

始想念鸭子,并且出门寻找。最后鸭子终于回来了,3个人和好如初,共同熬起美味的南瓜汤。

故事的结尾很开放,做好汤后的3个人又吵起来了……孩子终究是孩子。

故事传递给孩子的是团队协作的重要性,一个人的力量很有限,不一定能把事情做好。在团队合作中,冲突不可避免,也不可怕,每次争论都是学习解决冲突的好机会。

竞争

○ 攀比是……

攀比不是病，是孩子竞争意识的开始。

有位妈妈给我写信说："孩子的幼儿园攀比、炫富的风气很盛，比谁穿的鞋子好看，比谁的玩具多，比谁去过哪里玩，甚至还比谁爸爸开的车好，谁家住的房子大，真的很令人头疼。孩子已经开始挑剔我买给他的衣服，说就要谁穿的耐克品牌，我该怎么引导孩子呢？"

"别人有，我也要"这句话戳中了无数爸爸妈妈的软肋。尽管心中也有顾虑，担心孩子变得爱攀比，但还是不想委屈了他们。我身边就有一位这样的朋友，原来他是骑车送女儿上学的，突然有一天孩子不让他送了，问了好久才知道，原来班里的同学都是车接车送。爸爸听了心里很不好受，却又不知如何是好。

其实人的本性是喜欢互相竞争的，攀比自古以来就有，以自我和自我家族为中心比来比去，追求利益的最大化。所以攀比很正常，而且对社会的发展是有利的。

但我们要谨防势利和狭隘。有的人在社交中，往往以他人为代价让自己感觉良好，比如："我妈妈用的是苹果手机，比你妈妈的小米高级。""我用的电话手表是最新一代的，你怎么还用老款黑白屏的呢？"

攀比心理是人类发展的一种自然需要，每个人都会经历一个比较的过程，不管大人还是孩子，都在不停比较，这是成长的标志。

如何将攀比心进行正向引导呢？

操作要点

① **爸爸妈妈树立榜样。** 孩子最会有样学样，首先我们需要反省一下自己是否有攀比的行为，比如你有没有无意间提道"谁又买了一套大房子，谁去欧洲自由行，谁换了宝马、奔驰等高级车子"，并且流露出羡慕的表情。这些充满着物质攀比心的言论，千万不要当着孩子的面提及。

② **给予孩子足够的认同与接纳。** 孩子希望得到他人对自己的认可与称赞。如果爸爸妈妈给予的不够，他就会想从别人那里汲取，或者通过对比来体现自己的好与优秀，从而获得父母或别人更多的认同与肯定。当孩子有攀比心的时候，我们要判断孩子是否属于以他人为代价的自体空虚。缺乏关爱的滋养，孩子才会盲从物质。孩子是通过不断"犯错"成长起来的，爸爸妈妈多尊重、包容孩子，可以让他们感到被关注、被肯定，从而追求自己。经常跟孩子说："你是最特别的，独一无二，爸爸妈妈最爱你！"孩子感受到真切的被爱、被重视，哪怕物质条件不如别人，他也不会过于自卑。

③ **不要拿自己的孩子和别人比较。** 这是爸爸妈妈常犯的错误，有些家长总会说："你看谁的钢琴弹得那么好，你怎么不行呢？""你看谁会背那么多唐诗宋词？""你为什么总也考不好呢？""我们要向好的孩子学习。"这些暗示与比较，会让孩子觉得，只有表现好才会受欢迎，只有成绩好、有外在的技能才会得到社会的关注与认可，继而在潜意识中产生攀比。

④ **把攀比心引导为竞争意识。** 孩子有攀比心是好事，说明有了竞争意识。可以抓住他们的这种心理，把焦点从物质转移到游戏、运动、体能、自然等方面，时刻记得表扬他们的努力。比如："你拍球的样子比其他人都专注。""你练跳绳比其他人都努力，妈妈看好你！""你写字很认真，会学得越来越好的。"恰如其分的表扬，会让孩子更加认可自己。

这是绘本大师宫西达也的温馨之作。

一个诱人的桃子，激起了两只猫的占有欲。由于互不服气，各不相让，不可避免的争抢开始了。不过，这种争抢不是成人式的诉诸暴力，而是儿童层面的言语交锋，从牙齿到爪子，从长处到绝招，从外表到内心，比了个遍。一旦哪一方占据上风，另一方势必力挽狂澜，争回面子。他俩都不肯认输，直到意外发生了……

《虎斑猫和黑猫》

一只猫遇到危险时，另一只猫放弃了比赛，赶忙上前来帮忙，两只小猫从此成了很好的朋友。这个故事表现了"友谊第一，比赛第二"的主题，又一次诠释了互帮互助的可贵。宫西达也老师用风趣幽默的语言和画风，将小朋友争强好胜和天真善良的天性展露无遗。

这两只猫会让我想到自己在小时候，总跟弟弟抢好吃的、好玩的，争得面红耳赤，有时还会动起手来。但大打出手还很少有，只不过抢来的东西貌似更加珍贵，玩起来更有兴致，这是一种久违的感动。

德国著名诗人席勒说过，游戏具有自我去弊、自我解放的功能，对人的成长有着重要意义。人生的至高、至美境界就是游戏。只有当人在充分意义上是人的时候，他才游戏。只有当人游戏的时候，他才是完整的人。

对攀比心、好胜心强的孩子来说，如果抱着游戏、有趣的态度引导他们，就会将虚荣、贪婪等消极的影响降到最低，无限放大孩子的童真与善良。

这是绘本大师安东尼·布朗的作品。

男孩儿山姆走在街上，杰米骑着他的新自行车。"看，我有什么，我敢打赌，你也想有一辆。"杰米说。话音未落，车撞散了架。"你没事吧？"山姆问。杰米继续炫耀足球、糖果包、大猩猩、海盗服，结果森林里几个扮成海盗的女生把他放在跳板上，"扑通"，山姆反身回来救落水的杰米。"我爸爸要带我去动物园，我敢打赌，你也想去。"杰米仍然在炫耀。但是，山姆什么也没有听见。

《看看我有什么》

如何与别人打交道，是大人常常遇到的问题，孩子也一样无法回避。"看看我有什么"是孩子之间常说起的话。一些家境富裕的孩子自我炫耀，渐渐养成骄横的习惯；另一些由于羡慕别人，而变得自卑。

故事有劝善惩恶的基调，带给孩子一种稳定的安全感。杰米一次次向山姆炫耀，以为拥有物质就能让他获得优越感。在这里提醒爸爸妈妈，想让孩子不炫耀，不是借助外物狐假虎威，只有让他从内心里强大起来才行。

书中孤单势弱的山姆给人敢于坚持与众不同的勇气和力量。他像大象一样，虽然吃草，但却可以默默成长为森林之王，而杰米就像是不断攻击别人又不断受到挫折的狮子。你是要做大象还是狮子呢？相信每个孩子的心中都有自己的答案。

· · ·

老和尚把3颗"几千年前的莲花种子"分送给3个小和尚：一个叫本，一个叫静，一个叫安。本很急躁，想抢头功，在寒风中把种子种在雪地里，结果种子死了。静把种子种在好盆好土里，珍藏在屋中，加以人工保护，但是因为违反自然规则，种子也死了。安不慌不忙，等待着季节变换。他工作照做，日子照过，直到春天来了，天气暖和，池塘水满，才把种子种在池塘的一角。他的种子活了，在夏天开出了美丽的莲花。

不急躁、不慌乱、冷冷静静、好好思考的安，就是小朋友的好榜样。其次，故事里的其他两个小和尚过于争强好胜，急于求成，反而会耽误事。

《安的种子》

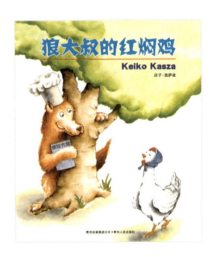

《庆子绘本系列》（全4册）

这套书曾经入选美国"每个人都应该知道的100种图画书",它精选了4本庆子的上乘之作(《秋秋找妈妈》《狼大叔的红焖鸡》《猪先生去野餐》《最强大的勇士》),涵盖了不同的主题——从"母爱的伟大"到"培养自己的独立性格",每部作品都带有作者的黑色幽默风格。作者庆子出生在日本,后来到美国学习绘图设计,从事图画书创作达14年之久。她在创作的同时,会把自己放入角色扮演的空间,渗透在神秘的想象境界之中,非常抓孩子们的眼球。

其中《最强大的勇士》讲的是,熊、狮子和大象在森林里发现了一顶王冠,他们开始争论谁有资格拥有这顶王冠。这时,坐在石头上的王冠说:"给最强大的人。"但是他们之中谁才是最强大的呢?一位瘦弱的婆婆走过来,他们开始依次来到婆婆的面前,看看谁能把婆婆吓倒,谁就是最强大的。是大声吼叫的狮子吗?是有喇叭一样的鼻子的大象吗?是大声咆哮的熊吗?你认为会是谁呢?大家争来争去,最后的结尾一定会让小读者们惊呼不已!

● ● ●

在玉皇大帝生日这天,他宣布要举办一场渡河比赛,能顺利渡河并且到达终点的前十二名动物,玉皇大帝将用他们的名字作为生肖来计算年份。这下子,猫狗蛇马牛猪龙鼠鸡虎兔猴羊等动物全都努力秘密练习,准备大显身手。不过,不会游泳的动物可就伤脑筋了："我该怎么做，才能拿到第一名呢？"

最近中国传统文化又火了起来，从央视热播的《中国诗词大会》中可以窥见一二，我们的传统文化博大精深，有很多独特、有意思的内容，十二生肖文化就是其中之一。子鼠、丑牛、寅虎、卯兔、辰龙、巳蛇、午马、未羊、申猴、酉鸡、戌狗、亥猪，十二种动物与十二地支相配，形成有意思的组合，而在这种组合背后还有着丰富的内涵和深厚的文化积淀。这些珍贵的文化遗产与传统，该以怎样的方式讲述给孩子们呢？我是70后人，小时

《十二生肖谁第一》

候就听姥姥讲这些光怪陆离、妖魔鬼怪的故事，对十二生肖的排序背得朗朗上口，但现在的年轻人，多半对星座文化了如指掌，却未必知道自己的生肖属相背后的故事。什么是属相？为什么自己是属兔子的，而不是属自己喜欢的恐龙，或者威武的大象？面对孩子，面对传统文化的传递，话题的开启很重要，接着是注重传达的技巧。

故事一开始就巧妙地将十二生肖与时间的关联设计在一起：热闹的渡河比赛，各显神通的动物们，然后是不起眼却又聪明狡猾的老鼠赢得了第一名，排在了十二生肖之首。在主线之外，故事还藏了不少玄机：为什么猫要吃老鼠？他们原来是好朋友吗？会游泳的、不会游泳的动物都是怎么渡河的呢？这些动物为什么要争先恐后地抢夺第一名？在比赛的过程中，有哪些好玩的事情发生呢？轻巧的童趣让孩子体悟到了很多道理与玄机。

冲突

○ 孩子挨打，该如何处理？

孩子间起冲突是再正常不过的事情了，但挨打了，或者打了别人，该如何处理呢？我说说自己的切身经历吧。

儿子的老师发微信过来，说孩子在学校跟同学打架，受了点伤，让我赶紧过来一下。接到留言，我心里很着急，想知道到底伤得怎么样，是什么原因动的手。

看到儿子左右脸颊上的血痕，真的很心疼。"是谁下手这么狠，给我出来！"我这么想着。原来是儿子跟一个叫丁丁的小朋友抢凳子，儿子先动了手（他参加过拳击兴趣班）。估计丁丁被打疼了，反击的时候下手重了些，偏巧指甲又尖又长，结果儿子就被挠花了脸。

搞清原因，接受丁丁的道歉后，我就把儿子领回家了。当天奶奶也在，看到孙子被挠成这样，自然炸了锅，责怪我怎么就这么轻易算了呢。本来已经平静下来的儿子看到奶奶如此夸张的表情，感觉这事儿挺大，面露惊恐，无所适从。

我找来芦荟膏给他擦了擦，然后拍了拍他的肩膀轻松地说道："男孩子嘛，你打打我，我打打你，打着打着就长大了。这次是你受伤，下次也许是别人受伤，打架是男孩儿的青春。但是解决冲突的方法很多，妈妈希望你下次不用拳头，而是用脑子想，有没有其他的办法。"看他似懂非懂的样子，我就利用周末时间，跟他分享了几个绘本故事。

如果你的孩子只有1—2岁，也不必担心，这个时期的孩子打人其实并非故意，是天性使然。比如抢玩具互相推搡，把别人推倒。他们还不太会说话，所以用身体语言来表达。

这个时候不要鼓励孩子还手，毕竟不是故意的，如果伤害不大，可以让孩子自己解决问题，比如说通过跟打人的孩子协商，交换玩具等方式，孩子在尝试的过程当中就学会了与人相处的技巧。

《咬人大王布奇奇》

咬人大王布奇奇特别爱欺负小主人公"我"。她来"我"家做客，是天下最糟糕的事情。布奇奇拽"我"的头发，撕"我"的书，说"我"是乌龟，而她就是专吃乌龟的布奇奇龙。噢——天哪！她还要来"我"家住，这可怎么办呢？布奇奇的霸道让"我"害怕到反复做梦的地步。

很多人的身边都有一些像布奇奇一样的角色吧。回想一下自己的童年，也会碰到这样或那样欺负人的小朋友或者同学，有的人自己就是布奇奇。

爸爸妈妈也很关心孩子是否被欺负，但这种负面话题在平日的交流中往往被避讳，想谈又不知如何开启，碰到问题也不晓得如何解决。一旦处理不当，会对孩子的身心造成极大的伤害。这个故事在幽默、热闹的氛围里，直率坦诚地讲述了这一棘手问题的处理。

故事中妈妈的态度很值得回味：当第一次听到女儿"不爱跟布奇奇玩"的抱怨时，妈妈回答"要学会和各种各样的人相处"。生活中孩子们的打闹时有发生，很多时候孩子们可以自己化解，并不需要大人太多的介入。

但是"我"再一次大喊表示抗议，妈妈才意识到了问题的严重性，坐下来耐心地与"我"交谈。这时的妈妈并没有被激动的情绪冲昏头脑，去教孩子该如何报复，而是以关切和理解的姿态进一步引导女儿，"去告诉布奇奇，你不想玩那个游戏"，很平和的一句话，却是在鼓励女儿要学会向布奇奇说"不"。

狐狸、獾、熊一起玩搭高楼的游戏，突然楼倒了，每个人都说不是自己的原因，争吵慢慢演变成了武斗，但是问题还没有解决。最终旁观者清的松鼠客观还原了事情的经过。原来吵架的时候要学会换位思考，听听别人的看法，才能加深理解，即遇事要多沟通。

《不是那样，是这样的！》

细心的爸爸妈妈一定会发现，故事中这些争吵、打人的话语，跟我们身边的孩子是多么相似啊。天真的孩子们在跟小伙伴玩游戏时难免会遇到小矛盾，争吵就成了家常便饭。绘本生动地再现了这样的场景，唤起了小朋友的共情能力，在不知不觉中告诉他们解决问题的办法。

整本书是用剪贴的方法制作出来的，4个栩栩如生的动物形象各具特色，可爱至极。他们在故事中有时高兴，有时难过，有时愤怒，有时和气，神情和体态特征，甚至是吵架的姿势和动作，都活灵活现，使整个作品充满了生命力。

如果是3岁以上的孩子，你可以跟他们进行对话式的交流：讲一讲自己看到的事物，猜一猜到底发生了什么误会，在生活中你是不是也有这样的经历，有什么化解矛盾的好方法，等等。

• • •

打架不是解决问题的最好办法。

故事的开头，是龙和武士打斗的场面，他们发愤图强，认真准备，然后开始相互冲撞，打得一塌糊涂……这些画面让人捧腹大笑，是故事的第一层作用。

再往下，你会看到这样的画面：武士在城堡图书馆借书，一个人坐在高脚凳上读，龙在山洞里读《战胜武士的秘诀》；武士照着书上的介绍锻造盔甲，龙趴下身子看书，再弯着腰用力地甩尾巴。双方打得两败俱伤时，图书管理员用马车送来了新书，一人一本烹饪、打造烤肉架的书，两人靠在一起认真地读起来……所有这一切，都和书有关。这就是第二层，故事背后还隐藏了故事。

《武士与龙》

武士与龙——刚刚打得不可开交的两个孩子——现在多么专注地靠在一起，读着各自的书。

以暴制暴，以牙还牙，最后只会两败俱伤，唯有和平共处，互惠互利，才能解决问题。

朋友间的交往最重要的是沟通。

什么是朋友？就是被你传染了感冒，也会说不在乎的人；是总想和你一起回家的人；是不能对爸爸妈妈说的话，可以对你说的人……如果是朋友，就记住朋友的生日吧；要是朋友生病了，就去探望吧；如果去旅行，就给朋友寄张明信片吧。一个人抬不动的东西，有朋友帮忙就能抬得动。一个人想挠痒痒够不着，要是朋友在边上，就能帮帮你。一个人不敢走夜路，和朋友一起走，就不害怕了……日本著名诗人谷川俊太郎用简单生动的文字，辅以简练富有童趣的图画，从各个角度、多层次地诠释了"朋友"的内涵，引导孩子们去体会友谊、朋友、交往的意义。

《朋友》

这本书非常适合4岁以上的小朋友看，他们会明白朋友之间发生争吵了怎么办，怎么跟朋友和好。朋友是彼此的陪伴、想念与分享，是互相尊重、接纳与包容。朋友可以不分性别、年龄、肤色与国界，甚至可以超越物种与时空……

比起家长容易产生的唠叨，这个故事更自然地告诉孩子，朋友是什么。吵架的时候除了要清楚地说出你自己的观点，也要认真聆听朋友的话。

洋介是一个转学生，他跟新一、阿吉成了同伴，但这两个人总是有意无意地欺负洋介。有一天，这一幕被洋介的妈妈看到了，新一、阿吉与洋介之间有了隔阂。他们两个其实并不讨厌洋介，只是不知道怎么跟他玩。

他们之间的冷战一直持续到寒假。其间，新一和阿吉还收到了洋介和他妈妈寄来的明信片，邀请他们参加洋介的生日派对，但是如果继续跟洋介一起玩的话，他们就一定要先跟洋介道歉才行。

《淡蓝色的围巾》

新学期开始了，他们却没看到洋介来学校。原来洋介的妈妈去世了，他随着亲戚转学到了其他地方，临走时，新一跟阿吉赶来向他道歉，洋介把妈妈托自己带给新一和阿吉的礼物送给他们。这个礼物，是他们三个人一人一条的淡蓝色围巾。

看似悲伤的结局，却深深地牵动着我们对于友谊、亲情的感受。

洋介的妈妈用宽恕去对抗欺凌，虽然很难做到，但却是最有效果、最有力量的。

抗拒欺凌，从自己做起。

小莎莉在学校里是个没人会注意到的小姑娘，但她会特别注意发生在身边的许多"可怕的事情"。有一天，她终于忍受不了了，于是决定当看到"互相伤害的事情"时就高高举起自己的手。一开始，她的行为会被人嘲笑，但是后来，越来越多的孩子高高举起

《最低年级里个子最小的女孩》

自己的双手。再然后，老师、校长以及越来越多的成年人也加入了这一行列，现实开始被改变……

• • •

故事一开始，一切都那么平静、愉悦。草地上，两只小猫咪高兴地打着滚儿。大树上，两只小乌鸦在快乐地唱着歌。大树底下，小一步和他的好朋友小莱鸥开心地玩着沙子。

突然，为了一只黄色小水桶，两个孩子发生了争执。哎哟，抢起来了，不好了，又动起手打起来，这可怎么办呢？

正在这时，"嘭""嘭"两声，孩子止住了眼泪，原来是几颗橡果子掉了下来。小一步

《小一步，对不起！》

捡了一颗，小莱鸥也捡了一颗，眼泪还没擦干，两个孩子已经把刚才的不开心抛到了九霄云外，又玩到了一起，最后还不忘互相说一句对不起。咦，这橡果子是哪里来的呢？细心的小朋友找一找，原来是树上的小乌鸦在暗暗帮忙呢！

我们会发现，故事当中的两位妈妈在旁边看着两个小朋友动手打架，只是继续悠闲地聊天，静观其变，而孩子一会儿就和好如初了。

瑞士著名的心理学家皮亚杰说："孩子的社会交往，大人不要参与过多。"什么意思呢？就是孩子碰到问题，要让他学会自己去解决。

但如果碰到总是爱打人、爱欺负人的孩子该怎么办呢？比如在2016年年底发生的中关村二小的校园欺凌现象，家长们焦虑不安。当时我脑子冒出来的想法就是：如果我的孩子被如此欺负了该怎么办？如果我的孩子参与了欺负他人的行为又该如何是好呢？

继而我又回忆起自己的童年来，也跟身边的妈妈们探讨过这些问题。大家

都或多或少地经历过校园欺凌的行为，但是谁也不清楚怎么界定"欺凌"的界限。这里我不想长篇累牍地探讨这个问题，只想告诉各位爸爸妈妈，要引导孩子自己来解决问题：以暴制暴，以牙还牙，只能赢一时的胜负，也许更大的亏还在后面等着你呢。除了打架、还手，还有更好的解决问题的方法。

孩子被打之后，负面情绪很多，有的被打之后很委屈，会选择向大人告状。这时候大人应该接纳孩子的负面情绪，先安慰他，然后慢慢引导孩子自己去解决问题。你可以选择还手，可以选择逃避，可以选择忍受，但无论如何大人是不能帮你解决问题的。你要自己帮助自己，让自己变得强大起来，无论是从身体上还是内心上。

.4

生命教育

认识生命

○ 解答孩子"我从哪里来？"等性的疑惑

每个孩子或早或晚都会问这样的问题：我从哪里来呀？妈妈可以生孩子，为什么爸爸不能？爸爸的种子是从哪里来的？这个种子是怎么放到妈妈身体里的？为什么男孩儿是站着小便，女孩儿是蹲着小便呢？

面对如此的疑惑，大人经常是遮遮掩掩，不好意思回答，或者是敷衍了事。你是从垃圾箱捡来的，你是妈妈充话费送的，你是妈妈吃多了肚子大了把你吐出来的……有一些会比较客观地说，你是妈妈肚子里的小种子，慢慢长大而成的。但当孩子继续问"小种子是从哪里来的"时，妈妈就支支吾吾说不出来了。

多数大人担心的是，如果对孩子讲了成年人的两性生活，会不会导致孩子去尝试、探索性行为。这是一种典型的谬误文化——因为我们说了，所以会发生。好比死亡话题的禁忌，大家不敢轻易谈起，好像一说就会发生。

但事实正好相反，我们谈论得开放，这些事情发生的概率反而会降低。我们要做的是在孩子身体还没有成熟，第二性征还没有出现之前，让他们对将来会发生的事情有所了解、有所准备，才不致惊慌失措地经历青春期。

操作要点

① **不回避也不追着讲**．说白了就是孩子不问，你也不用主动去说，即使说了，也不要太详细、太认真。比如一个三四岁的孩子问："妈妈我从哪里来？"直接回答"是从妈妈肚子里来的"就可以了，很简单。3岁左右的孩子问，无外乎就想确认跟妈妈之间的亲密联结。如果孩子继续追问，或者孩子到了五六岁的时候，可以借助绘本故事来解释。这个阶段

的性教育更像是人体知识的解说。

② **正向的态度。** 从情感上让孩子感受到爸爸妈妈是相亲相爱的，性是一件很快乐的事，不可怕，但会有后果，就是有了你这个小宝宝，这也为青春期跟孩子讲避孕的知识做储备。如果大人回答得遮遮掩掩、含糊其辞，孩子就会觉得这个事情有些敏感，问题不受欢迎，以后就不会再问了，或者他会用自己的方式求得答案(网络、视频、电视等)。

③ **充分发挥绘本故事的神奇作用。** 图文并茂地讲个故事，让孩子彻底了解我从哪里来以及相关的信息，大人不觉得尴尬，孩子也解了惑，可谓一举两得。

推荐绘本

受精是一个怎么样的过程？

小威是一个小精子，他和3亿个朋友一起住在布朗先生的身体里。游泳大赛的日子一天天地近了，小威每天都在努力地练习。

他必须游得非常快，才能赢得奖品——一个美丽的卵子，这颗卵子住在布朗太太的肚子里。小威拼命地游啊游啊，终于夺得了第一名，赢得了美丽的卵子。比赛结束时，发生了一件神奇又美妙的事！

《小威向前冲》

读完这本书，你会惊呼："天啊！这样的事情也能为小孩子写出来、画出来？而且那么可爱，没有任何猥琐的感觉，真的很佩服作者的创意。"

我记得在小时候问妈妈我从哪里来的时候，她直接告诉我从垃圾箱捡来的，害得我一直很自卑，原来我来自那么脏的地方啊！大概有不少人也有类似的经历吧。直到上了中学，我才从生理卫生的课本中看到了人体结构图。那个时候老师也不讲，让我们自己看,搞得非常神秘,其实越是遮遮掩掩,孩子越是好奇,还不如平静、客观地告诉他们,你是从哪里来的。

. . .

这本书讲述了生命的本源与延续。

你的孩子是否对妈妈的乳房产生过好奇,是不是经常想要摸摸妈妈的乳房,或者问"为什么妈妈的胸比爸爸的要大""妈妈的乳房还有奶吗"等,这样令大人尴尬的问题的确有些难以应对。其实孩子在3岁左右(有些早熟的孩子在2岁)就已经注意到了男性与女性的结构不同,对此产生好奇也是很正常的。我们只要自然平静地告诉孩子想知道的内容就可以了,当他们了解真相以后,就会把兴趣转移到其他事物上。

《乳房的故事》

这个绘本以孩子的疑惑来开篇,告诉孩子他离开妈妈身体里那个叫"子宫"的地方之后,是靠吸妈妈的奶水慢慢长大的。吃奶对于宝宝来说是一件很辛苦的事情,宝宝要很努力地一点一点尝试。在这个过程当中,他慢慢有了力气,学会大口大口地吃。吃奶是人类繁衍生命的本能,有了奶,孩子才会慢慢长大,越来越强壮。女孩子在10岁左右的时候,乳房会一点一点变大,但不会分泌乳汁。正是这些神奇的生命力量,抚育了宝宝的成长,让生命得以延续。

. . .

孩子通过这个绘本可以知道自己是怎么来到这个世界的。

故事这样讲述:预产期已经过了,但你还没有出来的动静,于是妈妈住进了医院。医生给妈妈检查了胎心,得知你很健康,妈妈就放心地在医院走来走去。突然肚子疼起来,医生赶紧给爸爸打了电话,他急匆匆地请假赶到了医院。在待产室,爸爸和妈妈一起加油鼓劲儿。随着"哇——哇——"的啼哭声，你终于从妈妈的肚子里生出来了。在医院休息几天后，爸爸妈妈抱着你开心地回到了家。

孩子4—5岁的时候正好处于一个性敏感期，提出"我从哪里来"这样的问题也很自然，家长不用太紧张。我们讲性教育并不是性爱教育，这是对生命的尊重。大人越是不好意思回答孩子的困惑，孩子会越好奇，还不如坦坦荡荡地告诉他。过了这个敏感期，孩子的好奇和兴趣就转移到别处去了。

《妈妈成为妈妈的那一天》

这是一个更接近事实的故事。

小主人公是个非常好奇的男孩子，他问邻居的大姐姐小宝宝是从哪里来的，大姐姐给出的答案是："你种下一颗种子，他就会长成一棵宝宝树。"到了学校，小男孩儿又问了同样的问题，老师给他的答案是："宝宝是从医院来的。"他到医院看望生病的爷爷，问了同样的问题，爷爷说宝宝是送子鸟快递到家门口的。邮差叔叔居然说宝宝是从蛋里孵出来的。这些有趣的答案，让小男孩儿彻底混乱了，直到最后爸爸妈妈以一种温和的方式给了他想要的答案。

书后的索引更加深入地解答了孩子的

《宝宝从哪里来？》

问题,比如"宝宝要花多长时间才能长成""双胞胎是怎么回事儿""宝宝是怎么出来的"。这本书适合给7岁以上的孩子进行科普教育。

• • •

当孩子发现自己与异性最大的不同是生殖器官的时候,他们就会对生殖器产生极大的好奇,并且用不同的方式进行探索。他们会问:"为什么男孩儿要站着小便,女孩儿要蹲着小便?"面对这样的问题,如果躲闪应付就无法建立孩子健康的性认知。其实在孩子的眼里,生殖器官跟眼睛鼻子耳朵一样,是身体的一部分,他们希望了解这个器官并由衷地赞美它,不应因为大人的某些

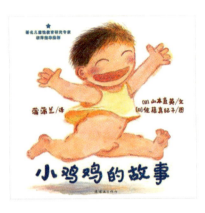

《小鸡鸡的故事》

喜好而产生对自己性别的模糊与厌恶。有的家庭特别想要男孩儿,就把女儿当男孩儿养,或者反之给男孩儿扎小辫穿花裙,这些错误的做法都会对孩子的性别意识产生误导。

这个故事的内容很丰富:开头先介绍了男孩儿女孩儿生理结构的区别,他们的隐私部位是哪些,如何保护与清洗自己的隐私部位。接下来讲到生命的诞生,每个人都有一个宝贵的生命。最后是对孩子的安全教育,如何保护自己不受到性侵害。对乳房、小鸡鸡这些性器官表现出好奇是孩子生命中性本能的自然发展,如果父母无视孩子的这种心理发展规律,就有可能给孩子带来心理创伤。"性"与生俱来,伴随孩子的一生。性教育包含了性别与尊重的教育、爱与生命的教育、情感与责任的教育、道德与法律的教育,等等。性教育其实就是爱的教育。

有人会问:"孩子多大会问这样的问题呢?"没有严格的年龄限制,一般是在孩子进入幼儿园以后,但每个孩子的个体发展又是不均衡的,有的早熟,有的晚熟,如果孩子问了这样的问题,大人就要积极应答。

同时，孩子问到什么程度，我们就回答到什么程度，不添油加醋，也不回避躲闪。经常有人问我，什么样的家庭环境最适合孩子成长。其实，这个问题说难也难，说简单也简单，但是无论贫富，无论城乡，无论单亲或者双亲，对于孩子来说，一个让他感到安全的环境是最适合他成长的。这个安全不仅仅是物质上的安全，更多的是心理上的安全。一个孩子可以自由提问而又能得到积极回应的环境，是安全的、妥当的、让他安心的。

这里我要分享一下我的亲身经历。我一直跟两个孩子一起洗澡，后来等姐姐上学，弟弟上幼儿园中班以后，他们两个就一起洗了。奶奶很不理解，说男女有别，不能一起洗澡，其实这是我们大人戴了有色眼镜，孩子单纯的好奇与求知，往往会被我们成人排斥打压，这是儿童教育里最大的问题。家长开放、真诚的态度和自我完善的姿态才能真正帮助到孩子。

在身体认知这个问题上，我还是坚持实事求是的客观原则。在两个孩子很小的时候，我会跟他们一起洗澡，当然事先会清洗好自己的私密处跟手脚，避免不必要的细菌感染，然后一起泡到浴缸里。姐弟两个一起玩水嬉戏，我更多的是给他们洗头发，并在这个过程中让他们有机会了解异性的身体构造，也会和他们讨论男人和女人身体的区别。比如妈妈和姐姐是女生，所以没有"小鸡鸡"，但是我们有长在里面的尿道口，从那里尿尿，就是我们平常说的小便；男人和女人都有肛门，我们从那里拉屎，叫作大便。

有时候儿子也会问我，为什么妈妈有乳房，但是姐姐没有。这个问题很好回答：男人和女人都有乳房，只不过女人的乳房会慢慢变大，因为女人要当妈妈，妈妈要给宝宝喂奶。男孩子也有小乳房，但是他们不会给宝宝喂奶，所以乳房就不用长大了。借机让他们看看爸爸的胸膛，就更加一目了然了。

最后附上几个常见的问题供大家参考：

两三岁的孩子总喜欢摸隐私部位怎么办？

天性好奇的孩子喜欢探索自己的身体，从生物学角度看，隐私部位由于布满了丰富的神经末梢，比身体的其他部位更敏感。孩子觉得舒服，肯定会经常去摸。家长不必紧张，自我刺激也是孩子成长的一部分，几乎所有的孩子都有类似的经历。

千万不要斥责孩子，说很脏，见不得人，也别粗暴地拉开他的手，这些都会让孩子觉得羞愧难当、不知所措。最好告诉孩子："摸可以，但这是隐私部位，不能让别人看到。"提醒的时候切忌大惊小怪，喋喋不休。如果摸的次数比较多，你可以调整一下孩子的作息，让他多运动，释放掉多余的精力。

4岁多的儿子总喜欢摸我的乳房，怎么办？

很正常，这个阶段的孩子在跟妈妈建立亲密的亲子关系，我儿子小的时候也如此。告诉他，妈妈的乳房是隐私部位，摸的时候不能让别人看见，晚上睡觉的时候才能摸。之后逐渐减少摸的次数，再大一些，他就自己有了清晰的男女界限，就不会摸了，偶尔有这种行为也是寻求一下心理安慰。

女儿5岁半，对"小鸡鸡"特别感兴趣，每次看到爸爸洗澡都特别兴奋，一直在那里喊"小鸡鸡"，现在弟弟3个月了，她老想摸弟弟的"小鸡鸡"，怎么引导呢？

你的女儿在用自己的方式学习、了解异性，没有任何错，千万别恼羞成怒、一筹莫展，也别简单粗暴地敷衍，弯下腰，蹲下来平静地告诉她："爸爸跟弟弟的'小鸡鸡'是隐私部位，不能随便让别人看，摸也不可以哟。"建议爸爸洗澡的时候把门关好，谢绝别人"参观"，引导女儿去关注自己的身体，提醒她注意保护隐私。洗手间有人用的时候，要敲门，经过允许后才能进去。

我该跟孩子说"小鸡鸡"还是"阴茎"呢？

很多时候，是大人想多了，一想到隐私部位，就觉得难以启齿。其实这些名字就是身体部位的称呼而已，就像我们说嘴巴、眼睛、鼻子、胳膊一样。解决尴尬的方法就是你要先克服心理障碍，让自己坦然接受，反复说几次，就没那么别扭了。至于叫什么没那么多说头，孩子小的可以叫"小鸡鸡"，大一些的孩子（上学了）可以直接解释"阴茎"也叫"小鸡鸡"。

孩子从外面学来一些难听的脏话（比如"小鸡巴"）怎么办？

孩子的模仿能力很强，尤其是在语言爆发期，如果你对脏话的反应过于激烈，孩子会更加喜欢说这个词。因为他发现了语言的力量，一提到这个词，爸爸妈妈就会暴跳如雷，调皮的他们就会反复说这些难听的话。

最好的方法是，不做出激烈的反应，不惊讶地责骂："你从哪里学来的这些脏话，这么恶心！"换个语气，心平气和地表明你的态度："在我们家不能这么说。"然后继续忙你手里的事情就可以了。

保护自己

孩子走丢了怎么办

三四岁的孩子出去玩是最容易走丢的。一方面是因为贪玩，另一方面是因为家长的疏忽大意，一不留神孩子就走丢了。我就有这样的亲身经历。

在一次地铁换乘的时候，人潮涌动，我抱着老二，5岁的女儿没有跟牢，突然就不见了。我喊女儿的名字，没有回应，我开始不淡定了，脑子有些懵，来回扶梯上下两次都没有找到，焦躁得快要崩溃了。还好一个好心的姑娘把她拉在原地给我打了手机，否则后果真是不堪设想。

如何降低孩子走丢的风险，平时该对孩子进行哪些引导，抑或是孩子真的丢了该怎么办呢？

1.带孩子出去玩，绝对不能玩手机

不要以为把孩子放到商场的游戏区或者户外的游乐园就可以放松警惕。公共场合人多，又是年龄大小不一的孩子混在一起，容易出问题。稍不留神，孩子就会走丢，所以绝对不能玩手机、刷朋友圈，意外可能就发生在一瞬间。

2.带孩子出门，尽量不要让他离开视线

我在绘本馆曾经碰到这样一位奶奶，她把孩子放在二楼的活动空间，没跟孩子打招呼就去了洗手间，结果孩子以为奶奶走了，就自己走出了绘本馆。还好我们的店员敏锐，及时发现才没有让孩子走丢。

大人千万不要存在侥幸心理，以为时间很短没关系。无论去做什么事，应该提前跟孩子说，让他在原地等待，或者请工作人员看个三五分钟，不然孩子看不到大人，就会四处乱找，很容易走丢。

3.大人结队带孩子出门，不要互相依赖

人多不一定是好事。你以为我看着孩子，我以为你看着孩子，其实都在各忙各的，孩子根本没人照看，结果容易走丢或者被拐。

4.不要想当然

24小时的摄像头、监控器都有盲区，更何况是人了。所以一定要百分之两百地小心，孩子走失、溺水、被拐、触电、坠楼都是瞬间发生的事。

5.遇事一定要冷静

一旦孩子走失，不要指望别人帮你太多。尽可能让自己先冷静，深呼吸想想，孩子是被带走还是一时贪玩跑开了，平时你跟孩子叮嘱的是什么。比如我女儿那次走失时，我想到以前跟她说过："找不到妈妈，就在原地等我，不要乱走，看到和善的阿姨或者姐姐，还有穿制服的保安，报上妈妈的手机。"这招还真的管用，她的确照此操作，我也因此避免了一次事故。

6.孩子找到后不要责骂

找到孩子后，不要打骂，他也吓坏了。要让他知道妈妈的担心，重点描述自己焦虑的心情。上次地铁走丢时，我看到满脸泪水的女儿后，一把将其搂在怀里，眼泪喷涌而出，她也为自己因为看地铁广告出神而感到愧疚，我也因为没有拉住她而道歉。这样的处理，不会给孩子带来太多的心理压力。

希望用我的教训来提醒各位父母，一定要牢牢看住自己的孩子，尤其是在他小的时候。为了防患于未然，下面的这些故事可以讲给孩子听。

推荐绘本

这是法国《小兔汤姆》系列绘本当中的一本。

小兔子汤姆和妈妈一起去商场买东西。里面有好多人，好多好玩好看的东西，汤姆的眼睛都不够用了。他一心想着自己要买的那条裤子，可是一转身发现妈妈不见了！

《汤姆走丢了》

在一群陌生人当中，小兔汤姆很害怕，哭了起来。这时一个看上去很友善的阿姨在他的身边蹲下来，一位穿着制服的叔叔也过来帮助他。当小兔汤姆再次见到妈妈的时候，他哭了，妈妈跟小兔一样也非常害怕。

让孩子了解意外的情况，走丢了、找不到妈妈也是很正常的，不要过于紧张，先镇静下来，积极应对就可以了。

《小兔子走丢了》

小兔子在成长过程当中碰到了一件惊心动魄的事儿。

今天是个很特别的日子，全家一起去兔子世界玩。小兔子觉得自己长大了，什么都想玩，可妈妈总说他太小，还不能玩。小兔子找啊找啊，终于找到了可以玩的游戏，但玩得开心的小兔子突然发现妈妈不见了。

小兔子害怕极了，到处跟人打听有没有见过自己的妈妈。他的心情瞬间跌入了谷底，突然觉得自己好渺小，孤孤单单一个人，然后忍不住大声哭起来。兔子们纷纷围了上来，问小兔子关于妈妈的事。这个时候，小兔子听到了一个熟悉的声音……

故事来源于熟悉的生活场景，孩子在游乐园里像老鼠掉进米缸，瞬间就淹没在人群当中，大人稍不留神，孩子就找不到了。找不到妈妈的小兔子紧张、孤独、挫败，这种感觉会让孩子感同身受，引起他们的共鸣。

这个故事也在告诉小朋友，如果真的走丢，找不到妈妈了，最好原地不动等着大人来找你，千万不要继续乱走。

这是对孩子进行安全教育的一个非常棒的故事。小主人公露露独自一人站在街头等妈妈来接她。这时候，一位阿姨走了过来说："露露，你好，我送你回家吧。"阿姨和露露住在同一个小区，可是她究竟叫什么名字呢？她的红头发到底是不是真的？这一切露露都不清楚。于是，露露说："我不认识你，我不跟你走！而且妈妈跟我说了，我得在这儿等着！"

跟陌生人相比，熟人对孩子的伤害更加容易，因为心底单纯的孩子防备心不重，很容易上当受骗。小主人公露露的做法就给孩子提供了一个示范，即便是你认识的人，如果没有家长的嘱咐，也不能随便跟他们走，明确的规定和要求可以保护你的孩子。

《我不跟你走》

在当今社会，很多家长都希望自己的孩子能够有自我保护意识，所以常在嘴边说"不要跟陌生人走，你不认识的人的东西不能随便吃"。但是这样的说教比较流于形式，孩子往往很难理解，比起苍白无力的说教，绘本故事更能让他们接受。

最后再跟大家分享一些小技巧。平时多向孩子灌输自我保护意识，比如说要记住大人的电话号码，记住家里的住址等。一旦碰到危险，他们好有求助的方式。

一旦孩子真的走丢了该怎么办呢？可以告诉孩子哪些人可以求助。比如说警察叔叔、穿着制服的保安，还有带着小孩儿的妈妈、阿姨、老人、大学生，等等。平时多告诉孩子，一旦发生危险可以向他们求助。

如何用绘本对孩子进行安全教育

　　孩子天性好奇，活泼好动，为了让他们平安长大，爸爸妈妈们也是操碎了心。但只要合理地引导，防患于未然，就可以规避很多风险。这方面我们不能太依赖学校、社会的教育，只能靠我们自己耳提面命。

　　我们来对比一下英国的安全教育：

　　1.平安成长比成功更重要

　　这是在告诉孩子：你可以不成功但不能不安全。

　　我们的教育：告诉孩子你要好好学习将来要成功。

　　2.背心、裤衩覆盖的地方不许别人摸

　　这是在告诉孩子：你的身体属于自己，他人不可侵犯。

　　我们的教育：听叔叔阿姨的话。

　　3.小秘密要告诉妈妈

　　这是在告诉孩子：真正可信的是妈妈，妈妈是最不会伤害你的人。

　　我们的教育：当孩子诉说秘密时，妈妈可能会暴跳如雷，孩子再也不敢告诉妈妈了。

　　4.不喝陌生人的饮料，不吃陌生人的糖果

　　这是在告诉孩子：你有权不听陌生人的话，对陌生人你有权利说不。

　　我们的教育：孩子要听话、乖，很少告诉孩子什么时候应当拒绝别人。

　　5.不与陌生人说话

　　这是在告诉孩子：对陌生人不理睬是对的，孩子没有能力帮助陌生人。

　　我们的教育：孩子啊，人家跟你说话，不理睬是不礼貌的。

　　6.可以打破玻璃，破坏家具

　　这是在告诉孩子：为了保护自己，你可以打破所有规章与禁令。

　　我们的教育：仅仅是逃跑而没有可操作性。

7.遇到危险可以自己先跑

这是在告诉孩子：你有果断逃生的权利，跑得越快越好。

我们的教育：看别人干什么你随大流。

8.不保守坏人的秘密

这是在告诉孩子：遇到坏人要尽快揭发，这样你就不会处于危险中。

我们的教育：不关你的事你就不要管。

9.坏人可以骗

这是在告诉孩子：对坏人你可以不讲真话，要学会欺骗坏人。

我们的教育：你要诚实，不可以撒谎。

这些具体可操作的教育要灌输给孩子，并且配上形象好玩的故事。

推荐绘本

这本书所传达的安全教育比较有中国特色，不仅对孩子进行了安全教育，还能让他们在保护好自己的前提下帮助别人。

《门》

小男孩儿独自在家，却遇到前来敲门的人，原来是楼上不认识的叔叔的绿衬衣掉到了小男孩儿家的阳台旁，叔叔请求进屋去捡一下。可是妈妈说过"不可以给陌生人开门"。小男孩儿该怎么办呢？他不动声色地观察事情的发展，看到叔叔的办法——落空之后，机敏的他努力在局限的空间中帮助陌生人。他"门开一线"，最终将衣服交还给陌生人，这样既不违背妈妈"不给陌生人开门"的叮嘱，又帮助了他人，取得了一种自我保护与善良愿望之间的平衡。

虽然这种事情我们的孩子未必会经历到，但是这个故事隐含的道理却会在孩子心里埋下一颗种子。

• • •

"鞋带开了要系好，要不然会摔倒！不能碰热水壶，会烫伤的！不能……"家长常常唠叨着这些安全提示，可是孩子们却像听耳旁风一样听不进去。在生活中经常会有孩子被开水烫伤、从旋转椅上摔下来、吞吃大人的药片等让家长头疼的事件发生，有什么好办法能让孩子们关注这些安全提示呢？《警官巴克尔和警犬葛芮雅》把复杂的安全概念用幽默而精彩的图画演绎出来，让孩子们在津津有味的快乐阅读中懂得并接受了许多安全常识。

《警官巴克尔和警犬葛芮雅》

比如前环衬页右下角的那个"安全提示"：在大狗吃东西的时候千万别烦它。这个小提示让我想起曾碰到的一个小朋友，她在狗狗吃大餐的时候凑上去抚摸，结果被咬伤。画家还创作出儿童世界的安全符号——"禁止乱扔香蕉皮"的标识，多么富有童心。有多少孩子曾经因为香蕉皮滑倒，所以孩子们一看就明白了，还能举一反三：不要乱扔西瓜皮、不要乱扔口香糖……

这是一本富有童心、童趣的安全读物，书中所传达的内容都是寓教于乐的，难怪该书在1996年获得凯迪克金奖。

⬤ ⬤ ⬤

一天晚上，猫头鹰妈妈出门去给小猫头鹰找好吃的。"如果我不在家，你就不能让任何人进来！"猫头鹰妈妈这样告诉他。小猫头鹰完全听进了妈妈的话！妈妈走后，他开始看自己最喜欢的童话书：《狼和七只小羊》，这个故事也告诉小猫头鹰千万别给陌生人开门。过了一会儿，突然传来了咚咚咚的敲门声！妈妈回来了，她带回了小猫头鹰最爱吃的东西。可是看不见门外情形的小猫头鹰怎么也不肯开门。松鼠来劝，也不行。甲

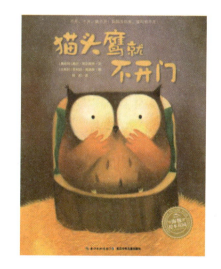

《猫头鹰就不开门》

虫来劝，也不听。没人能证明门外面的就是妈妈，爱哭的小猫头鹰急得哇哇大哭起来。幸好乌鸦有个好主意，他让猫头鹰妈妈跟小猫头鹰说两个只有他们俩才知道的小秘密，比如小猫头鹰最怕哪里挠痒痒，最喜欢读哪本书。"被关在门外的猫头鹰妈妈能证明自己的身份，并说服小猫头鹰打开门吗？"爸爸妈妈只要接着这么问，孩子肯定会兴致盎然地给出自己的答案。

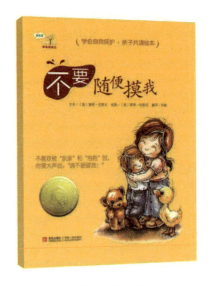

《不要随便摸我》

来自美国的自我保护绘本《学会自我保护》，分为3个故事《不要随便摸我》《不要随便亲我》《不要随便跟陌生人走》，通过一个儿童性侵的案例，教会孩子遇到此类侵犯时该如何处理。这套书已经成为美国多所学校进行性保护的教材。

妈妈在与吉米玩闹的时候，通过讨论好的触摸和不好的触摸引出儿童性侵这一话题，她给吉米讲述了一个发生在美国的儿童性侵案件。有个小女孩儿独自在外面玩耍的时候，邻居叔叔邀请她到他们家去看刚出生的小猫，结果叔叔把小女孩儿抱在自己的腿上，还把罪恶的手伸进了她的内裤里！幸运的是小女孩儿立刻逃脱了，她把这件事告诉了爸爸妈妈，让坏人得到了应有的惩罚。讲述完故事，妈妈又告诉吉米男孩儿和女孩儿身体中不同的隐私部位，以及遇到这种不好的事情时应该怎么做。

莱娜家里常常有人来做客，面对可爱的莱娜，客人们总是情不自禁地想要亲亲她，抱抱她。然而莱娜并不喜欢这些吻：奥尔加阿姨的吻熏死人、埃尔文叔叔的吻十分扎人、佩尔兹奶奶的吻吓死人……想要拒绝这些不喜欢的吻，莱娜得想出好办法才行，既不让客人们扫兴，又不委屈自己。这本书不但教给孩子要勇敢地表达自己的观点，很好地保护自己，也告诉大人们一个道理：以孩子能接受的方式表达对他的爱，才是真的爱他！

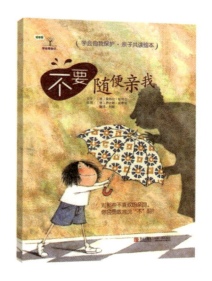

《不要随便亲我》

在学校门口，蕾娜看见一辆又黑又大的汽车，里面的人阴沉着脸，好像一直盯着她看。蕾娜害怕得不得了，就把这件事告诉了伙伴。没想到放学后，那辆车居然还在，幸好伙伴们跟她手拉手一起等待着家长的到来。在等待的过程中伙伴们回忆了妈妈叮嘱过的安全事项。等妈妈来了以后，蕾娜才发现是虚惊一场。不过对于那些安全事项，她的印象更加深刻了。

故事中介绍的一些应对危机的方法是孩子们真正需要的，可以给他们很多帮助。

《不要随便跟陌生人走》

这是一个具备交通安全教育功能的绘本：小红人和小绿人一起指挥交通。大家都遵守红灯停、绿灯行的交通规则。

一只狗准备过马路。小绿人对小红人说："现在又没有车，让这只狗过去吧！"小红人不肯破坏交通规则，和小绿人发生了争吵，一起出现在红绿灯上，导致一辆车撞到了红绿灯上，把小绿人撞了出去。

摔倒在马路上的小绿人遇见了一只鸽子，于是一起吃东西去了。因为小绿人擅离职守，造成了严重的交通问题。

故事通过小绿人不守交通规则带来的严重交通问题，生动形象地向孩子们阐释了我们要遵守哪些交通规则，不遵守会带来怎样严重的后果。

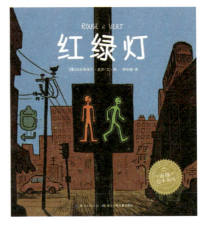

《红绿灯》

爱护环境

当下各种环境问题已经迫在眉睫了：森林植被的破坏，野生动物的生存环境越来越糟糕，全球变暖，雾霾的肆虐，干净的空气、干净的水越来越成为稀缺的资源，生活在同一个地球的我们，都要有爱护环境的责任跟义务。这种环保的意识也是要从小抓起的。

但是对于小孩子来说，你跟他讲环保的道理，他还不能完全理解，有的爸爸妈妈会从身边的小事引导孩子，比如垃圾不能乱扔，一次性的塑料餐具跟袋子少用或者不用，不穿动物皮毛制品等。但还要把原因告诉孩子，让他们理解这么做是为了什么。

比如现在很多幼儿园跟小学都在搞环保活动，让孩子用废旧的材料做手工，什么可乐瓶子、饮料盖子、穿小的衣服、快递的盒子等素材，但有时候过于流于形式，增加了爸爸妈妈的负担，孩子也没有真正理解为什么要这么做。

我儿子曾经还问过我，用这些东西做手工，是不是因为我们家很穷。

我们的孩子在城市封闭久了，就会对身边的自然资源熟视无睹。如果不去云南山区缺水的地方，我也不会想到节约用水；如果没有看到北极熊恶劣的生存环境，也不会去关注地球变暖。

我们的孩子无论多调皮捣蛋，多任性自我、缺乏恒心，但只要心中有爱，有别人，有环境，就不会恣意妄为，也不会去破坏赖以生存的大自然。

下面的这些绘本故事可以非常有效地引导孩子。

男孩儿梦中的小火车启程啦! 旅途中他和睡袋狗小伙伴经历的不同地方, 让他们与很多新的动物乘客相遇。面对突如其来的不速之客大家异口同声:"嘿, 快从我们的火车上下来!"动物们可以留在火车上吗? 来听听它们各自的理由吧。

《请让我留在火车上吧!》

这是绘本大师约翰·伯宁罕第一部环保题材的图画书, 其故事与画风都充满了想象力。最后的结尾极其有趣, 孩子们一定会很喜欢, 通过跟动物的换位思考, 孩子们也能切身体会到动物们所处的恶劣生存环境。

在孩子的心里植入尊重自然、爱护环境的信念, 培养他们正确对待自然环境的态度, 让他们明白人类因贪婪而破坏自然界的平衡, 必然会遭受恶果。

"如果森林消失, 世界会灭亡", 是流传在"常常国"的古老谚语。可常常国人听信了多多老板的谗言砍伐树木, 用它们换成钱买新的房子、车子。渐渐地, 郁郁葱葱的森林消失了……

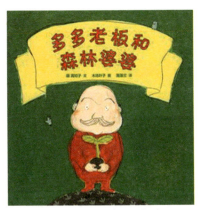

《多多老板和森林婆婆》

世界经济发展, 让人们的生活越来越好, 可是不知不觉间, 我们的地球却生病了。这到底是为什么呢? 正如书中描述的, 人们了解木材的重要性后, 就开始大肆砍伐来谋取财力。经济是发展了, 可我们的生活环境却遭到了无情的破坏。

遭受破坏的森林, 并不只是人类滥砍滥伐伤害的唯一个体, 此行为导致的严重后果需要我们认识、了解、防止。

即使不识字的孩子也看得懂这本书，就从那些掉进海里的企鹅和北极熊无助的眼神里，从那些鱼儿逃脱不掉被网住的命运里，从没有水的水龙头、枯死的树、耷拉着脑袋的花、干渴的小猫到孩子惊恐的大眼睛里……

如果有一天，人类没有了水、空气、植物和动物，我们手中只剩下钱和金子，而钱和金子又不能换来食物和空气，那会怎么样呢？除非这一天，还有一个小孩儿，口袋里装满了生命的种子。

《如果地球被我们吃掉了》

花婆婆就是鲁菲丝小姐，在风烛残年时，她告诉小读者，许多年以前，当她还是一个名叫艾莉丝的小女孩儿时，她曾经答应过爷爷三件事：第一件事是去很远的地方旅行，第二件事是住在海边，第三件事是做一件让世界变得更美丽的事。前两件事不难，难的是第三件事。

《花婆婆》

有一年春天，她喜出望外地发现山坡上开满了一大片蓝色、紫色和粉红色的鲁冰花，她知道怎么做第三件事了。

整个夏天，她的口袋里都装满了花种子。她把它们撒在乡间小路边、教堂后面。满山遍野的鲁冰花美极了，强烈震撼着小朋友们。让这个世界变得更美没那么难，只要从自己做起，从身边的小事做起，就能滴水穿石，聚沙成塔。

.5

认知能力

语言

◊ 如何用动词／主谓句／形容词（1岁）

1岁左右的孩子咿呀学语，能够说出简单的主谓句，会打招呼，会告别，比如"你好""拜拜"，对各种动物有着天然的好感，喜欢各种象声词，能够读懂人的各种表情，还能把语音跟语义进行有效的结合。

爸爸妈妈在孩子的语言启蒙上，最有效的方法就是多跟他说话，多引导他去表达，不要怕说错，或者被人笑话。孩子正是在不断试错中，才有语言表达能力的提高跟飞跃。

如何操作，最佳的办法就是多给孩子讲适合他年龄段的绘本故事。

推荐绘本

《哇！》

这是松冈达英先生畅销绘本《蹦！》的姊妹篇，具有同样明快的色彩、同样生动有趣的情节。独特、小巧的翻页设计，仿佛一张张活动的动物图卡，便于宝宝阅读。在翻页阅读的过程中，各种动物依次跳动起来，极富有节奏感。

书中依次重复"哇"这个象声词，能够吸引宝宝的注意力。同时，稳定中穿插的小变化能够让宝宝产生微妙的情绪变化，促进宝宝情绪的萌芽、丰富和细化。各种动物的叫声，不仅适用于1岁宝宝的智力发展，还可以让孩子在简单、重复的情节中获得乐趣，继而让孩子主动地开口表达。

不少早教中心是用这两本书作为教材的,目的是让小宝宝从小就能感受到来自爸爸妈妈的爱。该书的作者是个前卫的绘本作家,想象力很丰富,用色很大胆。

《背背 背背》

《抱抱 抱抱》

　　在这两本书的封面上,我们看不到妈妈的正脸,正是如此才能让孩子感觉到那就是自己的妈妈。不光人如此,凡是有生命的动物,比如小狗、鳄鱼、龙虾、变色龙、大象动物等的宝宝在小时候都是被爸爸妈妈背在背上或者抱在怀里的。孩子完全能够结合自己的经历,体会被人背在背上的幸福与甜蜜。父母宽阔的后背永远带给孩子依靠的力量。抱一抱带给孩子的感觉就更加温馨了,父母的怀抱是温暖、安全的,在"来,抱抱"的亲切呼唤中,雀跃的孩子张开小手等着你来拥抱他。在这种浓情蜜意中,孩子会自然而然地学会使用各种动词,并且知道应该在何种情境下表达。

　　过去人们一直认为,婴儿出生后1个月之内眼睛是看不见任何东西的。但是研究显示,婴儿在出生后10分钟之内就能够识别人的脸。心理学家范茨的实验发现,2—6个月大的婴儿在人脸图形、同心圆、报纸、白纸、红纸和黄纸中间,注视人脸图形的时间最长。这是因为孩子本能地会对他的照顾者——人类,产生天生的信任感,进而对人脸最具好感。这是一本很简单的书。形状和线条的变化，直接给予人们印象：这些脸的表情在不断变化。快乐的脸、悲伤的脸、笑的脸、哭的脸、生气的脸、睡着的脸、苦恼的脸、调皮捣蛋的脸……阅读这本有各种各样表情的图画书，可以给宝宝带来阅读的乐趣，同时也有利于帮助宝宝识别各种脸部变化，并且用恰当的形容词来描绘这些表情与情绪。

《脸，脸，各种各样的脸》

○ 在成人的帮助下表达自己（3岁以上）

孩子进入幼儿园以后，需要让小朋友跟老师认识自己，也需要进行社会交往，而自我介绍是最基本的能力。如何鼓励孩子进行有效简单的自我描述很关键。

这是一部获得过凯迪克大奖的作品，故事中的语句非常优美，富有诗意，能让孩子在自我成长中发现自己、了解自己、肯定自己。"对于玻璃杯来说，最重要的是透过它，能看见对面。对勺子来说，最重要的是用来吃饭。对雏菊来说，最重要的是它美丽的白色。对雨来说，最重要的是它湿漉漉的。"这些很有韵味的诗句会让孩子慢慢地用心去

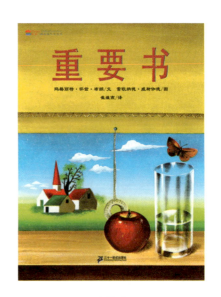

《重要书》

感受, 用眼睛去观察周围的一切: 熟悉的、陌生的、普通的、特别的……再用语言去描述我们周围已经习以为常的一切: 优美的、生动的、诗意的、幽默的……广阔的思考空间能让我们这些大小读者去了解对自己来说最重要的是什么。

读完这个故事, 我也在反思, 我们真的了解自己吗? 你是善良、勇敢、坚强的, 还是胆小、腼腆、懦弱的? 你是会唱歌、跳舞, 还是会弹琴、踢球? 这对其他人来说也许没那么重要, 但是, 我们应该有信心坚持和发展自己的特色。永远要记住最重要的一点: "你就是你"! 认识自己, 发现自己, 坚持自己, 这才是最重要的!

对于善于观察的小读者来说, 这本书的故事似乎永远也讲不完。有些人一辈子都不了解自己, 浑浑噩噩地度过一生。不认识自己, 不是自卑, 就是自大, 会造成严重的人生错位, 所以越早让孩子懂得越好。比如对于周杰伦来说, 最重要的是他能唱出好听的歌; 对于姚明来说, 最重要的是他能准确投篮……由此引导孩子进行自我描述: 对于我来说, 最重要的是我能……

● ● ●

咦, 这究竟是什么队列呢? "请排成一列等候", 小青蛙看到了指路牌, 跟着小鸟的引领往前走。哇! 队伍好长啊, 小青蛙是第50号。从后往前看, 好多动物都在排队, 他们的个头也越来越大。狸猫和狐狸怎么会跳得那么高呢? 绵羊为什么不肯往前走? 斑马为什么吓得哆哆嗦嗦? 等得真着急啊, 前面到底有什么呢?

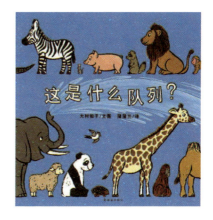

《 这是什么队列? 》

故事先抑后扬, 讲述了孩子最为欢呼雀跃的事情。50个动物依次排队的最终高潮被使用大跨页的方式烘托了出来, 原来大家排队耐心等待的是一场坐着鲸鱼海盗船的探险旅程。沉浸在书里的孩子们仿佛真的坐卜那艘魔性的船，感受到了无比的兴奋与欢愉。

你可以以此引导孩子说出自己经历的最开心刺激的事情，比如去游乐园坐了翻滚过山车或旋转木马等。

• • •

《我喜欢做的事》系列共有4本，分别是《我喜欢说晚安》《我喜欢玩》《我喜欢上学》《我喜欢自己》。

这是世界级儿童情绪管理大师特蕾西·莫洛尼的经典之作。通过孩子们生活的点点滴滴，将他们对自我的认识、睡觉时的所思所想、上学时的所作所为、爱玩爱乐的天性生动地呈现出来，帮助孩子清楚地认识自我，自由地表达天性，释放压力。

《我喜欢做的事》

你可以引导孩子讲出自己最喜欢做的事情是什么，比如我最喜欢去度假，我最喜欢游泳，我最喜欢吃冰激凌……

• • •

这是2001年度凯迪克金奖绘本。

当总统有好处也有坏处。他们的房子、姓名、体形、年龄、个性、外表、兄弟姐妹以及其他血缘关系等等都被世人所知。但这本书都是从普通人的角度来讲述这些的，其中穿插了很多趣事逸闻，读来亲切、幽默。故事结尾部分，讲述了几位最为杰出的总统的政治事迹，如托马斯·杰斐逊购买路易斯安那州，极大地扩大了美国的国土面积；富兰克林·罗斯福带领人民过上富裕幸福的生活……以乐观、自豪的语调，道出总统职位被赋予的崇高使命和责任。如果孩子梦想成为伟大的、受世人瞩目的人，一定要先多角度地了解相关的人，才能以此为标杆，不断地努力去靠近。

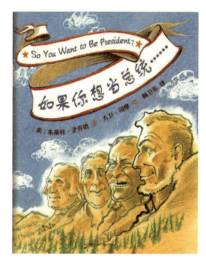

《如果你想当总统……》

英语

○ 用绘本故事进行英语启蒙（分级阅读）

如今的中国家长已经越来越重视孩子英语能力的发展，并为此投入了更多的精力与财力。但是在选择英语扩展材料的时候，还有很多人不知道如何选择。目前市面上用绘本故事进行英语启蒙（俗称磨耳朵）的书系很多，比如学乐的庞大分级体系，更多偏重的是语言训练与学习；比如兰登书屋跟哈珀·柯林斯的分级阅读，更侧重出版物的形式，内容都非常棒。但是每个系列都有上百本，如果都收进囊中，实在是一笔不小的费用。我给女儿进行英语启蒙的时候，这几个套系都从图书馆借回家看过，各有千秋，可以作为英语泛读的材料。在这里我给大家推荐的是《牛津阅读树》系列。

推荐绘本

它最大的特点就是连贯性。

读这些书就像看一部精彩的电视剧，看了一集又一集，总是放不下，实在叫人爱不释手。这些书里的故事非常贴近生活，有的就像是在讲述自己的一次旅游经历。然而，这些故事又不局限于日常生活琐事，会掺入想象的内容，于是就有了一系列的魔法钥匙引发的幻想故事。更令人百读不厌的还有

《牛津阅读树》系列

一个原因：即使是幻想故事也会给孩子们很多启迪，同时也让他们学到很多历史知识（譬如英国维多利亚时代的历史背景及人们的生活等）、诗歌体裁，以及很多考古知识，等等。

这个系列就像一家人在给你讲故事，他们贯穿在整个系列书当中，包括主人公Biff、Chip、Kipper、Mum和Dad，还有令人难以忘怀的可爱小狗Floppy。整个系列的故事就围绕着他们一家人和他们的朋友展开，介绍他们生活的方方面面：去游泳，去沙滩，堆雪人，小朋友一起玩各种游戏，等等。

《牛津阅读树》系列丛书在英国被广泛推崇，大约有80%的小学选择将这套书作为教材。它为不同年龄的儿童撰写出符合他们年龄及阅读能力的故事，配合有趣的活动，让孩子们能够体会到阅读的快乐。

每本书都是独立的小故事，全套分两大系统：启蒙故事与自然拼读法，共12册。其中启蒙故事6册，自然拼读法6册，这两个系统互相辅助，相互交叉。每个系统又分别有清晰的分级，层层递进，让听说读写能力全面逐步进阶。

英语国家的孩子，记单词不是靠"背"，而是靠"拼读"，这就是所谓的自然拼读法。它是目前国际主流的英语教学法，不仅是以英语为母语的孩子学习英语读音与拼字、增进阅读理解力的教学法，更是以英语为第二语言的孩子学习发音规则与拼读技巧的教学方法。这种教学法简单高效，符合小朋友学习语言的规律，而且能让他们在玩中学习，在学习中玩，不仅改善了学习英语时的枯燥氛围，还大大提高了孩子的学习效率。

自然拼读法通过让孩子直接学习26个字母及字母组合在单词中的发音规则，建立孩子对字母及字母组合与发音的感知，让孩子在轻松愉快的氛围中，了解和学习字母组合的奥妙，掌握英语拼读规律，从而达到"见词会读，听词会拼"的学习目的。对于大多数英语初学者，自然拼读是一门实用的工具与方法，如能掌握，不需要借助48个音标，就能读出80%的英语单词，把枯燥无味的背单词变成一件简单的事，从而达到事半功倍的效果。

在《牛津阅读树》系列的自然拼读法系统中，孩子可以借助喜爱的卡通人物系统，准确地学习元音拼合课程，比如在《在野生动物园》这本书里，有"ch, ie, ow, a"等字母与字母组合的发音，含有这些字母组合的单词也会反复在绘本故事中出现，在轻松有趣的氛围中不断强化孩子的记忆。

在启蒙故事系统中，所用的语言都非常简单，发音从简单到复杂，词汇量也是由易到难。由于这个系列最初是为母语是英语的孩子编写的，所以这里说的简单的语言，大部分是日常生活中经常遇到的，发音也是他们口语中常用的，而且一般都容易发音，并不是我们单纯认为的简单单词。

在每个故事中，都采用"关键词"的概念，这些需要练习或学习的关键词，一般都会重复出现在这个阶段的每一本书或故事里，慢慢地，孩子们就会认识和读出这些关键词。家长在指导孩子读故事的时候，会特别注意这些需要学的关键词，比如《蛋饼》这本书里面就有一些关于做蛋饼的关键词（flour, egg, milk, butter），通过读这个故事，孩子们既学会了这些单词，又掌握了如何做蛋饼，可谓一举两得。

除此之外，这套书还可以培养孩子把文字和图片相对应的能力，让他们练习用自己的语言复述读过的故事的能力（培养记忆力、逻辑思维能力）。对于小学刚开始的孩子来说，更重要的一点是帮助他们巩固老师已经讲过的自然拼读法。

除了启蒙故事与自然拼读法两个系统之外，《牛津阅读树》还有更加丰富的阅读体系，比如融入语音学习的探险故事系列，将世界各国的传统故事精心改编的绘本系列，独特的纪实故事系列，情感丰富有助于提升孩子想象力、理解能力的故事火花系列，还有为学有余力的孩子创作的章节故事系列——就像一棵茂盛大树的枝干一样，循序渐进地满足不同英文程度孩子的需要。家长陪孩子学习这套书的时候可以制订一个阅读计划，逐步引导孩子进行英文的独立阅读。

数学

这本书适合两三岁孩子与家长亲子阅读。

9只小猫呼呼呼。1只小猫睁开眼。几只小猫在睡觉？8只小猫呼呼呼。2只小猫睁开眼。几只小猫在睡觉？

《9只小猫呼—呼—呼—》

这是麦克·格雷涅茨的作品，他就是那本极具特色的《彩虹色的花》的作者。通过这本书孩子不仅可以感受数量的变化，还能理解颜色的差异，学习简单的英语。比如9只小猫色彩鲜艳且各不相同，阅读时可以问孩子"哪种颜色的小猫不见了"，或者"什么颜色的小猫在睡觉"，培养孩子对颜色的认知以及对颜色差异的理解。你也可以让孩子跟着小猫学数数，讲故事的时候引导孩子边翻页边数小猫的数量。

在多次重复的阅读中，孩子就掌握了减法的概念。除此以外，这本书的页面下方还有简单的英文，你发现了吗？

· · ·

表面看这是大象拉屎的故事，不少家长会觉得恶心，但是小孩子会觉得好笑得不得了，而且在笑过之后会留下深刻的童年记忆。

虽然这是一本黑白书，但是跟松居直最推崇的《在森林里》绘本一样，留在孩子记忆里的画面却是鲜艳的。"拉屎都像写诗一样"，这就是童话。

故事讲述了一只象从小到大的生命历程。小象一天到晚吃个不停，梦想着自己快快长大。当他第一次过生日的时候，他发现，自己能拉出两个粪球了，大象绕着两个粪球跑呀跳呀，特别高兴。一年又一年，每天早上小象都要数清自己拉出的粪球数量。当他一天能拉50个粪球时，他幸福极了，他感觉自己已经长成大象了。随着时间的推移，大象又该过生日了。可是，这一天却发生一件

《大象的算术》

奇怪的事：46、47、48、49……数到49个，就没有了。这是怎么回事呢？生命是无止境的，从弱小走向强壮，又从强壮走向衰老。但大象并没有悲伤，他反而"感到很幸福"。因为他知道了"后面的五十年，每年都将减少一个。要是这样的话，最后和最初，一模一样"。他还觉得这是一件"多么奇妙的事情啊"！当最后一天到来的时候，"老象很幸福。他明白了，活了一百年，就回到了零。他再也没有什么事要去想了，草和树叶，加法和减法，都不用想了。他轻轻地转过身，慢慢地走了，到老象们最后都要去的地方……在那里，他也将变成零，静静地消失。"

这个结尾是如此的平静、安宁，对于生死的问题，化复杂为单纯，化悲伤为愉悦，这就是大智慧。同时，故事还帮助3岁以上的孩子理解数学的概念，比如数字、加法、乘法等。

在这3本以数学为主题的绘本中，绘本大师安野光雅从日常生活入手，用生动优美的图画，风趣幽默地呈现数学原理和概念的由来。书中通过有趣的游戏、手工和故事，让数学变得简单、好玩，引导孩子自己动手、思考、发现，启发孩子对数学的兴趣。

《走进奇妙的数学世界》（全3册）

第一章：不是一伙的（背后的数学思想：集合）

在同一页中，找出谁和大家"不是一伙的"，也就是找出不属于同一类的那个。例如，圆和许多方块"不是一伙的"，不能自己运动的和能用脚或翅膀活动的"不是一伙的"，自行车和其他有发动机的交通工具"不是一伙的"。形状、颜色、生长环境、数目……都可以是分类的条件。通过巧妙的游戏，作者让孩子们理解分类，这也能让孩子了解到事物是可以从多种角度来看待的。

《走进奇妙的数学世界1》

第二章：魔力药水（背后的数学思想：组合与分离）

天使、独角兽等幻想中的事物，以及带橡皮的铅笔、带轮子的车等现实中的事物，让孩子了解"组合"在生活中的广泛运用。实际可见的物体之间的结合、物体与颜色的结合，以及形容词与名词之间的结合，从具象到抽象，逐步深入地让孩子充分理解"组合"的意义。

第三章：顺序（背后的数学思想：序数和基数，一一对应）

第四章：比高矮（背后的数学思想：测量与数值单位）

第一章：不可思议的魔法机器（背后的数学思想：何为"关系"，函数的映射关系）

两个小矮人发明了一台魔法机器，从左边的入口放进东西，就会从右边的出口出来一个不一样的东西，在这个过程中，物体发生了转换和变化，入和出之间存在着一定的"关系"。作者通过小游戏将"关系"这种不可视、抽象的概念生动地介绍给孩子，让他们认识"关系"，思考各种人、事、物之间，究竟会发生什么样的相互关系。

第二章：比一比、想一想（背后的数学思想：数学式的观察与比较）

两个洋娃娃、两只狗、两幅图、两个迷宫……左右两页的图看起来一样，但仔细看又不太一样，到底哪里一样，哪里又不一样，通过仔细地观察和比较，孩子们就能得出答案。

第三章：点、点、点……（背后的数学思想：点、线、面的关系）

拿放大镜看一幅画，可以看到它是由许多个点构成的；电视的每一个图像，是由红绿蓝三原色的小点构成的；缝纫机车出的线，也是由一个个的点组成。此处的"点"并

《走进奇妙的数学世界 2》

非数学概念中的点，而是具有更广泛的含义，比如构成人体的细胞等。从"点"这个小单位来探讨事物的构成，即以微观的方式去看身边的事物，是不是会有很多新鲜的发现呢？

第四章：数字圈圈（背后的数学思想：数字是如何形成的，进位的概念）

第五章：数一数水（背后的数学思想：连续量的测量，量杯）

第一章：魔药（背后的数学思想：变化与位相，拓扑学）

两个小矮人调制了两种魔药，一种可以让物体横向伸缩，一种可以让物体纵向伸缩，涂抹不同的魔药，物体就有被压缩或拉伸的感觉。本章通过有趣的游戏，让孩子们从生活中理解拓扑学。

第二章：漂亮的三角形（背后的数学思想：三角形的基本概念与应用，初等几何学）

《走进奇妙的数学世界 3》

通过折纸和剪纸游戏，安野光雅带领孩子们了解三角形，再从平面到立体，创造出各种有趣的造型，体验玩三角形的乐趣。

第三章：迷宫（背后的数学思想：拓扑学应用，一笔画）

迷宫是一种必须运用逻辑思考、全面观察判断的益智游戏。在本章中，作者以树枝旁生、分叉的方式来说明。家长可以利用这种方式，自己设计迷宫和孩子一起玩。从迷宫延伸开来，通过七孔桥问题，作者引入了对"一笔画"的介绍，生活中有各种各样的一笔画，哪些画是可以一笔画成的？

第四章：左和右（背后的数学思想：左和右的位置关系，方位，如何描述路线）

用文字表述左和右并不容易，在本章中，作者用活泼的图画和生动的描述，让孩子从认识自己身体的左右开始，到循序渐进认识生活中常见的事物和居住环境的左和右。从同侧看，从对面看，从镜子里看……作者也不忘记通过各种变换形式让孩子们理解左和右的相对性。

理解了左和右，作者进而引入方位的概念，如何依照地图找到想要去的地方。孩子们可以用语言描述如何去往目的地，逐渐增进方位感和空间位置的概念。

思维逻辑

大小、多少、时间、空间

孩子过了2岁，慢慢对数字、大小、数量、时间跟空间有了最初的感知。不少爸爸妈妈会让孩子数数，比如从1数到100，或者几加几等于几。也有的在生活中会融入计算，比如妈妈买了5个苹果，宝宝吃了1个，还剩下几个啊。

对于大小、形状等，爸爸妈妈会引导孩子比较大小，看各种形状的图片等，比如各种闪卡；在时间跟空间的认知上，操作起来有些难，不少大人会直接让孩子背下来。

如果这些大小、多少、时间跟空间的认知，都被糅在好玩的故事中，会不会更能让孩子接受呢？

推荐绘本

米菲的形象美好可爱，深得孩子喜爱。《和米菲一起认时间》通过米菲一天的日常，从清晨到黑夜，配合可拨动的指针时钟模板，教会孩子认识、理解时间概念，以及时间和生活的对应关系。画面与文本、时钟相契合，风格清新美好，让孩子边学边玩，懂得珍惜时间，养成良好的生活习惯。

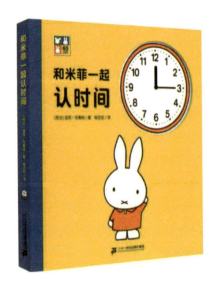

《和米菲一起认时间》

这本书结合了风靡全球的场地游戏，引导孩子认识时间。小女孩儿劳伦在祖父的钟表店里发现了一个隐藏在大座钟里的秘密。她不小心打开了藏在一个巨大图书室里的魔法书，放出了一只老狼，从而展开了她与老狼之间的时间游戏……故事阐释了儿童关于时间的观念。虽然这本书很薄，但是包含了惊人的信息量，"小人书"其实也是"大哲学"。

《老狼，老狼，几点了》

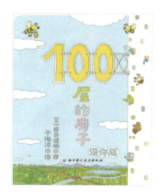  

"100层的房子"系列（纵开式绘本3册）

《100层的房子》

有一天，多奇收到了住在房子顶层100层的蜘蛛王子的来信，信上写着"欢迎你来我家玩"。多奇按照信上的地图走啊走啊，突然一座房子出现在眼前！多奇使劲向上看，可是怎么也看不到房子的顶层，多奇能顺利地到达第100层吗？

《地下100层的房子》

有一天，小空正在洗澡，突然传来一个陌生人的声音："我家住在地下第100层，现在要举行一个晚会，你要不要来玩呢？"小空想了想，决定去看一看。地下100层的房子到底要举行什么晚会呢?

《海底100层的房子》

一艘轮船航行在茫茫的大海上。一个小女孩儿抱着名叫天天的洋娃娃站在船头,正要给海鸥喂食。突然,海鸥的翅膀撞到了天天。扑通! 天天一下子掉到了海里。那么,天天能不能再回到小女孩儿的身边呢?

小朋友可以和多奇、小空、天天一起来体验地上、地下和海底100层的房子的惊奇,在这个有趣的过程中,了解空间的概念!

• • •

这本书用一个小学生的日记形式,记录了他生活在宇宙中丰富多彩的一天。其中穿插了各式各样有关重力知识的介绍。故事用简单的语言讲解失重条件下物体运动的特点、液体表面张力的作用,加深小读者对质量、重量等基本物理概念的理解,也解答了他们对宇航员在宇宙空间站中生活的种种疑问。

该书由日本著名宇航学家监督审定,家长不用担心它的权威性,北京天文馆馆长朱进教授也大力推荐给孩子们阅读。

《宇宙空间站的一天》

• • •

《玛丽和小老鼠的秘密》

在小主人公玛丽住的大房子里，有一只小老鼠。每天晚饭后，玛丽都故意不小心弄掉叉子。这样，她就可以俯下身来和小老鼠打招呼了。同样每天晚饭后，小老鼠也都故意不小心弄掉勺子。这样，她就可以和另外一个空间的玛丽打招呼了。尽管都被父母警告不准接触对方，但她们俩还是忍不住偷偷地打招呼。就这样，她们肩并着肩一起上学、长大、结婚，并从房子里搬出去住进自己的房子里。玛丽有了女儿玛利亚，小老鼠有了女儿小小鼠，她们又同住在一座大房子里，直到有一天玛利亚和小小鼠也相遇了……

小老鼠一家生活在玛丽家的地板下，虽然不在一个空间，但是她们的生活却如此相似。经过了时间的推移、空间的转换，兜兜转转她们的下一代又相遇了。这本书入选了2007年美国纽约公共图书馆100种图书推荐，画风非常唯美，是让孩子理解空间概念的绝佳故事。

· · ·

新年第一天，早上9点整，门铃叮咚一响，邮递员送来一个包裹。

我们打开包裹——一只企鹅。是谁给我们寄的这个奇怪的礼物？我们想在盒子上找出寄信人的名字，可是没有名字。

第二天早上：叮咚！第二只企鹅……

直到第365天，门铃又响了……居然快递来了365只企鹅。

家里会发生什么令人崩溃的事情呢？

这是让孩子建立"多少"概念的有趣故事。

《365只企鹅》

"树上有20只鸟,第一次飞走5只,第二次飞走4只,树上的鸟比原来少了几只?"

故事从一个孩子的数学题开始,爱孩子的爸爸为了教会孩子一道简单的数学题,用极大的爱心与耐心,把自己当作鸟儿,一遍又一遍地为孩子努力飞翔着……

故事介于现实与幻想之间,看似简单但感情浓郁,让孩子在父爱的引领下,建立多和少的数字概念。

《那只深蓝色的鸟是我爸爸》

《爸爸,我要月亮》是绘本大师艾瑞·卡尔的作品。

小主人公茉莉很想和月亮一起玩,但她摘不到月亮,便拜托爸爸把月亮摘下来。于是,爸爸拿了一把好长好长的梯子,架在一座好高好高的山上,努力地向上爬呀爬,但是月亮太大拿不下来,爸爸只好等到月亮变成下弦月,才把月亮带回来给了小茉莉。

这是有关爱与梦想的故事,上下打开的多种折页变化,让孩子惊奇感受空间延伸的巧妙创意,从中了解长短、高矮、大小等概念与形容词。

《爸爸,我要月亮》

鼠小弟系列是世界绘本经典中的经典，已经畅销了几十年，在日本累计重印逾1200次，中文版销量突破260万册。这本"小背心"采取了一面是文字、一面是图画的构图方法。文字页以凝重、沉稳的草绿色做底衬，图画页是白底绿框，用边框构成了一个舞台，故事在这个舞台中展开。

《鼠小弟的小背心》

鼠小弟穿着妈妈织的小红背心站在舞台中央，鸭子、猴子等一个比一个大的动物轮番登场试穿小背心。所有试穿小背心的动物都处在舞台的中心，重复着同样的语言："有点儿紧，不过还挺好看吧?"但这种重复并不是简单的重复，动物一个比一个大，画面也一次比一次满。等到大象出场时，他的身体占了满满的画页还不够，以至于耳朵已经冲出画框，而大象的大与小背心的紧所造成的反差，是那么的滑稽。

经过多次的反复以后，故事达到高潮。鼠小弟返回，看到大象身上的背心，惊叫："哎呀，我的小背心。"接下去的画面上，鼠小弟穿着像绳子一样长长的、拖在地上的背心，呈现一副伤心、沮丧的样子。

看到这里，无论是大人还是孩子，都会忍不住发出笑声。读者可能以为故事到这里就完了，其实不是。翻过页去，还有一幅小图，画面上鼠小弟正在大象的鼻子上荡秋千，而秋千，正是被拉长了的鼠小弟的小背心。

作者的构思巧妙，没有多余的笔触，在留白中激发孩子的想象力与感受力，大小的概念就这样轻轻松松地以孩子感兴趣的方式走进了孩子的心里。

色彩

色彩敏感期

歌德曾经说过："为了不失去神给予我们对美的感觉，必须天天听点儿音乐，天天朗诵一点儿诗，天天看一点儿画。"让孩子每天沉浸在七彩的绘本世界中，本身就是一种绝佳的美的教育。

故事的主人公是一个小女孩儿，她在下雨天开始了一连串的遐想：关于雨的梦想。雨不但有颜色，而且有滋有味，有形有状。色是七彩的，味是橙子和葡萄味的，形是裙子和蝴蝶样的。对于雨的形容，真是调动了所有的人体感官，运用了众多的移情手法，想象力非常丰富，而且文字流畅简洁，非常

《七彩下雨天》

适合这个阶段的小孩子阅读。它让孩子将抽象的色彩与具体的实物联系了起来，打开儿童丰富的想象，让孩子更加热爱生活。我的女儿小时候很喜欢这本色彩冲击力很强的绘本故事，对于小主人公很有认同感，大概他们的心思都很类似吧。

○ 如何应对孩子的涂鸦期

尽管我们都知道,涂鸦是孩子想象力和创造力迸发的一种展现,但是不少家长还是会为此感到头疼:雪白的墙壁被熊孩子画花了,家具家电上留下了他们的大作,甚至床单衣服上也是宝宝画笔留下的痕迹……

涂鸦正是孩子心智发展的一个特殊关键时期,它可以锻炼孩子的手眼协调能力、空间的想象力,还有一些大幅度动作、精细化动作的能力。

另外,宝宝在还不能用语言来表达自己的时候,也是通过信手涂鸦来表达自己的情绪的。所以妈妈们千万不要剥夺孩子这种表达自己的权利,要顺应孩子的天性,给他们充分的自由。

• • •

阿罗系列一共有7本,第一本就是《阿罗有支彩色笔》,其故事充满了奇思妙想,简单的线条可以引领孩子走入一个奇妙的世界,有益于拓展孩子的想象力、创造力。

想象力丰富的小男孩儿阿罗有支彩色的笔。在他天马行空的世界里,他拿着这支彩色的笔画出了自己无数的梦想。阿罗随心所欲,阿罗心想事成,阿罗在他的世界里涂涂抹抹,描绘着各种各样的故事。

作者巧妙地运用了孩子的逻辑和语言,真切地描绘出他们自由想象的过程。阿罗妙

《阿罗有支彩色笔》

笔生花的故事让无数的读者着迷。在美国、英国、法国、德国等国家,学龄前的孩子和家长基本都读过阿罗系列。美国的《出版商周刊》也把这套系列评为20世纪最有影响

力的作品之一。它的全球销量已超过亿万册,是欧美学前儿童的必读书目。这本书还被改编成了动画片,荣获了芝加哥电影节的银奖。

•••

这是发生在作者身上的真实故事。美术老师提议让学生通过画画来表达自己,但是小主人公瓦士缇不会画。于是老师笑着对他说:"那你就随便画一笔,看看能画出什么。"瓦士缇抓起一支笔,在纸上狠狠地戳了一个普通得不能再普通的、充满了愤怒的点。正是这个小小的点,让他开始了充满惊喜的自我发现之旅。

《点》

大多数孩子涂鸦的画面看上去都是乱七八糟的,只有得到家长的鼓励,孩子才能大胆地画,大胆地想象。

爸爸妈妈能够专心地听孩子分享自己的涂鸦,一方面可以使自己了解他们画的是什么,另一方面也会使孩子意识到,这些画都是有意义的,是大人能够理解、认可的,这对树立他们的自信心非常有意义。

面对孩子的随手涂鸦,应该有的态度是:

首先,不要浇灭他们涂鸦的兴趣。孩子在涂鸦的过程中,能够感受到不同材料所带来的不同视觉效果,通过"视觉—运动"的探索获得积极的空间知识。就这个层面而言,孩子的涂鸦是对绘画媒介的探索。

其次,巧妙地对孩子的涂鸦进行引导。比如,给孩子开辟一块绘画的小天地,为孩子选择安全的画笔或涂料,让孩子知道有固定的地方可以让他写写画画,或者可以让孩子在卫生间等易清洁的空间墙面上进行涂鸦。画完后,和孩子一起清洁墙面,做好善后工作。

最后,多维度鼓励孩子自由发挥。在发现孩子进入涂鸦敏感期的任意阶段,家长除了要大力支持孩子的涂鸦行为之外,还要多鼓励孩子自由发挥。对孩子来说,他们愿意在任何地方"作画"，是一件很了不起的事情。

• • •

孩子随意涂鸦可以帮助他们练习手、腕等诸多关节与手眼的协调动作，提高他们的观察能力与思维想象力、创造力，还能锻炼语言表达能力，发展写字与绘画的控制能力。

《点点点》

法国绘本大师杜莱的这部作品从一个小黄点开始，引导孩子动动小手指，两个点，三个点，好多点……摇摇书，点点变乱了；再摇摇书，点点排齐了；吹口气，点点飘走了；立起书，点点又落下了。小手指按一按，谁把灯灭了？再按一按，灯又亮了。拍拍小手，"哒"点点变大了，"哒哒"点点更大了……这是一本可以和孩子互动交流的书，不仅好玩，还能获得一种视觉和精神上的享受，被称为绘本界的iPad。

这个创意绘本引入了"交互"（行为—反馈）的创意。书页与孩子互动，每一页都是一个交互点，孩子在阅读整本书的过程中不会觉得枯燥。因为每一页都有相应的咒语（指令），孩子可能会抢着翻页，渴望完成交互点。

孩子的涂鸦期也是对色彩感知的敏感期。婴儿4个月的时候就能将有细微差别的颜色归为同一基本色块，但是直到3—5岁，婴儿的色彩辨别力才会发展到成人水平。书中的点只有红黄蓝三色，简单鲜艳，可以很好地刺激孩子的视觉系统。

• • •

这本书是《点点点》的后续作品，沿袭了互动游戏的特色，在色彩教育上是《点点点》的升级版。故事以红黄蓝三原色为主，引导幼儿认知两种基础颜色混合在一起会产生一种新颜色的神奇之处，让孩子动手去蘸、去摸，通过翻页、合起书页等游戏互动形式, 去感受阅读、认知的乐趣。

心理学家研究发现, 婴儿一般比较喜欢黄色、橙色、浅蓝、浅绿等较为明快的颜色。在这种色彩环境中成长的孩子, 往往智商较高。要改善孩子的自信心和创造力, 不妨从丰富孩子视野的色彩开始。这本书的一大特色便是它不仅延续了互动游戏的特色, 特别突出了幼儿互动, 还让小读者在增长美术知识的同时感受色彩变化的快乐。

《变变变》

⚪ 培养孩子好奇心

请给孩子的好奇心插上翅膀。

在日常生活中, 这些场景我们不陌生:

• 3岁的乐乐早上起来穿衣服, 可10分钟过去了, 还没穿好, 妈妈担心他迟到, 赶紧走上前去帮忙。

• 4岁的小贝喜欢玩拼图, 可每次玩的时候, 妈妈总在旁边着急。有时正确的拼图就在手边, 可他就是找不着, 妈妈就会直接把拼图拿给孩子, 帮他拼好。

• 5岁的牛牛要踢毽子, 妈妈打算教他。可牛牛总也控制不好力度, 妈妈就在旁边说: "这样不行, 得用点力, 你要学会控制……至少要踢到5个才行, 你看那个孩子能连续踢10多个……不行不行, 再来……"

• 6岁的小鱼每天都有很多问题: "为什么蚊子会飞? 为什么楼下的树有一截是白色的? 为什么苦瓜是苦的? 为什么三叶草只有三片叶子……" 爸爸妈

妈对他的十万个为什么只是敷衍一下,然后说:"今天上班累了,你别再问了,行吗?"

3—6岁的孩子能走、能跑、能说话,开始对身边的一切萌发出强烈的好奇心。他向大人提出了种种问题,这些问题是孩子探索世界的开始,这个探索也会延续孩子的一生。

好奇心是天生的,但随着孩子慢慢长大,懂得越来越多后,问题反而越来越少了。爸爸妈妈很难再听到孩子绕在屁股后面问东问西、问这问那。哪怕偶尔有一次提问,也是草草没有下文,再也不像小时候,问了"天空为什么是蓝色的"之后,继续追问"海水为什么也是蓝色的""云朵为什么是白色的""太阳为什么有时候黄灿灿,有时候红彤彤",仿佛他的好奇永远没有止境一般。

到了成人世界,像刘姥姥进大观园那样处处感觉新鲜的人少了,为了显示见多识广而闭塞视听的聪明人反而多起来。作家刘瑜曾称,她到美国后拒绝这种自满,拒绝接受好奇心的死亡,而是处处留心,写下《民主的细节》这本畅销书。同样的环境,同样的新鲜,大部分人走过路过,视而不见。那些好奇心强的人,总是能更好地感悟世界,最终给他人当导游和导购。

教育与好奇心关系微妙。好奇心,儿童先天具备,后天遭到扼杀,但也可以后天呵护与培育。在成人世界,好奇心也是各个领域都需要的。探索总会伴随着风险,没有风险管理能力的好奇,不一定有好的结果。反过来看,要想在任何一个领域有所成就,没有好奇心几乎不大可能。缺乏好奇心只会造就昏聩和平庸。换言之,不管做什么事,仅有好奇心是不够的,但是没有好奇心同样不行。

好奇心来自我们身上的动物本性。猫喜欢东张西望,寻寻觅觅,遂有"好奇心害死猫"的说法。狗出门总是到处嗅,闻其他狗留下的气味,自己再撒点尿做标记。德国动物学家艾尔弗瑞德·布莱梅发现,把蛇放在笼子里,让猴子打开看第一眼,猴子会出自本能吓得赶紧把盖子关上,但是最终却总是打开盖子再次偷窥,这就是好奇心。

在保护孩子好奇心方面,也有几件万万不能做的事情,大家一定要注意,结合上面的例子,我们反思一下有没有犯过类似的错误:

1.过度保护,使孩子失去了独立生活的机会

乐乐妈妈担心孩子穿衣服慢,影响出门时间,因而没有给他自己穿衣服的机会。其他类似的情景,可能是孩子想帮妈妈择菜,想帮妈妈做家务,想自己动手吃饭……但都被妈妈拦住了,因为她担心孩子做不好,担心弄得更脏,还要再收拾。

2.过度介入,使孩子失去了自己动手并体验成功的机会

妈妈看小贝找不到自己要的拼图着急,直接帮他拼好,却因此让孩子失去了动手尝试的机会。孩子需要在不断试错中习得经验,体会努力后获得成功的喜悦,但是现在都被"妈妈替代孩子做"给包办了。

3.过于要求结果而缺乏鼓励,导致孩子放弃或失去兴趣

牛牛本来主动提出要踢毽子,但妈妈一直否定他,不断地提出要求,还跟旁边的孩子比较。有多少只关注结果而忽视过程的父母,就有多少容易放弃的孩子。大人提出目标的同时,也要给出方法。

4.应付、拒绝、没耐心也同样会扼杀孩子的好奇心

6岁的小鱼对世界充满了无限的好奇,他积攒了那么多问题等待爸爸妈妈下班回家,但是大人三言两语就把孩子打发了。这就给小鱼传递了一个信号,这些问题都是无关紧要的。久而久之,孩子就不会天马行空地思索了。如果爸爸妈妈真的解答不了,可以告诉孩子查找答案的方法,起码让他有被重视的感觉。

好奇心配方包括探索、自治、激励、想象、发问、时间、空间。如何保护、培养孩子的好奇心呢?

① 宽松的物理环境。我们都知道"宽松的环境"有利于创意和好奇,可是宽松的物理环境是怎样的呢?比如光线,自然光比室内灯光更有利

于好奇心的发挥，多带孩子走向户外。还有背景音乐，有会比没有好。就连课桌椅的摆放、教室的装饰都跟孩子的好奇心有关。一人坐一个课桌，暗示学习是个人的事。如果课桌是围坐式，则传达交往式学习的思路。如果课桌是可以拆分的，可以单独坐，也可以在需要的时候合起来，则传达学习可以独立也可以集体完成的思想。很多老师过多强调学生互相模仿，却没能调动学生对于彼此思维的好奇心。

② 宽松的时间安排。不少大人为了不让孩子输在起跑线上，报了各种兴趣班、才艺班，孩子一节课到另外一节课的奔波，比工厂的流水线都紧凑。监狱里还有放风时间呢，安排的时间这么紧，极大扼杀了他们的好奇心。要留出足够玩的时间，这个时间应留给孩子发自内心喜欢的活动，比如摆弄东西，甚至呆坐在阳台看天空。

③ 多接触广大的世界，放手让孩子去尝试。有意识地设置障碍，激发孩子探索的兴趣，培养他的好奇心。如让孩子分发水果时，先用布将水果盖起来，让孩子用手摸摸是什么水果，鼓励孩子通过触觉判断出水果，激发好奇心。还可以利用假日带孩子走进大自然，引导孩子关注大自然中的新鲜事物，培养求知欲望。只要能确保安全，就不要制止、拒绝孩子的探索行为。

④ 多问孩子"为什么"，了解他们内心真实的想法，而不是让他们接受结果。孩子的好奇所指向的不是事物的表面现象，而是背后的规律和原理，这些规律可以通过观察事物的发展变化而间接感知。比如，让孩子观察水怎样变成冰、冰怎样化为水、水怎样化作水蒸气，观察春天的花开花落，观察小草慢慢生长，等等，充分调动孩子的记忆信息，促使大脑思考，产生问题，引起好奇心。

⑤ 多给孩子提供知识性的读物。给孩子选购读物时，不仅要注重趣味性，还应该注重知识性。好的知识读物也很有意思。培养孩子在书中获得乐趣，会促使他们主动寻求知识，好奇就是对知识的渴求。

《好奇的乔治和黄帽子》

故事说的是一只名叫乔治的猴子，极为好奇，到处探索，常遇麻烦，需要"黄帽叔叔"搭救。猴子就好比孩子们，而黄帽叔叔代表的就是成人的世界。由家庭和学校组成的"环境"因素在好奇心上是有罪的。如何自我救赎，把孩子们失去的好奇心给追回来呢？

《海底的秘密》

一本激发孩子幻想、好奇天性的无字书。

故事有两个不同的叙述视角：一个围绕着少年，一个围绕着少年抛出的水下照相机。两者结合成为一个相互补充、更具空间感和时间感的立体视角。

一个充满好奇心的少年在海边捡到了一架古老的照相机，他把里面的胶卷冲印了出来。这架相机已经借助大海的潮汐漂流、辗转流传于11位少年之手。他们每个人都手举前一个传递者的照片拍下一张新的照片，以便将信息再传递给下一个捡到相机的人。看懂这些后，少年也按照前人的方法拍了一张，然后将相机抛回大海。

这本书是一位妈妈推荐给我的，开始我没有太在意，但是在几次集体故事会上用过以后，效果很好，特别是孩子反馈给你的一些细节，会带给你意想不到的惊喜。

小孩子们会经常问这样的问题，动物到底是怎么看东西的呢？其实这一点在科学界仍然是个谜。孩子们会很好奇，猫的眼睛会怎么看东西，跟我们人看到的东西有哪些不一样？公牛真的很害怕红色吗？狗是色盲吗？昆虫又是怎么用它们的复眼呢？

这本书尝试着用20种不同的动物眼睛去看同一片风景，一场奇妙而惊人的、介于科学和想象之间的探索就开始了。哺乳类、鸟类、爬虫类、两栖类等动物的眼睛构造，还有它们的各种行为、演化等特点，为孩子揭开了各种动物眼中的奥秘。比如有一种鸟，它看到的世界是360度的，就是说它能看到自己背后的东西。

《动物眼中的世界》

《有趣的小人》系列

《方形小人》

《圆形小人》

有趣才是正经事儿。

这是创意绘本大师杜莱先生的特别创作，为3岁以下的婴幼儿打开一扇通往美丽新世界的大门，激发他们对未来生活趣味性的好奇与探索。这是一个新的起点，是未来趣味人生的源头。

一个方形的小人和一个圆形的小人，反复出现在每一页，出现在各种各样的场景中：时而在上面，时而在下面；时而在里面，时而在外面；时而在高处，时而在低处；时而很高兴，时而很伤心；时而在白天，时而在夜晚；时而大，时而小；时而穿着衣服，时而光着屁股……每一幅图画都完美呈现了大师一贯的艺术风格，色彩鲜明，富有视觉张力以及想象空间。

审美

花开花落，云卷云舒，这世间的美好无处不在，就看我们能否有一双发现美的眼睛。记得刚参加工作的时候，由于经常要去国外参加书展，我逛了不少美术馆，但是当我进入法国卢浮宫见到那幅著名的《蒙娜丽莎》画像时，我却没有任何感觉。身边的一个外国老太太目不转睛地看了很久，直到泪流满面。我当时很不理解，时过境迁，我才知道，是我的艺术修养跟鉴赏能力太弱了。

从小没有接受艺术启蒙，上学就看教科书、背课文、应付各种考试，几千年来流传下来的名画瑰宝，我从来没有接触过，即使有机会与艺术精品相逢，也是形同陌路。

所有的艺术都是对情感的最朴素的解读，一幅幅名画都是画家对世界的描绘。它们不是高高悬挂在冰冷的墙上，而是存在于我们的世界，每个人都有欣赏、解读的方式，只要用心去探索。

在卢浮宫畅游的时候，我看到很多幼儿园的孩子在老师的带领下，成群结队地围在某个艺术品周围听老师的讲解。我听不懂法语，但从孩子们专注的神情中，我看到了愉悦与幸福。这些法国孩子从小看到的、听到的、感受到的都是美好的艺术精品，他们的艺术感受能力一定超强，在未来的生活中，一定有发现美的眼睛与探索美的惊喜。

我们的孩子未必有机会走出国门，身临其境地感受这些名画与艺术瑰宝，但却可以打开绘本，看世界，赏名画。

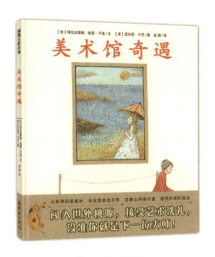

《美术馆奇遇》

一个美术馆里的奇遇，像是真的发生过，又像是一个梦。我们会跟着一个对名画毫无兴趣的小男孩儿开始这次旅行。本来是很无聊的一次参观，却因为画里的一个小女孩儿的邀请，变成了一次历险。

故事虽然简单，但却余味无穷。原来每幅画都有它的秘密，都有好多故事，就看我们是否有一颗好奇的心去发现和理解。无论是家庭亲子阅读，还是在老师的带领下集体阅读，故事都有许多知识和游戏的延伸。

家长可以给小朋友们介绍书里"引用"的名画，让他们来找找这些名画在书里的影子。可以找一幅内容丰富或故事性较强的名画，让小朋友来编一个故事，想象一下如果他们"掉"到画里，会发生什么……

这本书是毕加索盛年时期的集大成之作，融合了立体主义的变形技巧和超现实主义的先验幻想。一场战争、一次轰炸、一幅巨作，让我们跟随历史的影像一步步见证《格尔尼卡》的诞生，记住终会战胜黑暗的万千色彩！

它全景式的布局与独特的色彩记录了西班牙内战的残酷与悲惨，负载着全人类对不义战争的控诉和对可贵自由的渴望。"二战"时期，它成为反对法西斯战争的一面旗

《格尔尼卡》

帜；和平年代，它是警示人性之恶、呼唤民主自由的一羽白鸽。从这个意义上说，《格尔尼卡》不仅属于毕加索，也属于全人类。

毕加索从马拉加山的神童到世界巨匠，从艺术大师到和平卫士，他的一生都经历了什么；故事中的公牛、马、鸟、断壁中开出的花、黑暗中举起的明灯等意象，又都象征着什么；毕加索为什么要画《格尔尼卡》；这幅名画的背后又有什么故事呢，这些问题都可以利用画面来跟孩子对话互动。

• • •

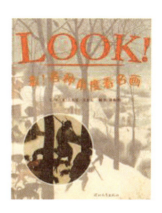

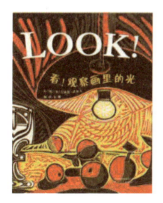

《启发精选世界优秀艺术鉴赏绘本 LOOK！系列》

作者吉莉恩·沃尔夫是英国皇家艺术协会荣誉会员，她专门为孩子倾力创作的这套"LOOK!"系列目前在国内出版了共5本，分别是《看! 身体怎么说话》《看! 各种角度看名画》《看! 观察画里的光》《看! 线条怎么说话》《看! 画家也会捉弄你》。

这个系列的绘本作为孩子的美术启蒙书再合适不过了。作者从孩子的角度出发，挑选的画作非常有代表性，解说也十分详细，孩子在翻看的过程中有兴趣，有惊喜，也会学会如何去欣赏这些名画与艺术精品，不知不觉中提高艺术素养。

书中的解说充满魅力，言语间总会流露出对孩子的体贴与理解，温馨又动人。每幅画中，都用了通俗易懂的词汇，解说之间还巧妙地提出问题，引导读者发掘画作的特色，引发孩子思考。

《看!身体怎么说话》会带你了解画家如何巧妙地运用身体语言来说故事。《看!观察画里的光》能让你看见神秘的光、点状的光、戏剧性的光和天堂的光。《看!线条怎么说话》能带你看到涂鸦的线条、激动的线条、戏剧性的线条和线条构成的纹路。还有《看! 画家也会捉弄你》，精选了17幅来自世界知名画家的经典作品，通过形态逼真的素描、精雕细琢的写实性绘画、用颜料滴洒的随意性创作、用各种东西拼组的画面，通过表现三维空间、速度感、距离、梦幻、自由、想象的艺术穿透力，帮助孩子欣赏个性化的艺术创作，开拓艺术视野，提高艺术审美能力。

• • •

没时间、没财力带孩子去国际著名的艺术馆欣赏名画，怎么办? 那就跟着书中的小女孩儿和不安分的气球，一起去三大博物馆好好欣赏吧! 孩子可以随着黄、红、绿三个大气球饱览世界著名都市中的经典建筑，认识历史文化名人，还可以跟随小女孩儿和家人的脚步欣赏世界三大艺术馆中的稀世珍品。在一串串误会、惊讶和幽默之中，孩子可以提升对艺术的兴趣，丰富艺术感知。

这套书入选了纽约公共图书馆每个人必读的100种图书。1位走进艺术馆的小女孩儿 + 2条交织的故事线索 + 3个不安分的大气球+40余件全球艺术珍品 + 50余座城市经典建筑 + 70余位世界文化名人……组成了这样一套充满童真乐趣的儿童艺术启蒙无字书。

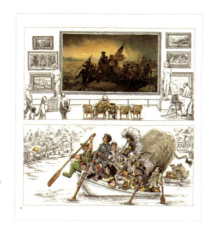

《你不能带黄气球进大都会博物馆》

小女孩儿带着自己喜欢的黄气球和奶奶去参观美国大都会博物馆，可是黄气球不允许被带进博物馆。黄气球飞走了，欢畅地漫游了纽约市，穿过了中央公园、广场大饭店，飞到了大都会歌剧院……小女孩儿和奶奶欣赏大都会博物馆里的藏品，看到了古希腊的陶罐、古埃及的神庙、印度的雕塑……

• • •

小女孩儿带着红气球和奶奶、弟弟一起去美国国家美术馆，可是红气球不允许被带进美术馆。红气球飞走了，飘在华盛顿市上空，飞过了华盛顿纪念碑、林肯纪念堂，飞到了美国国家广场……小女孩儿和奶奶、弟弟欣赏美国国家美术馆里的艺术珍品，看到了罗丹的雕塑、德加的粉彩画、考尔德的动态雕塑……

《你不能带红气球进美国国家美术馆》

虽然这本书只有短短30页，可要真正读懂其中的内容，恐怕要花一上午的时间。它由一静一动两条线索串起跌宕起伏的故事情节。"动"线索是气球在城市里不安分地到处游走，害得追赶它的人不断闯祸；"静"

线索是美术馆内每个艺术品的浏览,似乎与外界的热闹分隔成了两个世界。

然而外面的热闹却与博物馆内的安静息息相关,外面的人和物与馆内的艺术品不断呼应,似乎某种特定的联系在引导孩子不断寻找下去。是啊,艺术和生活本就是一体,艺术来源于生活,生活中处处有艺术。

故事自然不做作,每一页却都有琢磨不完的细节等着你去发现。有什么比这些更吸引孩子的呢?

• • •

小女孩儿带着绿气球和奶奶、爷爷、弟弟一起去波士顿美术馆,可是绿气球不允许被带进美术馆。绿气球飞走了,在波士顿城中漫游,飞过了波士顿公共图书馆、三一教堂,飞到了唐人街……小女孩儿和奶奶、爷爷、弟弟兴致勃勃地畅游波士顿美术馆,欣赏了塞拉斯的雕塑、大师伦勃朗的油画、中国的唐三彩……

《你不能带绿气球进波士顿美术馆》

艺术是张开翅膀的想象力的行为和结果。气球就是"想象力"的象征,它可以无所顾忌地张开翅膀飞翔,它可以飞越于具体的现实场景,而遨游于幻想与生活的空间。艺术往往将想象力、创造性、自由的精神,以及生活的丰富多彩联系在一起,使你感受到世界的多姿、生命的精彩、视觉的愉悦、精神的畅快。当小女孩儿在安静的美术馆里静心地欣赏艺术品时,其实,最重要的是她精神的"气球"想象力正自由地飞翔,飞进现实世界无边的空间,将艺术与生活、生命联通起来,使精神获得超越现实的自由空间和力量!

"威利"是绘本大师安东尼·布朗笔下的一只小猩猩，在达·芬奇、拉斐尔、维米尔、马奈等艺术家的作品中，威利把自己和朋友们加了进去。在应接不暇的欢笑之余，别忘了翻开附页去寻找原作。

这本书的封皮被设计成硬皮活页画夹的样子，第一页是威利在活页本上作画的情景，而书里面的一页页画，都被设计成从活页本上撕下来的效果，翻看的时候就如同是在欣赏威利作画的本子（见图1）。

《威利的画》

学画的孩子，常会想象那些史上的名画都是自己画的，就像威利一样。在书中，威利得以和自己心仪的女孩儿米莉一起坐在公园的草地上享受阳光；威利还英雄救美，变成"圣乔治"惩治了欺负米莉的老对头——幻化成恶龙的"闹事大鼻头"；威利还当着米莉的面把可恶的"闹事大鼻头"驯服成自己的狗（见图2）。当然，书中还暴露了一个男孩儿潜意识里的恐惧，比如威利被盛情邀请参加米莉和"闹事大鼻头"的结婚大典，这类恐惧通常会在心底埋得很深，通过噩梦的方式发泄出来，使小朋友有强烈共鸣与情感释放（见图3）。

图1

图2

图3

书中有些调皮一目了然。比如，古希腊和古罗马掌管"爱"和"美"的女神是一位美丽的姑娘,古罗马人叫她"维纳斯",传说她生自大海。文艺复兴画家波提切利在《维纳斯的诞生》里,让美丽的维纳斯像一颗珍珠一样在贝壳中亭亭玉立。风神把她吹向岸边,春神赶忙给赤裸裸的她披上绣花的长衫。而到了《威利的画》里,"维纳斯"变成一位健壮如牛的大猩猩,神色惊慌,戴着浴帽,身边还扔着香皂,给"她"披上绣花长衫的不是春神而是威利。看来,人家是在悠闲地洗着热水澡时,无辜地被威利"拽入"了画中。或者"事实"干脆是:人家就愿意把自己的浴室装饰成名画《维纳斯的诞生》里的样子——也许有点儿自恋,可又没惹着谁,却被淘气的小子拽开了浴室的帘子(见图4)。

图4

除此之外,书中出现了达·芬奇的名作《蒙娜丽莎》,画中美女的神秘微笑可是鼎鼎有名。围绕这位美女的身份和她的微笑,可是有着各种各样的传说,有些还言之凿凿。比如说蒙娜丽莎其实是个男人,是达·芬奇把自己画成了女人的样子;也有人说蒙娜丽莎是个孕妇,她双手交叉的姿势是孕妇的习惯动作;还有人说她那古怪的微笑,其实是得了严重的牙周病而导致牙齿掉光的效果。那么,再来看看威利所画的《蒙娜丽莎》的样子,你能解释她神秘的微笑吗?请仔细看看威利都画了些什么,除了蒙娜丽莎怀抱的婴儿玩偶,你看到假牙套了吗?

就《威利的画》这本书来说,有些阅读乐趣是显而易见的,比如每一幅画中都埋下了大量"超现实主义"式的视觉游戏。那些奇特、矛盾、不合常理的有趣图像,都是阅读过程中可以反复寻找和琢磨的。

在书末安东尼·布朗不仅提供了参考的原作,而且还给出一页特别的附页,里面列出的作品仅有一个局部出现在威利的画里,寻找它们是有趣的。

五音不全的爸爸妈妈也能给孩子音乐启蒙。

音乐虽然是一项娱乐活动,却对孩子的身心发展有着举足轻重的作用。爱因斯坦就说过:"没有早期的音乐启蒙,我干什么都会一事无成。"良好的音乐素养可以成为孩子一生的宝贵财富。音乐,对幼儿的思维活动有着强大的推动作用,即所谓的"越听越聪明"。

大多数妈妈提到音乐启蒙,马上想到听童谣。这的确是个好办法,但真正的音乐素养,不仅仅是让孩子听,还要引导他们主动去听,在脑海中形成画面,形成"音乐听想"。遗憾的是,并不是每个人都有这个能力,很大原因就是小时候没有进行有意识的启蒙。

那么问题来了,究竟怎么做才是正确并对孩子有帮助的呢?

其实很简单,完全可以借鉴绘本的思路,尽可能地调动孩子的所有感官一同参与到"听音乐"中,就是主动听。比如,可以随着节奏哼唱、拍手、跳舞,只有当身体参与到过程中,大脑才会"认真接收"信息,理解音乐传递的感受。这也是培养孩子乐感的开端。

乐曲好比是耳朵的食物,虽然不能避免一些"垃圾食物",但丰富的食物种类与均衡的营养是关键。爸爸妈妈也可以给孩子放一些自己喜欢听的流行歌曲,一起体会所爱音乐的喜悦与放松。跟孩子一起听音乐的时候,可以互动:"妈妈听了这个旋律,很想跳舞哦!""这个曲子会不会让你想到去世的外公?""听完好想去迪士尼玩啊!"

音乐也是一种语言,可以去感受、去理解、去共情,边听边鼓励孩子去表达。慢慢地,孩子的音乐素养就提高了,也会达到"音乐听想"的效果。

马可喜欢音乐，他尝试各种乐器，每天练习。爸爸嫌吵，邻居也抱怨，但马可仍然喜欢音乐，持续练习。有一天，马可突然不再演奏乐器了，因为他觉得"没心情练了"。幸亏马可的妈妈不逼迫、不催问、耐心等待，原来抱怨的动物朋友也陪伴着他，期待再听到他演奏的乐音……终于，马可又重新有了对音乐的热情。

《爱音乐的马可》

我在女儿3岁左右的时候拿给她看，由于文字少，图片大，而且是围绕音乐这个主题，所以小丫头非常喜欢，爱不释手，还学着马可的样子敲击自己的玩具琴，甚至有时候把锅碗瓢盆等器具拿出来表演，很有打击乐的架势。这本书还有配套的碟片，可以拿给孩子听听，给他一个最初的音乐启蒙。

这是一本颜值很高的无字书。

故事从一把黄雨伞开始，它被柔和的灰色海洋包围着，好像一个拿着黄雨伞的孩子刚刚走出家门。接下来黄雨伞遇到了绿雨伞，然后是红雨伞……每一幅画面都有新的雨伞加入。画面中的风景也从独立的房子换到了峡谷般的街头、熙熙攘攘的路口。但不管是风景还是色彩，风格都一如既往地柔和，给人一种幽静的感觉。

没有文字的图画书有一个特点，它好像在对读者说："我相信你是可以充分理解这个故事的人，没有必要通过文字理解故事。无论你的脑海中浮现的是怎样的故事，都比我写得好，这本书就交给你了。"随书附赠的13段背景音乐，或轻柔欢快，或悠扬甜美，与画面相互呼应，让读者享受到音乐之美。
这些音乐使得阅读这本书的读者有更加丰
富的艺术体验，钢琴演奏的乐曲带领着小读
者们进入这个奇妙的雨中世界。在雨滴掉落
的画面中可以听到明快的音符在跳动；在熙
熙攘攘的街头可以感受到高昂而尖锐的节
拍。音乐中的节奏和图画书的画面相映成趣，
从容而和谐，使读者在柔和的灰色和绿色构
成的画面中流连忘返。音乐和美术的和谐
搭配犹如梦境中看到的芭蕾舞般美妙绝伦。

《黄雨伞》

　　书中的每把小伞下面都有一个秘密，伞
和伞之间也都有故事。正因为没有文字，小
朋友们才有了想象的空间，无所羁绊地感受幻想之美。

《可爱动物操》

　　这本书对于正在学说话的孩子来说非
常合适。为什么选择这本书？老实讲，我刚
看到这本书时觉得有点儿贵，同时又是中国
人原创，并不是十分看好，但翻开读过后就
感觉很值得了。

　　内容是地地道道的中文原创，搜集了
富有音乐韵味的歌谣，再配上活泼可爱的图
画，爸爸妈妈可以用不同的语调、不同的朗
读方式哼唱给孩子听，增加阅读的乐趣。朗
朗上口的歌谣一定会在孩子的脑海里留下
深刻的印象。我们都有这样的儿时记忆，一辈子不忘的是父辈、祖辈给我们传唱的童谣。

　　3岁以下的小宝宝在歌谣的伴奏下，配合小动物们生动有趣的动作拍手、跺脚、弯
腰、扭屁股，可以充分感受韵律带来的快乐。

这是一本能歌唱的图画书，收录了21首脍炙人口的儿歌，这些优美动听的儿歌是我们的儿时记忆。现在，这些美好、这些爱，统统凝聚在一本绘本里，凝聚在爸爸妈妈的歌声中，一代一代地传承下去。

书名"小燕子穿花衣"，是20世纪50年代一部著名的电影《护士日记》的主题曲。而《两只老虎》这首歌，有好几个版本的歌词，我们小时候最熟悉的是《烧饼油条》这个版本："烧饼油条，烧饼油条，糖麻花，糖麻花。

《小燕子穿花衣》

一个铜板两个，一个铜板两个，真便宜，真便宜。"当时物质匮乏，我记得和小伙伴们唱的时候，真是会边唱边咽下口水。《采蘑菇的小姑娘》应该是中国的小学生音乐课上的必唱曲目。这首歌的曲作者谷建芬老师曾经说，她创作这首歌的时候念了很多遍歌词，她是在念歌词的过程中找到音乐旋律的。难怪，当我们唱起这首歌时，会觉得朗朗上口……

《小燕子穿花衣》是一本让孩子依偎在妈妈怀里听的歌曲绘本。书里面都是我们"80后"的人会唱的儿歌。配上漂亮的图片，边唱边和孩子看书，很有趣。能够让家长感到有趣，让孩子感到快乐，让孩子在妈妈的歌声中感受妈妈心中的爱，聆听妈妈童年的记忆，这正是我们想要营造的爱的氛围！这种爱的氛围，是任何机器都无法提供的。所以，这本能歌唱的书，也是一本传递爱的书。

日本育儿泰斗内藤寿七郎曾经说过，在情绪方面感受良好的时期，向孩子传达丰富的情感信息是极其重要的。和孩子的心彼此联结，跟孩子一起唱儿歌，可以从里到外给予孩子情感的支持。这给予了父母和孩子高质量的陪伴和美好的亲子时光。

这本书获得了1996年的凯迪克大奖。

作者以轻松、诙谐的笔调，勾勒出各种乐器特别的造型，在孩子心中留下深刻的印象。他还幽默地描绘了每一位演奏者的造型、体态及服装，这些跟他们演奏的乐器在造型上相互呼应，例如：圆号由矮矮胖胖的绅士演奏；大提琴的演奏者穿着条纹装，身上有一条一条的花纹；拉小提琴的是一位穿礼服的酷哥，看看他浪漫的金发，似乎暗示着琴声的委婉多情。

《大家来听音乐会》

在这本书里，作者对声音的形容也十分巧妙、传神：小提琴的声音是"又细又高，好像飘在空中的细丝带"，单簧管的声音是"好像你闭着嘴巴哼歌那样"，低音管"是个爱跳舞的小丑，常常发出顽皮的低音"。怪不得画家让一位鼻尖红红、头顶光秃，还结了一个大花领带的人来吹奏。

和孩子一起看完故事，可以找个机会带他到乐器行走走，听听音乐会，将绘本中的画面跟实际见到的场景有效地结合起来，也许他就会自己主动提出要学习乐器了。

理财能力

给孩子钱花, 不如教他理财。

理财教育可能是仅次于性教育的一个令爸爸妈妈感到头疼的话题, 它会让大家在有意无意中回避或者忽略。

虽然我们每天的生活绕不开房价、物价, 但是一旦涉及孩子, 总是不希望他们太早落入俗套, 想在他们最纯净的时候, 多一点儿诗和远方。一方面我们心里特别明白钱的重要性, 另一方面我们又会问自己, 跟小孩子谈钱真的有必要吗? 谈什么? 怎么谈?

我们需要或想要的, 不是钱本身, 而是用钱换来的那些东西。有这种意识的人, 就不会为存钱而存钱, 为赚钱而赚钱, 为花钱而花钱, 他会思考, 我要这些钱是为了什么。这个就是财商。

提到这个话题, 我想起了小时候一位同学的妈妈。她住在我家隔壁, 是挖掘机厂的职工, 那时候工厂的员工都住在一个大院子里, 每家的生活水平都差不多, 工资勉强够度日, 孩子多的要省吃俭用才能维持日常开销。

这位同学家有兄弟姐妹三个, 日子过得比我们家还要紧巴巴, 但是她的妈妈有一天突然提出要去夜校学会计。这笔多出来的学费让他们家有些入不敷出, 更雪上加霜的是, 夜校离宿舍很远, 如果下班过去就会迟到, 但是提前下班就会被扣工资。她的妈妈又咬了咬牙, 借钱买了一辆自行车。

那段时间, 我记得他们家的三个孩子没有零花钱, 一年到头没有一件新衣服, 日子过得很苦, 每个月都要省出钱来还账。孩子心里很委屈, 我同学更是当着妈妈的面抱怨, 为什么要浪费钱去夜校, 别人的妈妈都是下班就回家做饭。

她妈妈的一番话我至今记得："花钱投资学习不叫浪费，今天花出去的钱，是为了增加自己的价值和能力，以后会成倍挣回来的。"当时还不能完全理解她妈妈的话，但已经隐约有了金钱和时间的概念，钱只不过是实现目标的工具，时间比钱更重要。

很快，她妈妈的话得到了验证。当时工厂的会计很紧缺，有了会计证以后，她妈妈就被调到了工资比较高的管理部门，家里的经济条件也慢慢好起来。再后来她妈妈又去学了经营管理，最后当上了副厂长，很快就搬离了我们那个职工宿舍大院。

比尔·盖茨说："巧妙地花一笔钱，和挣到这笔钱一样困难。"一个人花钱的方式，藏着他的智慧。敢给自己花钱的爸爸妈妈，未必是有钱的，但是他们不会被眼前的困难所限制，不会忽略真正该投资的地方，不会失去对人生长远的打算。

他们的花钱方式，在引导孩子，省吃俭用过日子，只能是生存；既会赚钱，又会攒钱，还会花钱的人，才能把平凡的日子过得精彩无比。

如果我们站在科学的角度，观察和思考各种看似鸡毛蒜皮的小事背后的道理，那么财商教育就变成另外一件事了。建立这种意识，还有什么好处呢？

我们现在出门基本不用带钱包了，只要手机在，随时可以用支付宝、微信等虚拟支付手段付账。钱是个什么东西，真的很难跟孩子解释清楚。记得看过这样一条新闻，一个三年级的小学生用妈妈的账户在iPad上买了1000多美元的游戏币。对孩子来说，如果让他付1000美元的纸币，或许他得掂量一下，现在货币虚拟化，他只要点下按钮，就可以轻松购物，付钱的时候毫无感觉。但是，如果孩子明白了钱的根本性质，并且了解了货币形体的历史发展过程，他就会明白万变不离其宗，理解虚拟货币就相对容易，使用起来也会更加谨慎。

对于学龄前的孩子而言，我建议从实体的货币入手，进行财商教育，让他们有比较感性的认识。对于更小的孩子，国外专家建议：只用硬币不用纸币。因为硬币便于数,而且即使计算不过关的孩子也可以通过硬币体量的增减,感受到钱的多少。他们在拿到钱以及花钱的时候,就会有更强烈的心理反应。

可以利用读绘本故事的方式来跟孩子谈钱。

这是一套财商启蒙的绘本,适合3岁以上的孩子看。

只要有了基本数字概念,就可以引导他们建立系统的金钱概念。创作者把等价交换、供求关系、储蓄消费等经济学和财务管理的基本原理通过有趣的故事教给孩子,引导他们观察生活中的经济现象,思考金钱与幸福的关系,从而实现卓有成效的财商启蒙和自我成长。

《小蝌蚪乌卡买飞机》(全5册)

财商高的人不一定是赚钱最多的人,而是明白自己要什么,并且有能力采用最有效的经济手段去实现的人。所以,财商启蒙,不是告诉孩子们点石成金的方法,而是启动他们对金钱和幸福关系的思考。

小主人公乌卡是一只向往天空的小蝌蚪,他想买一架可以飞起来的遥控大飞机。不过,这架飞机买起来可不容易……

第一册:《球宝复活》

池塘学校的操场上出现了一个来历不明的泡泡鱼。他是谁?用他来换小红飞机会是一个好主意吗?

故事中鲤鱼奶奶和乌卡讨论了物物交换和货币交换的区别,这能帮助孩子认识钱的本质。通过互动游戏,激发孩子对"钱"的兴趣,让他们知道钱是一个工具、一种媒介。

如果大家想对孩子进行财商教育，看完这本书，就给他发零用钱吧！零用钱教育是启动财商教育的第一步。

可以设定一个标准：5元、10元，甚至20元、30元，每个家庭可以根据经济状况、理财观念和孩子的心智发展状况来决定零用钱的额度。孩子跟父母进行讨价还价的过程，本身就是财商教育第一课。

第二册:《两架飞机》

玩具店新品上架啦！一架银光闪闪的遥控大飞机击败小红飞机赢走了乌卡的心。可是，为什么这个宝贝偏偏要这么贵呢？

供求关系决定价格。这感觉很复杂，但是我们能用故事来简单地谈一谈。当孩子理解这层含义，他们的眼界和只从成本角度考虑价格的孩子会完全不同。他首先会成为一个更聪明的消费者，继而有可能成为一个有头脑的经营者。

每个家庭都有自己的消费观念，尽量避免在书中给出单一的答案，而是提出问题，和孩子讨论并做出选择。比如，在买哪一架飞机的问题上，乌卡的同学小螃蟹和小虾的消费观念是不同的，无关乎对错。可以和孩子讨论自己在买东西时经历的那些纠结。正是在一次次的纠结中，甚至是犯错中，孩子才能慢慢认清自己的幸福感到底源自何处——这是财商的关键。

知道去哪儿买价廉物美的东西，并不代表财商高。有些人觉得价廉重要，有些人觉得物美重要，同一个人在不同的情境下想法也会不同，但每一种选择都要有所舍弃。即使价廉物美貌似是完美的选择，但也意味着你要付出更多的时间和精力去搜索和购买。这个代价你愿不愿意付？财商的要素之一，就是这种舍与得的能力。

第三册:《塞库的红绿灯》

存钱——最熟悉的财商教育主题。

乌卡决定要靠自己的零用钱来买遥控大飞机。不过说起来容易做起来难。好在……有人来帮忙啦! 这可是个厉害角色哟!

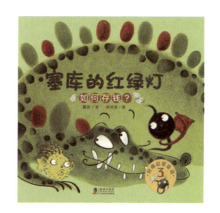

存钱,是通过削减当下的满足,来实现未来更大的满足,是一个延迟的概念。为此,孩子要学会有目标、有计划、有耐心地花钱,要抵制诱惑,学会等待。在这个过程中,他们收获的就不只是财商。

孩子有零用钱之后的反应各有不同,很有意思。我的女儿对零用钱是守财奴般地节省,只有遇上特别特别喜欢的文具才拿出来用。我时常让她自己去买饮料、冰激凌,但她就是不肯,没有好与不好之说,就看她如何找到自己消费和储蓄的平衡点,让她自己决定花多少,存多少。

第四册:《池底历险》

乌卡觉得存钱太慢,于是琢磨着要自己去赚点钱。可是怎样才能赚到钱呢?

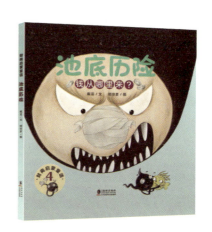

乌卡去问妈妈,妈妈回答:"要通过满足别人的需要来赚钱。"我们在跟孩子谈赚钱的时候,首先是要他们学会观察、调研和思考,其次是我能做什么来满足别人的需要,最后,勤勤恳恳地干活。在鼓励孩子低头干活前,先抬起头来观察和思考。

第五册:《不一样的天使》

当乌卡和飞机之间只剩一步之遥的时候,意想不到的事情发生了……乌卡在面临选择的时候认识到,不帮助这只天鹅,幸福感就会削减,并且不能通过买玩具飞机来填补。这样的选择多经历几次,他就明白自己是什么样的人,会把钱花在哪些有意义、带来幸福感的事情上，同时承担这个过程中的风险和损失。

为什么要对孩子进行财商教育？是为了让他明白，什么才是真正让自己幸福的东西，并有经济能力去实现它。

书后还有互动环节，包含知识介绍、连线、填空游戏、小讨论等，爸爸妈妈可以自由发挥，在游戏和交谈中完成个性化的家庭财商教育。

• • •

这是"欧洲第一理财大师"博多·舍费尔撰写的一本生动的理财童话。

吉娅是一个普通的12岁女孩儿，由于家里经济不宽裕而感到不快活。一次偶然的机会，她救助了一只受伤的小狗，没想到这只她取名为"钱钱"的狗居然是一位深藏不露的理财高手，它改变了吉娅一家的财富命运……

这本书借助钱钱帮助吉娅实现愿望的故事，教小读者从小学会如何支配金钱，如何像一个富人那样思考，正确认识和使用金钱；如何进行理财，找到积累资产的方法，是一本不可多得的财商启蒙好书。

《小狗钱钱》

这本书的作者博多·舍费尔，1960年生于德国的科隆，是德国著名的投资家、企业家、演说家以及畅销书作家。从小他就目睹了贫穷给人们带来的种种伤害，这让他厌恶贫穷。6岁时，他决心要在30岁时成为百万富翁。16岁时，博多只身远赴美国闯荡。26岁时，他陷入了严重的个人财务危机。然而，仅靠坚强的意志和正确的投资理念，他在31岁时摆脱了债务，获得了成功——这时，凭借个人资产产生的利息，他就可以过上富有的生活。

博多决心把他的理财知识传播给更多的人。他开始频频参加电视访谈节目，在世界各地举办讲座并著书立说。他已经帮助欧洲成千上万的人在个人财务问题上取得了巨大的进步，成为著名的理财大师，拥有"欧洲巴菲特"与"金钱教练"的美誉。他的《小狗钱钱》全球销量已经过千万册，各位爸爸妈妈不要错过。

_6

健康运动

行为习惯

如何应对睡懒觉的坏习惯

　　很多爸爸妈妈都会碰到一个令人头疼的问题，孩子到了晚上不肯睡，第二天早上又不愿意起，大人怎么批评责骂也不管用。我自己的孩子也碰到过类似的问题，10岁的女儿还这样怼我："属猪的就是贪吃、贪睡，怪谁呢？"言外之意就是，我就这样了，你咋办吧？为此我找了很多的相关绘本，晓之以理，动之以情，还真的发挥了不少作用！

　　绘本能让孩子从中找到自我认同感，慢慢产生共鸣，重新认识自己的行为。

　　再分享一个小技巧——养成一个睡前仪式化的习惯，比如睡前刷牙，换上睡衣，然后跟大人一起读绘本故事。告诉孩子"如果不早点睡、不早点起床，很容易迟到，迟到的后果你可要自己承担啊"。

推荐绘本

《睡觉去，小怪物！》

　　给孩子营造一个入睡的氛围。

　　睡觉时间到了，小怪物依然精力旺盛，兴致盎然地满屋子乱跑。一会儿亲亲妈妈，一会儿用牙刷刷水龙头，临睡觉前还要拉个大便。终于可以安静下来听睡前故事的时候，小怪物又突然从床上蹦起来要喝水。爸爸只好采取了武力的措施，将小怪物强行抱起来，扭送到床上。

被控制后的小怪物用自己的小心思跟爸爸斗智斗勇。对爸爸提出的要求不停地说"不"，用了很多小花招来拖延上床睡觉的时间。

故事的结尾极具法式幽默，爸爸变成了怪物。很多家长担心，这样的书会不会让孩子看了更加兴奋睡不着觉呢？其实家长多虑了，恰恰是如此真实的情景，让孩子有了内心的共鸣。熟悉的场景，真实的生活，反而会让孩子很专注，帮助孩子建立一个早睡的安静环境。

这本书的开本比较小，拿在手里也非常方便，很适合小宝宝和爸爸妈妈亲子阅读。

• • •

这本书让孩子游走于现实与幻想之间，感受"共情"与"认同"。

睡觉的时间到了，可小主人公黛拉的玩具樱桃猪、霹雳鼠、豆豆蛙还都清醒着，得想办法把它们哄睡才行啊。

但是这3个小淘气太调皮了，黛拉绞尽脑汁，想了很多办法。她先把它们仨放在枕头上，幻想枕头是一艘船。一番神游之后樱桃猪睡着了，剩下的两个该怎么办呢？黛拉

《不睡觉世界冠军》

试着让它们闭上眼睛，把它们放到了鞋盒子里，想象这是一辆火车。"旅游"结束后，霹雳鼠睡着了，现在就剩下豆豆蛙了。

黛拉把它放到玩具篮子里，假装那是一个热气球，飘到了遥远的高空，3个玩具伙伴终于都睡着了。最后黛拉发现，原来不睡觉世界冠军是她自己。

这本书的作者，是台湾非常有名的绘本作家几米，他的作品本本经典，这个儿童绘本也不例外，大家别错过。

你需要留一点儿"后果"给孩子承担。

一打开书，我们会看到前环衬页是满满的汉字，上面写着"我不可以说有鳄鱼的谎，也不可以把手套弄丢"，再仔细看，你会发现"丢"字写到后面变成了"去"字。一想便知，这是一个调皮的熊孩子写的，可他为什么要写这么多遍呢？

原来他每天都会迟到，老师问他为什么的时候，他就会编出各种各样的理由——上学路上遇到了从下水道钻出来的大鳄鱼，从树丛中冒出来的狮子咬破了他的裤子，还有翻滚的巨浪把他冲到了天边。老师当然不相信，就罚他站墙角，写上几百遍的谎言。

《迟到大王》

故事的最后，看到环衬页上写了几百遍密密麻麻的文字，小朋友还是会相当震撼吧。没错，早上起不来会很容易迟到，迟到的后果孩子是要自己承担的。这种方法比无数次的说教来得更加直观有效。

这本书的作者约翰·伯林罕是几次获得凯迪克大奖的绘本大家，他的作品绝对值得收藏并且反复阅读。

○ 如何养成刷牙的好习惯

如何让孩子饶有兴致地主动爱上刷牙呢?

这个问题困扰了我很久,老大2岁多开始刷牙那会儿,不是不张嘴,就是咽口水,有时候还咬着牙刷头,跟你做鬼脸。

老二开始刷牙的习惯还不错,但到了3—4岁就经常借口耍赖不刷牙。

为此我换过各种不同卡通形象的趣味牙刷,尝试过各种不同口味的儿童牙膏,甚至用过电动牙刷,但都是治标不治本,新鲜劲儿过后就又犯懒了。

孩子不爱刷牙的原因很多,有些是因为牙刷的触感不好,孩子的牙龈比较娇嫩,一把刷子伸进来,体验肯定不好。

还有就是孩子的逆反心理,你大人越逼我干什么,我就越不想干。尤其是每天都做同样的事情,有点儿无聊,妈妈还不停地唠叨:"到时间了,该刷牙了!"

那有什么方法能让孩子发自内心、主动爱上刷牙这件事呢?

我们先来看看这些绘本故事(适合3岁以下的孩子,早早地养成好习惯)。

推荐绘本

这是一套立体翻翻书,通过小机关的游戏形式,引导孩子如何刷牙:上面的牙刷一刷,下面的牙刷一刷,左边的牙刷一刷,右边的牙刷一刷。

由于是给1—2岁宝宝看的,所以它的

《我去刷牙》

字非常大而且简单, 宝宝非常容易辨认。

另外书中局部折叠、抽拉的方式, 可以教会孩子如何正确刷牙, 刷好后再含一口水 "咕噜咕噜——哦噗"吐掉。这些夸张的象声词, 也是孩子喜欢的。

再说说书的装帧: 内页非常厚, 很有质感, 边角也都做了模切, 圆圆的, 不会伤到宝宝的小手指。在动手玩的过程中, 宝宝自然而然地养成了刷牙的习惯。

故事的场景是孩子非常熟悉亲切的, 小动物跟小游戏的设定也会让孩子觉得轻松、好玩。任何习惯的养成, 只要让孩子有兴趣就好办了。

• • •

这是《可爱的鼠小弟》系列的其中一本。

鼠小弟看到霸道的老猫抢了鼠小妹的秋千, 非常气愤, 于是义愤填膺地把秋千的绳子"嘎吱"给咬断了, 老猫"扑通"摔倒在地, 疼得哇哇大叫。鼠小弟英雄救美, 扬扬自得, 很有成就感。

他的牙齿怎么会那么厉害? 让孩子自己去探寻奥秘吧。

故事用可爱的鼠小弟的形象, 让小朋友了解, 蛀牙是怎么形成的, 以及保护牙齿的重要性。其中还有一些预防蛀牙的小妙招等, 相当实用!

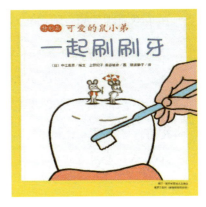

《一起刷刷牙》

• • •

故事特别好玩, 打开的时候可以看到一个小牙刷形状的书签。

小熊哈利很调皮, 他讨厌刷牙, 总觉得刷牙是一件特别麻烦的事儿。那么多牙, 早上刷晚上刷, 真是烦死了。有时候他想今天不刷了, 明天多刷一次行吗? 可是到了第二天,他又把刷牙的事儿给忘到脑后了。

有一天他做了一个梦, 梦到牙全没了, 他非常高兴, 终于可以不用刷牙了。可问题来了, 没牙就不能吃好吃的了, 没牙说话也不利索了, 这下可愁坏小熊了。这时一只猫头鹰飞来了, 他说:"我可以帮你找回牙齿, 但你要向我保证每天都刷牙, 能做到吗?"小熊大声回答:"我一定能做到!"这一喊, 他的梦就醒了, 从此小熊再也不敢不刷牙了。

故事通过幻想的力量, 让小朋友感受到不刷牙的恶果, 爸爸妈妈可以借此来引导孩子。

《小熊不刷牙》

• • •

预防很重要, 牙虫没有家。

故事让孩子形象地了解蛀牙是怎么形成的: 自从牙刷出现以后, 牙虫一家就常常饿得肚子咕咕叫。

一家之主的爸爸, 来到了虫牙房产中介。他们找到了一座从不刷牙的新房子。哇, 这里简直太棒了, 有蛋糕, 有曲奇, 有巧克力, 还有甜甜的果汁可以随便喝。牙虫一家每天过得好开心啊, 身体变得越来越强壮了。

《牙虫大搬家》

孩子在有趣、充满想象力的故事中, 了解细菌在蛀牙中扮演的角色, 同时也告诉小朋友, 为了避免蛀牙之苦, 蛀牙时刻要预防。

说到牙医、医院，孩子通常会感到很恐惧，你需要让他知道，牙齿一旦出问题就不得不去拜访牙医了。

鳄鱼有了蛀牙，疼得哇哇叫，怎么办呢？去看牙医，可是它很怕看牙医。其实牙医更害怕给鳄鱼拔牙。于是就有了戏剧性的画面。最后，事情得到了圆满解决。但是，牙医还是告诉鳄鱼，明年我可不想再看到你。记住，一定要每天刷牙哟。

《鳄鱼怕怕 牙医怕怕》

拒绝保姆式育儿，让孩子养成整理的好习惯。

有一次讲座，一位妈妈问我："2岁多的孩子乱扔东西，玩具丢得到处都是，家里乱糟糟的，说了好多遍，一点儿用都没有，我只能跟在孩子屁股后面给他不停地收拾。怎么培养孩子整理的好习惯呢？"

孩子不到3岁，乱扔东西不是坏习惯，而是在学习探索的过程中会出现的普遍行为，比如随意丢尿片、奶嘴。他是在靠重复的动作来确信自己丢的能力，家长们不妨索性让他丢个够，扔一些沙包、椅垫等。你要做的就是给一个明确的规范：哪些东西可以扔，哪些东西不能扔。

有时候这也是发泄情绪的一种方式，比如生气了，有挫败感，又不会说话表达，就狠狠地扔东西。所以当你的孩子乱扔东西的时候，不要批评制止，而是要把危险、贵重的东西收好，比如剪刀、水果刀、易碎的花瓶、手机、手表等。另外找到他产生负面情绪的原因，及时安慰、疏导。

如果3岁以后还是乱扔玩具，不会收拾、整理，你就要想办法了。没有人天生处理事情就有条不紊，我们要让孩子学会对"一团糟"进行整理，收拾玩具就是最初的启蒙。

操作要点

① **分解细化指令。**"把玩具收拾好"这六个字对孩子来说还太抽象，他理解不了。模糊性的指令是无效的，所以你在那儿气呼呼得像保姆一样收拾，边整理边唠叨孩子也还是无动于衷。明确你的指令："这辆蓝色的小汽车放到桌子下面的篮子里。""去把那个玩具熊给妈妈拿过

来。"一次一个指令, 这样孩子不会不知所措。

② **学会归类。** 将玩具按积木类、玩具车类、毛绒类、拼图类、绘本类等进行分类, 市面上的归纳箱可以多买几个。归类的同时, 还要在箱子上贴上分类的标签。如果孩子还不认字, 你就画上分类的图案, 让他建立玩具各自"回家"的概念。

③ **一起整理, 不忘鼓励。** 不要急着帮孩子收拾残局, 要相信孩子可以做到, 鼓励孩子的努力, 尽管做得还不够好。你可以说:"你能自己把玩具放到筐里啦, 真是长大了!"被鼓励的行为就会被重复, 孩子下次还会如此。如果归类错了, 你可以指出, 让孩子知道下次应该放到哪里。这会让孩子感到自信:"我做到了, 我一直在进步!"

推荐绘本

大P孩是个裹着尿不湿的调皮男孩儿, 他总是由着自己的性子来, 乱扔东西不说, 还四处撒野。他追着猫跑, 在厨房又涂又画, 还骑到狗狗的身上, 更夸张的是, 他还跑到外面制造骚乱。他粗暴地对待玩具, 在外面的楼房上乱涂乱画, 甚至到处吐口水, 放臭屁, 警察、消防员也拿他没办法。这时候, 妈妈乘着直升机突然出现了, 用她常用的小毯子把大P孩裹回了家。虽然大P孩调皮捣蛋, 四处闯祸, 但妈妈还是给了他一个大大的拥抱。故事的最后, 大P孩一脸坏笑地说:"我还会回来的!"他身后的猫猫狗狗面面相觑, 这个捣蛋的孩子还会出什么幺蛾子呢?

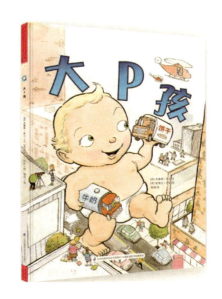

《大P孩》

乱扔东西、调皮捣蛋是孩子探索这个世界的一种方式, 虽然给我们成人的世界带来不少麻烦跟困扰，但这也是孩子成长过程中的一部分。我们需保持极度的耐心去帮助他们长大，让孩子知道，某些行为是不应该做的，应该受到批评与惩罚，但爸爸妈妈仍然深爱着你。

- - -

这是《小熊宝宝》系列里面的《收起来》，能让家长因势利导培养孩子的好习惯。

1岁左右的宝宝喜欢把玩具一股脑拿出来摊到地上，有时候还扔得到处都是，就像故事中的小熊宝宝一样。可是玩具不干了，哎，小熊你去哪儿啊？等一下小熊，你不和我们玩，就让我们回家嘛，玩具们开始呜呜地哭起来。

《收起来》

这时候，小熊宝宝的同理心被唤起来了，于是说道："好的，好的，你们别哭了，我把你们收起来好吗？""收起来，收起来，玩够了收起来，下次我们再一起玩吧。"玩具被小熊带回了家，整整齐齐地待在了玩具架上。它们很开心地对小熊宝宝道谢："下次我们还一起玩吧。"

我儿子小时候也喜欢到处乱扔东西，跟他说了很多遍也无济于事，后来我就把《收起来》的故事讲给他听，小熊宝宝的玩具跟他的玩具都很像，所以他的共情能力也被调动了起来。

- - -

故事的开头就很惹人发笑，袋鼠妈妈说："小乔，过来整理你的房间，我跟你说过几百次了。"小乔弱弱地走过来说："妈妈，是八次，我数过。"

小乔的房间就在妈妈的口袋里。不过里面真的是乱七八糟的，他连转个身都费劲儿。面对妈妈的唠叨，小乔选择了逃跑，妈妈气坏了，开始疯狂寻找。结果只找到了小乔用蜡笔写的留言："我走了，再见！"

小乔离家出走的消息很快在动物圈传开了。好几个家伙都跑过来打听,袋鼠妈妈的房间是否出租,可是大家试来试去都不合适。离家出走的小乔也在找房子住。结果误入了鹈鹕的大嘴巴里,把他吓个半死。最后,小乔还是回到了妈妈的口袋里。这次他把房间整理得干干净净。

引导孩子学习小乔好好整理自己的房间,否则连睡觉的地方都没有了。

《小乔逃跑了》

故事的主人公塔格叔叔喜欢乱扔东西,家里乱七八糟的,于是他的麻烦接二连三地来了。星期一,他找不到帽子,光着脑袋出了门,还振振有词地说:"谁说我非要戴帽子啦!"结果,半路上一坨鸟粪落在他的头上。

星期二依旧很糟糕,塔格叔叔的鞋子找不到了,于是他就光着脚上班。在拥挤的电梯里,他的脚被踩得又红又肿。最后,他把两个纸盒子绑在了脚上。

《乱扔东西的塔格叔叔》

星期三,他的衬衫又找不到了,于是只好光着膀子上班。麻烦来了,一群蜜蜂围着他乱转。

塔格叔叔周四又找不到雨伞,结果被大雨淋得很狼狈。他真是受够了,再也不想邋遢了,于是他把房间收拾整理了一番,找到了帽子、鞋子、衬衫跟雨伞,把东西放在各自的位置，这下舒坦了。

周五的早上，塔格叔叔穿戴整齐，哼着小曲儿出门了。这次他的心情如窗外的阳光一样明媚。

故事可以让孩子体会到自食其果的道理，乱扔东西就会受到各种惩罚，帮助孩子养成一个物归原处的好习惯。

◯ 如何给孩子立规矩

你是否碰到过这样的孩子：在餐厅吃饭大声喧哗哭闹，无视旁人；在火车过道跑来跑去，放声尖叫；在超市玩大米面粉，撒得到处都是；在公园，霸占滑梯秋千，不让别的孩子靠近……

这些没有礼貌、没有规矩的熊孩子，折射出爸爸妈妈平时的管教太差。

过去我们的父母有着绝对的权威，在家说一不二，造就了一批唯命是从、缺乏主见的孩子。而现在情况出现了逆转，越来越多的爸爸妈妈喊着"爱与自由""尊重孩子天性"的口号，忽视孩子的规矩意识，让孩子成为家里的"小霸王"，别人眼里的"熊孩子"。

老话说得好："不学礼，无以立。"说的是不学"礼"，一个人就无法在社会上立足。儿童教育家蒙台梭利说过："建立在规则上的自由，才是真正的自由。"所以不要拿自由当作纵容孩子的借口，自由是有限制的，没有限制的自由只会带来伤害。

立规矩不是禁锢孩子天性，而是设定界限，让他们在有限范围内自由，大胆地探索。立规矩的原则不外乎是不伤害自己（不自残、注意自身安全），不打扰别人（不给别人带来不便），不破坏环境（不乱扔垃圾、不破坏公物、不满口脏话等）。

① **大人以身作则。** 爸爸妈妈制定规矩，要跟孩子共同遵守。你要求孩子不看手机，自己却刷着朋友圈；你要求孩子看书写作业，自己却在看韩剧；你要求孩子见人打招呼，自己却对邻居形同路人。孩子是很敏感的，你言行不一致，规矩就如同虚设，对孩子没有威慑力。

② **结合孩子的年龄设定规矩。** 带着2—3岁的孩子去听音乐会而要求他安静地坐满场就是苛刻的规矩了，也不现实。1岁左右的孩子不能做到安安静静地吃饭，而5岁的孩子如果还用手抓着东西吃那就要管教了。2岁的孩子不愿意分享玩具，是在建立"自我物权意识"，可以尊重他，但到了6岁还跟小朋友抢玩具，那爸爸妈妈则需要做他的思想工作。

③ **让孩子承担自然后果。** 举个例子，孩子没有时间观念，磨磨蹭蹭导致上学迟到，那就让他被老师批评一次。这是没有时间观念的后果，让他知道自己承担。

④ **接纳孩子的情绪。** 规矩的建立不是一朝一夕可以实现的，你需要跟孩子不断地沟通、磨合。在这个过程中，孩子会哭闹、要赖、反抗，这很正常，要允许他们闹情绪，但一定要坚持住，千万不能孩子一哭，你就心软而放弃原则与规矩。

我们给孩子立规矩，不是要控制他，而是为了让他以后能获得更多的自由与快乐。时刻记得：我们现在所做的一切都是在帮他们成为一个合格的成年人。

在立规矩方面，绘本故事展现了无穷的魅力。

《小熊宝宝》系列

这套书一共有15本,涵盖了宝宝日常生活当中各种习惯的养成:教孩子刷牙、洗澡、大声回答"哎"、吃点心、出门散步、排队滑梯,等等,这本书的作者佐佐木洋子是日本非常有名的绘本作家,她以风趣的方式,用萌萌、可爱的小熊宝宝形象教会了小朋友在人生最初的一些规矩,培养了孩子良好的生活习惯。

第一本《你好》,教会了小朋友如何打招呼。萌萌的小熊宝宝,他遇见了小鸟,小鸟怎么打招呼呢?"啾~啾~"然后他又看到了小刺猬并打了声招呼"你好,小刺猬"。这些憨态可掬的小动物,还有他们的叫声非常符合1—2岁小孩子的认知特点——喜欢小动物,喜欢象声词。这本书拉近了与孩子的距离,给他们带来天然的亲近感。

《你好》

另一本《排好队一个接一个》引导小朋友在游戏的时候学会排队,不争抢。看,小熊宝宝出去玩了,大家一起玩滑滑梯。小兔子滑下去了,轮到小熊,也滑下去了,小朋友们一个接着一个"嗖嗖嗖"都滑下去了。荡秋千真好玩,大家排好队,一个接着一个地荡秋千。这个温馨的小故事让孩子享受游戏、秩序的乐趣。

这套书非常小巧,方方正正的开本,圆角的设计不会伤到宝宝。建议家长收集一套给1—2岁的宝宝立规矩。

《噼里啪啦》系列是《小熊宝宝》的升级版，刚拿到这套书的时候，我跟孩子一下子就被它的封面吸引了，打开后还有惊喜，各种互动折页让孩子非常有参与意识，比如翻到坐马桶的那页，小朋友可以把马桶盖子掀开，这种立体式的镂空设计非常好玩，增强了互动性，激发了孩子的阅读兴趣。

《我要拉臭臭》

这个系列一共有7本，分别是《我去刷牙》《我要洗澡》《你好》《草莓点心》《车来了》《我喜欢游泳》《我要拉臭臭》，讲了孩子在刷牙、洗澡、做游戏、吃点心等各种生活场景中碰到的问题，3个主人公——小河马、小猪、小老鼠，表情十分可爱，孩子们有强烈的代入感，会依偎在妈妈的怀里指着小动物说出名字，还会主动翻看里面的小机关，在互动游戏中，孩子的好行为自然而然就养成了。

秩序感是生命的一种需要，也是影响一个人一生的习惯和品质。

排队是小朋友有礼貌的一个重要表现，这方面日本人做得特别好。他们遵守规则，表面看起来没那么自由自在，但自由是没有绝对的，恰恰是每个人都遵守秩序，社会才能井然有序地运作。

就像故事中的各种小动物：排成一长溜

《排队啦，排队啦》

的小蚂蚁，东倒西歪地跟在鸭妈妈后面的鸭宝宝，还有笑眯眯的小朋友们，大家都排成一列列，形成一个个充满趣味的画面。

我在儿子2岁多的时候讲过这本书。虽然他还不能够完全懂得遵守秩序的概念，但是各种小动物排队等待时候的愉悦，以及经过等待后得到的幸福，深深地感染了他，我想他很快就能理解，并遵循这一规则。

故事没有古板的说教，画风也很可爱，推荐大家阅读。

• • •

故事将小朋友爱吃的饼干作为切入口，通过烤饼干、一起分享饼干，来跟孩子说一些抽象的立规矩的概念。比如说，什么是耐心？耐心就是等啊等啊，一直等到饼干喷香。什么是自豪？自豪就是下巴抬得高高的，非常喜欢自己烤出来的饼干。什么是谦虚？就是知道自己做的饼干最好吃，也不到处跟别人炫耀。尊敬的意思呢，就是饼干烤好了，第一块要先拿给奶奶尝尝。

《小饼干的大道理》

这个给孩子立规矩的故事，让人有一种如沐春风的感觉，原来小小的饼干当中蕴含着这么大的道理，难怪会获得《纽约时报》最佳童书奖。

• • •

有一天，一头淘气的狮子走进了安静的图书馆，进门之后就开始各种调皮捣蛋，大家都拿它没办法。直到麦小姐出现了，她坚定地对着大吼大叫的狮子说："如果你不保持安静，请马上给我离开。"

狮子不吼叫了，望着麦小姐，它其实很想继续听故事。于是麦小姐就跟它说："想听故事，就要安静。"第二天，狮子又来到了图书馆，它想听故事。结果麦小姐对它说："故事要3点钟才开始呢，先帮我干活吧，去把这些书上的灰尘都打扫干净，还有，把这一摞信封给我舔了。"小狮子一切都照做了，有了规矩之后它变得安静多了。

故事教会了大人怎么给孩子立规矩，你要找到他的兴趣所在来吊足他的胃口，让他学会等待、忍耐并且服从一定的行为规范。总之，教育这件事需要我们穷思极想，多动脑筋。

这本书也曾获得《纽约时报》最佳童书奖。

《图书馆狮子》

○ 反复做同一件事情怎么办

孩子喜欢反复做同一件事，背后的真相令人感慨。

不少爸爸妈妈有同样的烦恼："同一个绘本故事，孩子要求讲8遍还不够。书中的细节已经能背下来了，可还是要我讲，真的快要吐了。"

不仅是反复看同一本书，还有的孩子坚持看同一集动画片，或者反复做同一件事。有些大人不胜其烦，有的则带着抱怨质问孩子："怎么就非得要看这本书呢？你就不能换个动画片吗？"殊不知，重复是孩子学习最好的方式，尤其是在3岁前。为什么这么说呢？

1.反复听、看同样的内容可以帮助孩子记住这些信息，记忆的时间也会更长。就像我们对小时候听过的某个故事、看过的某个画面印象特别深刻，就是出于喜欢,反复听、看、思考的原因。

2.重复会让孩子有成就感。所有的孩子都会觉得做完一件事很高兴,比如一旦学会了拼一种拼图,为了享受这种新本领带来的乐趣,就会一遍一遍地拼。

3.孩子的认知能力有限。心理学家认为,喜欢重复做一件事,是幼儿共同的心理特点,对孩子的发展至关重要。两三岁的孩子还不能觉察、补充故事中遗漏的地方,也不能很好地讲述,所以喜欢"你讲我听"的方式。你跟孩子的认知水平不同,能力也相差甚远,你认为的"没意思、太简单"的重复对于孩子来说,每次都有新发现、新感受、新体会。

4.重复是孩子的智力体操。蒙台梭利倡导孩子要反复练习,我们要引导孩子从感觉走向概念,从具体走向抽象,继而到概念之间的关系。在她写的《童年的秘密》这本书中曾提到一个例子:3岁的小女孩儿不停地把大小不同的圆柱体放到容器对应的孔里,有点儿像用软木塞盖住瓶子一样,这个小女孩儿一共做了42遍才心满意足地结束。

所以大人千万别嫌烦,你一遍就能看懂的故事,孩子是要反反复复地看上无数遍才能理解个大概。每次听,每次看,都会有新感知,这种成就跟快乐是大人无法体会的。

面对喜欢"重复"的孩子,一方面要用新鲜的事物吸引他,另一方面也要尽力满足孩子"重复"的需要。

推荐绘本

这本书讲了从具体到抽象的反复。

全套共6本,分别是《动物动物捉迷藏》《玩具玩具捉迷藏》《水果水果捉迷藏》《动物外套捉迷藏》《交通工具捉迷藏》《衣服衣服捉迷藏》。

《玩具玩具捉迷藏》

这套书用了又厚又硬的卡纸，这种独特的装帧方式在国外叫作纸板书，非常适合1—2岁的宝宝看。这个年龄段的孩子由于小手指处于灵敏活动期，为了锻炼手指，就非常容易去撕书。而卡纸的装帧方式，宝宝撕不动，增强了图书的耐久度。另外，这本书的边角还做了模切，不会伤到小宝宝的双手，而且每一页还覆了一层塑料膜，宝宝的口水、奶渍、脏东西撒到上面，用干净的软布一擦就可以了，非常实用。

这个系列利用1—2岁孩子反复认知的特点，让他们熟悉认识身边的玩具、小动物等。比如，运输货物四处跑的是什么呢？火车。小朋友非常喜欢象声词，"轰隆、轰隆"会反复地出现。这能调动孩子的视觉、听觉、感觉等感官，加强孩子对事物的认知。

● ● ●

反复也不会枯燥。利用孩子反复认知的特点，教会孩子从一数到十，还有加减法的概念。

《首先有一个苹果》

刚翻开这本书，一个又大又红的苹果映入眼帘，再翻一页，两条虫子从里边钻了出来，三只小鸟飞过来想吃虫子，四个猎人走过来举起枪，啪啪啪打下了三只鸟。作者很巧妙地把原本枯燥乏味的数字融入形象生动的故事当中，非常符合孩子形象化的认知方式。

无论在哪个画面中，苹果总是有一个，虫子总是有两条，小鸟总是有三只，反反复复地出现。孩子通过寻找，能将数字和形象结合起来，并随着情节发展不断巩固对数字概念的认识。

宝宝每次翻页的时候都会发现有新的成员加入，画面慢慢丰富起来，直到最后"闹得一塌糊涂"为止。通过独具匠心的不断反复，孩子可以清楚地体会到从一到十，甚至是"数不清"的无数的概念。在脑子全乱了以后，故事又理顺头绪重新回到原点，就像变魔术一样从头再来，让小宝宝从中得到更多的乐趣。

　　如果小朋友反复要求你讲这个故事，而你又觉得太枯燥了，那就试试唱出来："一个大苹果，圆又红；两只小虫钻出来吃苹果；三只小鸟飞飞飞，爱吃小虫子；四个猎人举起枪，砰砰砰。"这样的形式会让你感觉到有趣，小朋友也会更加喜欢。

《蹦！》

　　这本书的翻页方式很特殊，是竖着翻的，我在给1—2岁的宝宝做集体故事会的时候，只要一翻开，用手指着画面，带点跳跃感地说"Beng！"，孩子们就能很快地安静下来。原因很简单，开始学说话的小宝宝，喜欢重复听到自己常发出的那个声音。这本书从头到尾都在不断地重复"Beng"这个声音，正是顺应了宝宝反复的需要，才能给孩子带来愉悦感。

　　这本书上下翻页，就像一张张活动的卡片一样。六七个月的宝宝开始在爸爸妈妈的帮助下认识这个世界；再大一点儿的宝宝还会通过反复地指认，显示出他对蹦这个动作非常大的兴趣。

　　第一页就是动物，再翻过去一页是动物蹦起来的画面。伴随着青蛙、小猫咪、小狗的陆续登场，一静一动的结构不断重复。在这个过程中，小宝宝容易获得安全感和舒适感。

这本书畅销了40多年，是绘本大师艾瑞·卡尔的代表作。

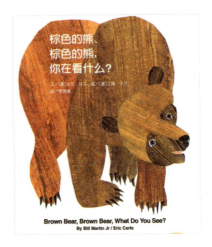

《棕色的熊，棕色的熊，你在看什么？》

"棕色的熊，棕色的熊，你在看什么？""我看见一只红色的鸟在看我。""红色的鸟，红色的鸟，你在看什么？""我看见一只黄色的鸭子在看我。"随着这样一问一答的句子、重复的韵律和节奏，一本充满各种动物和色彩的书在孩子面前慢慢展开了。

小宝宝可以通过有节奏、有韵律的重复，学会各种动物的名称，认识各种颜色，开阔视野。这本书的每一页上，都有一个新动物，而它又推动我们去探索，到底哪个动物会在下一页出场，这样连锁式的重复更能激起孩子们的阅读兴趣。

在这个过程当中，孩子学习了语言，体会到了色彩的活力，朗朗上口、循环式的对白，串起了整个故事。书中的动物你看看我，我看看你，而他们的名字、斑斓的色彩和生动的神态一定会被孩子看在眼里，记在心上。这样的学习，十分轻松有趣。

这本书几乎涵盖了1—2岁宝宝认识世界的所有方式，重复、有节奏、有韵律，此外，坚固的卡纸材料，也非常适合宝宝反复地阅读。

孩子喜欢重复，是好事儿，那说明他有学习的兴趣与动力。在你正确引导之后，你会发现孩子的智力发展与心智成熟都超乎了你的想象。

○ 偷拿东西

孩子偷拿别人的东西? 错误的管教会毁掉孩子一生。

有个妈妈给我写信说,最近5岁的儿子幼儿园放学回家,书包里总是会多出一些玩具,有时是小串珠,有时是拼图,有时是小汽车。妈妈问他哪里来的,他说是幼儿园小朋友送的,但她有些怀疑,就继续追问是哪个小朋友送的。结果孩子支支吾吾说不出来,她气得一巴掌打过去,骂他怎么能偷东西。

5岁左右的孩子,还没有偷的概念,他拿别人的东西多半是由两种心理因素引起的:一是强烈的占有欲,孩子对自己没有玩过的东西,既好奇又想获得,而且要马上得到。在私欲的引领下,悄悄将别人的东西据为己有。二是孩子有一种异乎成人的冒险心理。他们会想,我拿了别人的东西,只有自己知道,别人却不知道,这是多么刺激和神秘呀。他们还不清楚偷盗这种行为的卑劣之处。

所以这位妈妈把它界定为"偷"有些过激,会伤害孩子的自尊心,激发对抗心理,或使孩子产生对自身的厌恶感。

应该怎么做呢?

当孩子拿了别人的东西时,一定要面对面地要求孩子看着你的眼睛,以平和的语气问他为什么。了解孩子的真实想法,让孩子有羞耻感,告诉他物品所有权的重要性。

对于3岁以下的小孩子,要引导他跟别人分享、交换玩具、绘本等,养成分享的习惯和能力。

对于3岁以上的孩子,要从言、行两方面来教导。

1.树立物权意识。将孩子的东西与大人的区分开,孩子要用大人的东西,必须征得同意。大人要用孩子的东西,也是如此。给孩子零花钱时,告诉他们哪些该买,哪些不该买。比如孩子想要个新书包,告诉他可以自己攒钱买一个,这样一来,他就会慢慢把零花钱存起来,珍惜来之不易的东西,同理心会让他理解别人的东西的重要性。

2.大人要言传身教,做好模范作用。超市免费试吃,不要停不下来,排大长队领赠品这事儿,能不凑热闹就不凑热闹。爸爸妈妈要是小偷小摸,爱占便宜,孩子一定会照猫画虎,正如俗语所说"上梁不正下梁歪"。

3.对孩子的需要适度满足。现在的爸妈对孩子的需要往往过度满足,孩子就会想:只要我想要就能有。一旦需要不能满足,就会出现"强占"或"私拿",这是孩子思维的一个误区。对于孩子的要求,不能一味地全部满足,要让他通过努力自己去实现。

4.让孩子乐于与大人交流。孩子出了问题要保持冷静,并蹲下来与他平等地沟通,让孩子敞开心扉,切忌暴跳如雷地训斥。用暴力不能解决问题,心平气和、态度坚决才能帮助孩子,"明天你一定要还回去""你如果再不还,我会帮你去还,怎么能干这种事呢",这样的语气是无法让人接受的。孩子的自尊心很强,他会考虑自己的面子,会在乎别人的看法。我们可以先跟失主沟通,请求谅解,再陪着孩子去归还东西、道歉。

5.对孩子的发展要有正确的判断。写信的那位妈妈把孩子的行为定性为"偷",以成人的心理判断是"故意"的。如果批评后还不改,就判断为"故意",也有失偏颇。妄想通过一次教育就纠正孩子的行为,教育不就太简单了吗? 对孩子的心理成熟水平有一个正确的判断,才能从孩子的角度理解并解决问题。

你也可以借助绘本故事,虽然它的作用不能立竿见影,却是大象无形,能唤起孩子的共情能力。在反复地讲读中,孩子能学习别人的经验,以此来认识自己,了解自己;大人也可借由故事将育儿理念渗透给孩子,说破而不点破,甩开简单说教10000条大街。

这是一本无字书，完全靠画面来演绎故事的发展："两只狗正在干活，他们发现了老鼠来偷蛋糕，于是就追了上去。一只猴子偷走了猫太太的帽子。老鼠们过了河，把横在河上的板拿走了。一只猴子去拔鸟身上的羽毛。小猪宝宝走到了悬崖边上，啊，危险！小猪宝宝掉下来了。一只大鸟飞过来，救走了小猪宝宝……"整个故事就像一幅幅的全景画，好多分别进行的故事交叉在一起！

《蛋糕哪儿去了？》

尽管故事由不愉快的偷东西开头，但经历了那么多惊险和焦急，正义最后战胜了邪恶。大家在克服困难中互相帮助、发现，认识了身边原本没有关联的人，人与人之间的交往也随之扩大。而那些专干坏事的猴子们，由于内部不团结，发生争执，结果什么也没得到，头发乱蓬蓬地在树上可怜巴巴地看着别人在那里享受，表情沮丧又可笑，看来偷东西的人是没有好下场的。

没有经过许可，擅自动用别人的东西是要付出沉重代价的，哪怕是无心之举。作者在教育孩子的时候选择了温和的态度。小狐狸被割掉尾巴的画面，没有任何血腥。小狐狸也没哭，没喊疼，作者有意回避了挫折的痛苦，让孩子感受到这种无痛的教育"润物细无声"。

《晴朗的一天》

红红火火的包子铺出了怪事，快关门时剩下的8个煎饺，转眼间少了一个。第2天剩的9个包子买走了5个后，又突然少了一个……独生女妞妞要来当侦探，看看是谁偷走了她家的包子。她的办法还不少！丁零，当嘟，咔嚓，小偷落网了，原来是个可爱的小家伙。这下，孤单的妞妞再也不会一个人玩了。

《谁偷了包子？》

这本书还暗含了许多有趣的游戏：数一数，算一算，包子、饺子变少了，这是数字的游戏；跟着妞妞一起抓小偷，这是小侦探的扮演游戏。用心观察，用心推断，孩子们能发现小偷的蛛丝马迹吗？原来小偷在跟孩子们玩躲猫猫的游戏。

这是个打破侥幸的故事，占有别人的东西，成功的可能性真的太小了，侥幸心理会在事实面前无处遁形。

也许在这本书之前，你还没给孩子看过任何涉及"偷"的故事。借由这本书，你可以和孩子探讨一下东西的归属权，能否对别人的东西不告而取，能否以自己比别人更适合的理由而将物品占为己有，被偷走的东西是否要追回，等等。

《这不是我的帽子》

这是怎样的3个强盗呢？

他们总是恶狠狠地抢，不惜费尽心力地把财宝扛到很高的山上藏起来，可是当芬妮看见这些财宝，问他们这是做什么用的时候，他们竟然张口结舌说不出来。他们的确没有认认真真地想过。他们抢啊抢啊，金手表更多了，金戒指更多了，宝石更多了，可是这"更多更多"的东西用来做什么呢？

故事隐喻了很多所谓的"强盗"，虽然不穿黑斗篷，不戴黑帽子，手里也不拿喇叭枪、红斧头和胡椒喷壶，可是他们也说不清楚为什么要那样穷凶极恶地"得到""攫取"。

《三个强盗》

卢梭说过，人生当中最危险的一段时间是从出生到12岁，在这段时间还不帮孩子把错误和恶习改掉的话，它们就会发芽滋长，种下的祸根在孩子长大后就很难拔掉了。

对于孩子"偷东西"的行为不可过分重视，也不可轻视。过分重视，有可能人为地造成恶性循环；不重视，又可能会助长孩子的不良习惯，以后会更加肆无忌惮。所以要根据孩子具体的心理原因，有针对性地采取教育方式。

健康

◊ 屎·尿·屁

老话说得好，小孩就是在屎尿屁和稀泥当中长大的，这句话听起来好像有点糙，但仔细想想，哪个人不大小便，哪个人不放屁呢? 尤其是刚刚出生的小婴儿，他每天除了吃奶、睡觉，可能最主要的工作就是大小便了，一天五六次，有的小婴儿还会在自己的放屁声中咯咯地笑起来。

孩子1岁半以后就进入了语言爆发期，词汇量和语言表达能力与日俱增，他们开始对自己的身体和"屎尿屁"有了浓厚兴趣，这说明:

1. 对身体和排泄物表现好奇。1岁半以后，孩子喜欢自己的身体、生殖器官以及屎尿屁是很正常的。他们为自己创造出了一座"大屎山"、一条"小黄河"、一个"大响屁"，非常神奇好玩，对于自己的作品他们会充满成就感。我女儿小时候就非要蹲在地上看弟弟的屁屁是从什么地方拉出来的。

2. 如厕训练的好时机。1岁半以后的宝宝开始慢慢学会控制大小便，他们知道了如何"憋屎憋尿"，实在憋不住了才去解决。这样的信号提醒爸爸妈妈，宝宝如厕训练的时机到了，即使是小屁孩还是会经常尿在裤子上，爸爸妈妈不必恼火，不要责备，更不要嘲笑，对孩子来说完全学会控制大小便至少要用上一两年的时间。

3. 进入"污言秽语"敏感期。屎尿屁这些话能够让孩子感受到语言的力量，尤其是当孩子说出这些"脏话"时，大人越是阻止，孩子说得越起劲，好像在跟大人故意作对似的。这是为什么呢? 在人的大脑里，藏着一个"脏话制造机"。当我们理智时，大脑会把脏话"过滤掉"; 当情绪激动时，理智的组织失效了，"脏话"就脱口而出。带有"屎尿屁"的话简短、犀利，孩子说的时候会有一种排泄的快感,这些词很容易被孩子用来表达激烈的情绪与感受。

4."屎尿屁"是宝宝的社交手段。熊孩子们时常会用"臭屁""屁屁"等词语吸引"志同道合"的小伙伴,大家很快就会一起说,甚至再发明一些新词语出来。比如一群男孩子会比赛尿尿,看谁尿得远,也可能会观察彼此的便便,还有的孩子会用手去接住自己刚放的屁。

我的朋友有一个与我儿子同龄的男孩儿,记得我带儿子去他家玩的时候,两个孩子第一次见面表现得有些害羞,一个呆坐着,一个玩乐高。后来不知谁说了一个"臭屁",两个熊孩子居然笑成一团,还说起了悄悄话。一个小小的"屁"字,功效居然如此神奇!

"屎尿屁"这种很隐晦的词语,一旦用到孩子们的交流中,就很容易营造一种亲切、可接近的氛围——"哇,原来你也知道这个好玩!""我也经常这么说,我们是一样的!"也有很多孩子的"脏话"是从幼儿园学的,在某个小团体里,大家都用的一个词、一句话,就是在宣告"我们是一伙儿的",孩子能因此顺利融入这个集体。所以大人眼里的禁忌,在孩子那里,却是很好的交友方式。

5."屎尿屁"是孩子释放情绪、寻求认同的方式。当孩子兴奋、沮丧、愤怒、有压力的时候,说点儿"屎尿屁"的话能够帮助他们平复自己,让自己变得舒服一些,好过一些。爸爸妈妈不要盲目压制孩子说脏话,而是要好好听听这些脏话背后的声音。一个情绪总是被压制的孩子,可能会产生更大的问题。那些爱说"屎尿屁"的孩子,是在寻求认同与关注。那些缺少父母关爱、情感处于饥渴状态的孩子,更容易说脏话,也更容易有暴力倾向。

在心理学上这种表现具备一种补偿作用:他们想以此来吸引大人的注意,获得关注与爱。我经常去的菜场有个摊主的孩子总是说脏话,他妈妈不忘手忙脚乱地捶几下他的后背,并大声地斥骂他,结果那孩子不会哭,反而是满脸的得意跟开心。

对孩子来说,比惩罚更严重的是被忽视,不被关注。

面对每天不分场合,把"屎尿屁"挂在嘴边的熊孩子,我们该怎么办呢?与其批评、嫌弃、禁止，不如释放他们的好奇心，跟孩子分享"屎尿屁"的绘本故事，一起认识、学习、感受生命的玄妙，体验百无禁忌的快乐，给孩子探索、认识的机会。

故事的主人公是一只小鼹鼠，不知道谁把便便拉到了他的头上。小鼹鼠头顶着这坨便便到处找罪魁祸首。

在寻找的过程当中，创作者介绍了鸭子、马、兔子、山羊、奶牛、猪、苍蝇、狗和鼹鼠的便便，它们的大小形状各不相同。动物吃不同的食物时，拉出的便便也是不一样的。

《是谁嗯嗯在我的头上》

拉大便是每个动物都要做的、很自然的事情。小鼹鼠就像大侦探一样追查是谁把便便拉在了自己的头上。最后苍蝇帮他找到了元凶。虽然不是有意的报复，可小鼹鼠还是不小心把大便拉在了狗的头上，还不好意思地钻回到土里。

故事首尾呼应，点出了大多数的动物都是随时随地大小便的，这和人不一样，爸爸妈妈可以借机引导孩子要自己去卫生间拉便便。

这本拉便便的"学问"书，被全世界的小朋友深爱着，难怪获得了2006年的国际安徒生大奖。

尿尿欢乐多?

可爱的英男慌慌张张地去厕所尿尿。在急匆匆的过程中,他遇到了长颈鹿,被它带到了厕所里,接下来他又遇到了蝙蝠,又被它带到了它的厕所,再后来是小妖怪、骷髅,居然还有迷宫一样的厕所,真的是让小朋友脑洞大开,不断突破自己的想象。在经历了那么多怪异的厕所之后,英男还是没能去成。

在他最后找到了一个适合自己上的厕所之后,意外发生了……

《憋不住,憋不住,快要憋不住了》

每个人的小时候可能都有过这种经历,在做梦的时候,因为找厕所时憋不住小便,结果尿床了。幽默的故事可以帮助孩子缓解这种尴尬和焦虑,给他们带来很多欢乐。

这是一本非常正能量的书,潜在说明便便也有价值。

小狗便便一出生就遭到了大家的唾弃,不仅麻雀说他恶心,连路边的泥块都说他是世界上最脏的东西,母鸡看到小狗便便更是不屑一顾。小狗便便觉得好沮丧,他不断地思考怎样才能找到自己的价值。有一天,小狗便便的身边开出了一株蒲公英。小狗便便高兴极了,原来他生命的价值就是牺牲自己,

《小狗便便》

做花朵的肥料。

这是根据作者的亲身经历改编的绘本故事。生于1937年的创作者，一生经历了无数的坎坷。他的童年生活极其困难，为了讨生活，他没有念过多少书，19岁的时候又患上了胸膜炎、结核炎、肾炎膀胱结核。病痛的折磨，让他觉得自己没有任何活着的价值。他不想拖累家人，盼着早点死去。在妈妈去世之后，他开始了流浪乞讨的生活。在30岁的时候，他才找到了人生的第一份工作——在教堂敲钟。有一天他在屋檐下发现了一坨狗屎，狗屎经过日晒雨淋，已经化开了，慢慢地渗入土壤当中。就在狗屎的旁边，开着一株蒲公英，作者看到这一幕时，眼泪夺眶而出。伴随着病痛，他写下了这部童话，后来故事还被拍成了动画片。这部作品给很多卑贱的生命带来了莫大的安慰和鼓励，每个人都有迷茫和找不到自我的时候，当痛苦和坎坷来临时，《小狗便便》会对你说，不要放弃希望。这本书自1969年在韩国出版以来，已经温暖鼓舞了一代又一代人，并被列为韩国小学语文课本孩子必读的佳作。

· · ·

这是一位德国女性的作品，她还是一位摄影师，据说非常有个性。这一点从绘本中也能看出一二。

主人公是一个四五岁的男孩儿，全书通过讲述他的故事，让孩子了解尿尿这件事。比如男孩儿要站着撒尿，不能再和妈妈一起上厕所了，而且每个厕所的样子跟卫生情况都不一样。

《尿尿》

最后小男孩儿终于完成第一次独立去厕所，他骄傲地说："我已经长大了。"

在公共厕所的一幕，小男孩儿想要尿尿，一改平时的"嚣张"，与便池展开了一系列"斗争"。很多情节展现了大多数孩子独处时不为父母知晓的一面，故事能让孩子产生共情，也会让父母更加理解孩子。

这是法国绘本超人兔系列中的一本，是讲儿童自我意识的萌芽，叛逆意识觉醒的故事。

当开始发现"臭屁屁"这样的字眼能够引起大人的关注时，孩子就发现了语言的力量。

这本书会让孩子有角色认同感，原来不是只有我喜欢说臭屁屁呀，这个小兔子也喜欢。

整个视角从孩子出发，有童真也有叛逆，特别是结尾那句"屎球球"，相信所有孩子都会看一次笑一次，真是将"屁屁"进行到底。给孩子读这本书时，爸爸妈妈千万不要太严肃，幽默欢乐的语气才更搭配这本书的画风。

《臭屁屁》

最后要跟大家分享的是，孩子爱说"屎尿屁"不是什么坏事，是成长中必须经历的阶段。我们应该充分接纳、尊重、理解孩子。

操作要点

① 第一次说"屎尿屁"只是单纯的模仿。如果得到了大人的认可或者强化，孩子就会继续说，用以获取更多的关注与愉悦，这就容易让说"屎尿屁"成为一种习惯。如果大声呵斥，甚至打骂制止，孩子就会变得唯唯诺诺，不敢说话，也会激发叛逆心理，让他们变本加厉，或者隐藏在心里，等到青春期再爆发。如果你发现孩子开始说"屎尿屁"，正确的做

法是不予理会，并且淡定地说一句："我不喜欢听这些。"然后该干吗干吗。当他重复几次，发现这些词没意思了，慢慢就不说了。

② **转移话题，巧妙化解**。如果孩子经常说"屎尿屁"并且乐此不疲，可以"以柔克刚"。有一次我在外面没顺着儿子的意，他就发火了，冲着我嚷嚷："妈妈是臭大便，臭臭的大便！"当时我很生气，但马上又冷静下来对他说："好吧，我是臭大便，我现在要回到泥坑啦！"借势在地上踩了踩，踩了踩。孩子最喜欢踩水坑的游戏了，他的负面情绪马上得到了缓解，开始在地上一顿乱踩、乱碰，慢慢忘记了脏话。

③ **多鼓励孩子，引导他释放情绪**。孩子比大人更需要认可，这是他们成长的动力，被爱包围的孩子安全感很足，不会用说"屎尿屁"来获取大人的关注与认同。给孩子一些时间，让他们自由度过"污言秽语"这个敏感期，学会理智表达自己的内心，从满嘴的"屎尿屁"到吟诗诵词，你会发现，孩子的每个阶段都是一次突破，我们要做的就是让他慢点儿来。

运动

中国是体育大国，更是一个体育强国，这点从奥运会、亚运会等各种比赛中就能看出来。为了摆脱"东亚病夫"的群体形象，中国人更是在强身健体、发扬体育精神上付出了不少汗水。

父母除了关心孩子的智力，还要特别注意他们身体素质的发展。从小爱运动最大的好处，就是长身高——这是每个家长都期盼的事，还有促进神经系统、呼吸系统的发育。

其实我们在刚出生，还没学会走和跑时，就已经在运动了。婴儿时期抬头、翻身、爬、坐，对于小小的我们来说，也算是"大运动"。在运动的过程中，我们学会了与人交往，增强了自信心，锻炼了意志力。每天适量的运动，会让孩子吃饭、睡觉都很安稳。

推荐绘本

足球是什么？就是双方各11个人，抢一个球，然后弄进对方的球门里。假如完全没有规则限制，你都能想到什么方法，把球鼓捣进去？比如，用大炮轰进去，用吹风机吹进去，用长长的狗耳朵拍进去……在一场激烈的猫狗大战中，没有什么事情不可能发生。

在法国知名绘本作家安德烈·德昂的笔下，足球赛场也充满了梦幻的色彩。

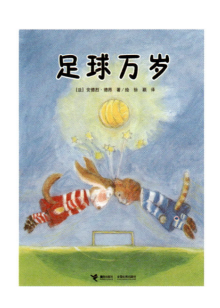

《足球万岁》

"在山的那边,海的那边,有一群蓝精灵,他们活泼又聪明,他们调皮又灵敏……"但是,他们变得越来越懒了,早上不起床,一个个躺在床上睡懒觉,不爱运动,光喜欢吃好吃的。为了唤醒蓝精灵们的运动神经,"运动健将"健健,在蓝爸爸的支持下组织了一场蓝精灵奥运会。

蓝精灵们兵分几队,为运动会做着积极的准备。练得最认真的一个蓝精灵,却是身体最瘦弱,跑、跳、投一无长处的弱弱。

运动会上,奇迹发生了,最不被人看好的弱弱,凭借艰苦的训练、顽强的毅力,再加上一点点神奇的运气,居然包揽了所有项目的第一!

故事非常积极阳光。有时候,天赋、体格、技术真的不是最重要的,孩子们在运动中最大的收获,就是超越自己、永争第一、不肯服输的精神。

《蓝精灵奥运会》

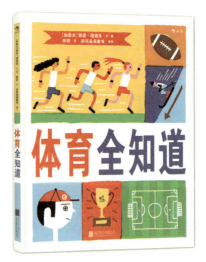

绘本一共介绍了24个体育项目,既有个人运动,也有团体运动,还附上了各种专业术语,是一本可以为孩子打开体育之门的简单的体育启蒙之书。

节选书中的美句:

"我希望,这本书,能够激发你们,穿上跑鞋、滑雪鞋、冰刀鞋,一起运动起来的愿望!"

最重要的,永远都不是比赛,而是运动

《体育全知道》

本身，对运动的热爱，对释放自我的热爱，对更积极、更有活力的生活的热爱。

· · ·

运动就是要争第一，但是第一只有一个，其他人就没法享受运动的乐趣了吗？最后一名就没法活了吗？没人能保证自己能在所有运动项目中都得第一，永远第一，如果在某方面落后了，受了刺激，伤了自尊，怎么办？

小猪波波和他的几个好朋友在长跑项目上遇到了挫折，几个人携手包揽了最后几名。他们没有自甘落后，而是暗下决心，把丢掉的自尊和自信赢回来。于是，每天放学后，他们每个人都刻苦加练长跑。凡事只要有毅力、坚持，必然会成功。然而，就在长跑比赛即将冲线的时候，小猪波波却放弃了夺得第一名的机会，因为他发现了比赢得冠军更重要的事⋯⋯

《小猪波波——预备，跑！》

· · ·

要培养一个内心强大的孩子，绝非易事。尤其是对于身材瘦小的男孩儿来说，这种历练就更是一段饱受煎熬的漫漫长途了。

大猩猩"威利"就是这样一位"男孩儿"——一位由绘本大师安东尼·布朗塑造出来的、生活在图画书中的"男孩儿"。

威利每次回家都要非常小心，不能踩在人行道的砖缝上！每个不够强壮的孩子看到这里，都会产生强烈的共鸣。一个难以掌控命运的孩子，相信这样做能为自己带来好运。威利果然获得了好运：一位陌生人——好像记忆中爸爸的样子——送给他一双"肯定是被施了魔法"的球鞋,不仅帮他加入了球队,甚至还让他出现在了星期六比赛的名单上。

然而,就在即将比赛的那天早上,一切都乱了套,威利竟然起晚了。那套早晚必做的程序自然无法执行,最要命的是,慌乱中他忘了带球鞋,而且由于赶时间,他的脚不幸踩在了砖缝上!难怪前一天,他整晚都在做可怕的梦。不过,威利最终却发现,即便没有神奇的球鞋,即便遇到了各种"意外",他还是帮助球队赢得了比赛。

这是一个帮助孩子在各种运动比赛中调整心态、建立自信、历练内心的故事。

《魔术师威利》

○ 鼓励孩子游戏

请不要剥夺孩子游戏的权利。

父母与孩子的联结是养育的核心，联结的断裂是大多数育儿问题与挑战的根源，而游戏是帮助我们与孩子重建联结的最佳方式。对于孩子而言，游戏就是他们的工作，游戏就是他们的语言。在游戏中，孩子会发挥想象力，学习如何与人相处，如何跟他人合作，学会自律，等等。

游戏的作用真的有那么大吗？游戏就是简单的游戏吗？它有哪些特征呢？

1.探索

新鲜的事物可以引发孩子的好奇心，去探索，去操弄，在这个过程中孩子会获得专注与满足。孩子透过眼睛，可以在熟悉的事物中看出新的意义。

2. 转借、想象

树叶可以当扫把；枕头可以当汽车；石头可以当鸡蛋；毛巾可以当飞机；从棉被上跳下来，可以假装自己从天空跌落。在游戏中，孩子的想象超过了客观世界。不要担心孩子的玩具不够多，就怕你的脑洞不够大。

3.内在动机

游戏过程中愉悦的体验很重要，陪孩子玩不要总想着利用这个游戏可以让孩子学到什么，懂得多少，要全身心地放松自己，放下身段，不要让功能摧毁了趣味，保持"无心插柳柳成荫"的心态。

4.过程重于结果

积木搭好，可以推倒重来；沙堡堆成，只等海水来袭；大鱼上钩，可以放归河里；小鸟捉到，可以立即放生。当过程给你带来愉悦的时候，结果就没那么重要了。

陪孩子玩游戏，要享受过程，就像登山一样，学会欣赏沿途的风景，而不是急于登顶。

5. 自主选择

游戏不能强迫，一有要求就变成任务了。比如你说："这套乐高我可是花了2000多元钱买的，你一定要好好玩。""还不去踢足球，再磨蹭，我就把球没收了，以后都别踢了。"凡事带有威胁、不尊重、指示等，就会摧毁游戏的本质。

6. 正向情感

游戏通常伴随着好奇、平和、兴奋、温暖、愉悦、忘我、满足、享受等正向情感，如果夹杂着恐惧、刺激等就会变了味道，比如"云霄飞车""鬼屋"。对于胆小的人来说，这类游戏就变成了压力，他们会想躲避、逃离。

推荐绘本

《莎莉，离水远一点》

这是英国著名图画书大师约翰·伯宁罕的代表作，他用了两种不同的绘画风格来区分现实与幻想的世界。

莎莉一家人带着大包小包来到海边。爸爸妈妈忙着放置椅子，摆放食物，莎莉则一个人安静地远望海面，瘦小的背影看起来孤单寂寞。

左页和右页的情节各自分开。左页全是妈妈的叮咛，大都是否定句。诸如不要去游泳，不要让新鞋沾到脏东西，扔石头不要打到人，等等。除去言语之外，爸爸妈妈从未走近莎莉和她一起玩耍。

莎莉觉得很无聊，想摆脱一切规则的束缚。右页呈现出了莎莉的想象世界——一个刺激的冒险之旅。在这里，莎莉英勇、机智、自得其乐，痛痛快快地玩了一场。最后，莎莉要跟爸爸妈妈一起回家了。可是，只有小朋友知道，莎莉不像爸爸妈妈一样无聊地坐在沙滩上虚度时光，而是经历了一场惊心动魄的奇幻之旅。这正是孩子向往的。

在这本书中，伯宁罕没有使用一个批判的字眼，而是通过图画，传神地表达出孩子的心思，激发他们的共鸣，也让大人有所警醒：若只是一味地站在旁边唠唠叨叨，会让孩子与父母渐行渐远，日后也会造成亲子间难以跨越的鸿沟。

• • •

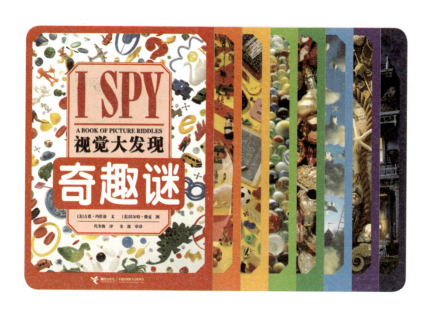

《I SPY 视觉大发现》（全8册）

这是一套经典的视觉发现游戏书，由美国著名摄影家和儿童教育专家联手创作，畅销20年，全球销量突破3亿册，中文版销量突破400万册。

每本书里有上万件物品和300多项视觉发现任务，无论是玩具工场还是海底世界，漂亮的景物既可以吸引孩子进行认知，丰富视觉经验，又能让孩子受到美的熏陶。

它没有严格的年龄限定，可以让不同发展水平的孩子在视觉游戏中收获成功的喜悦，并以此自我激励。

书中的照片看似杂乱无章，但都经过精心设计和摆放。它就像一本魔法书，常看常新。每次翻开，都有意想不到的灵感和发现。书的末尾还特别为观察高手提供了展示空间，小朋友可以把书中没有提到，却被你发现的隐秘东西记下来，尝试编写新的神奇故事。你也可以陪着孩子一起玩，看看你跟孩子谁的观察力强，也许你不是赢家哟！

• • •

刚拿到这本书的时候，我很疑惑，为什么孩子会喜爱这部作品呢？用创作者西卷茅子的话来说，就是"为了让孩子们觉得好玩才创作出来的"。

《我的连衣裙》

到底好玩在哪里？看上去，这些画不是很幼稚吗？不要说画家了，随便哪个孩子都画得出来。不说别的，你看那个小兔子，圆脑袋，三角形的连衣裙，都是再简单不过的线条和形状，就像孩子们在纸上的信手涂鸦，但这正是西卷茅子的追求：孩子们自己的世界，他们会觉得熟悉、亲切。

"有用远远不及无用"，作者正是在闲来无事的一天，突然一个灵感闪现：一条雪白的连衣裙，如果不断地变换颜色和花样，会变成怎样一个故事呢？要变成花朵图案，就要走进花田；要变成雨点图案，天就要下雨……一张张画完了，她才从第一页开始填上文字："一块雪白的布，飘啊飘啊，从天上飘了下来……"

故事用三拍子的节奏展开，画面"1、2、3""1、2、3"地一遍又一遍地重复，类似音乐里的节拍。你看，小兔子穿上雪白的连衣裙这张画，是不是和后面的小兔子穿上花朵、雨点、草籽、小鸟图案的连衣裙几乎一样？小兔子走进花田这张画，是不是和下雨了、走进草丛、飞来一群小鸟的画面差不多？小兔子的连衣裙变成花朵图案这张画，是不是和连衣裙变成雨点、草籽、小鸟图案的画面差不多？如果我们把小兔子穿上连衣裙这张画叫作1，走进花田这张叫作2，连衣裙变成花朵图案这张叫作3，那么，后边就又"1、2、3""1、2、3""1、2、3"地重复了3遍。

这是一种连两三岁孩子都能明白的重复，他们喜欢这种重复，期盼这种重复。虽然是一种无声的节拍，但伴随着翻页的动作，孩子们能感受到这种音乐般的旋律。家长可以引导大一些的孩子自己画出来，创作一个属于他们的连衣裙或者披风的故事。

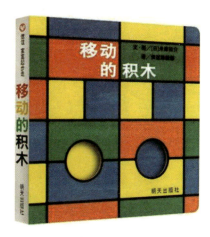

1—2岁的孩子,对他的玩具车、玩具船有了丰富的互动经验,他知道什么是车子的基本架构。所以在跟大人一起看这本书的时候,会对互动游戏的体验感到好奇、惊讶:哇,把这块积木移到那里,就变成了我天天在玩的车子了!

孩子可以借由几块基本形状积木的操弄,体会图与文的和谐共奏。而书的每一页有固定的内容,小朋友需要想办法通过基本形状的组合,完成该页内容的指定物。这样的"想办法",能让孩子在游戏中提高自己解决问题的能力。

《移动的积木》

这套书是从英国著名的 Usborne 出版引进的,这家老牌出版公司出版的读物以洞洞书、翻翻书的形式见长。

这套书里有超多小机关,小动物、大自然的主题也贴近生活,孩子会有亲近感。简单、朗朗上口的语言他们也喜欢。巧妙设计的问题,在激发孩子阅读兴趣的同时,兼具启蒙认知功能。

比如:动物园有海豹、大象、长颈鹿、猴子……小手翻一翻,还有哪些可爱的动物呢?

《偷偷看里面》系列(全4册)

动物的家各种各样:马厩、鸟窝、蜂巢、蚁穴。小手翻一翻,其他动物住在哪里呢?这种设计犹如让孩子猜谜一般,揭晓答案的那一刻会带给他们很多乐趣和成就感。

这套翻翻书,满足低幼宝宝认知、生理的需求。每个洞洞、翻翻后面都隐藏了令人惊奇的东西。让孩子透过一个个小洞去想象后面隐藏了什么,从部分猜整体,观察力和想象力就这么养成了。

· · ·

这是一部获得凯迪克大奖的作品。

不同的图形组合不断变化,让孩子走进形状和颜色的奇妙世界。每页叠合出一个动物图形:前一页是只老虎,去掉一个圆形,下一页就是只老鼠,再去掉一个正方形,下一页会是什么动物呢?

《神奇变变变动物园》

非常佩服作者的创意,每个图形配上一种颜色,即便是一个色系,也有细微的差别。孩子天生对动物没有抵抗力,如此神奇的动物变变变他们又怎会错过呢?

这是一本让大人有点儿"害怕",孩子却读得屏气凝神的互动书。

每打开一页,绿色大怪物都会有变化:黄色大眼睛、绿色鼻子、血盆大口、鲨鱼般的牙齿。巨大的绿色怪物出现了,然后又走开,给孩子带来一次视觉上的奇妙之旅。

怪物,是儿童文化中的另类和异者,大人常常怕吓着孩子不愿提及。可是,你有没有注意到,孩子其实在以喜欢的方式害怕着怪物。一方面,怪物因为形体特征的怪异而引起孩子的恐惧;另一方面,怪物又因为是

《走开,绿色大怪物!》

新奇有趣的事物而让孩子试图亲近。这很像我们听鬼故事的心理,既害怕,又想听。

创作者用了镂空的手法,带来了设计上的新鲜感,还把怪物的身体分解开,在书页的翻动中,怪物灰飞烟灭,会让孩子产生是"我"驱逐了怪物的喜悦,并产生我完全可以操控怪物的安全感。

记得有一次讲座,一个老师问了我这样一个问题:游戏绘本怎么保护好呢?孩子又拉又扯,很快就坏了,如何让它们耐用持久?

这个问题正折射出成人对游戏绘本的误区。一个不到3岁的孩子,会以各种方式去探索游戏书,绝不会"完全按照指示",只去翻小折页,或者只摸绒毛。对同一幅画面,孩子会想又拉、又转、又折、又挖地去探索。长的拉片,在一段时间后,自然会折断或脱离。但游戏绘本就像玩具一样,是一种探索型的消耗品,你不让孩子去动手体验,书的功能就发挥不出来,就算最后书被撕坏了,那也是功成身退了!

.7

亲子阅读技巧与误区

在10年的亲子阅读与绘本育儿的推广之路上，我碰到了形形色色焦虑、困惑的家长，他们不知道如何培养孩子的阅读兴趣，不知道给自己的孩子选择什么样的适龄绘本。

有的买了一堆书回家，却不知道如何给孩子讲，如何给孩子用，结果造成了浪费不说，爱看书的好习惯也没有养成。

也有一些家长人云亦云地跟风阅读，不管是畅销榜上还是专家推荐书单，都照收不误，但却不知道哪些才是孩子需要的，哪些是孩子真正喜欢的，哪些才是真正有营养、有价值的。更有一些爸爸妈妈，讲完故事不知道如何引导孩子，不会充分利用好绘本。

这些年，我收集了不少问题，挑选比较有代表性的，希望对您的亲子阅读和育儿方式有所启发、帮助。

1.宝宝年龄小，不爱看绘本，爱撕书，怎么办？

12个月以内的小宝宝需要亲子共读来养成良好的读书习惯。家长需要选择适合小宝宝年龄段的书，培养他们看绘本的兴趣，而不是想当然地觉得宝宝会喜欢。对于他们不喜欢的书，千万不要强求。培养兴趣是最重要的。

7—9个月大的婴儿撕书是很正常的现象，他们的手指肌肉还在发育，所以会有一个撕纸的敏感期。家长可以准备一些废旧报纸和杂志给宝宝撕，过了这个敏感期情况就会改善了。到了1岁左右，宝宝还不能很好地控制手指肌肉，这一时期他们适合看一些纸板书。比起一般的绘本，纸板书的纸质更硬一些，方便翻页，圆角处理不会伤到宝宝柔嫩的小手指，而且每一页都覆了膜，口水、奶渍、辅食等滴落到书上，用干净的纱布一擦就行，非常方便耐用。你还可以买一些洗澡书、布书、触摸书等撕不坏的书，放在宝宝经常玩的地方，不急着读，如果孩子想要家长读，再读一些。

2.什么时候可以开始给宝宝读绘本？

任何年龄段开始阅读绘本都不晚，主要是要选择适合宝宝年龄段的书。有的妈妈从怀孕开始就给肚子里的宝宝读绘本了,有的是从宝宝出生那一天起,躺在床上举着绘本给他看。我的观点是从宝宝3个月左右开始进行亲子阅读,这个阶段妈妈出了月子,身体恢复得差不多了,宝宝睁眼的时间越来越长,更适合愉快地跟他进行互动。

3.宝宝喜欢重复听一个故事,应该继续吗?

这是一个非常普遍的现象,宝宝喜欢反复听,说明他对这个故事非常感兴趣,在大人反复讲读中得到自己想要的知识或者情感。如果宝宝坚持让妈妈重复读同一本绘本,妈妈不需要担心或焦虑,直接按照宝宝的需求满足他就可以了。我碰到过一个妈妈,女儿连续3个月每天要求她讲同一个绘本故事,她都快崩溃了,但还是坚持了下来,最后女儿终于在某一天顿悟了故事要表达的哲学主题——我是谁,我从哪里来?可见你的坚持终会有回报。

4.如果对阅读不感兴趣,应该怎么引导?

阅读的兴趣和习惯并不是一蹴而就的,需要时间长期培养和氛围引导。周末可以常带宝宝去图书馆或是绘本馆感受阅读的氛围,当然也可以在家里由爸爸妈妈带领在某一个固定的时间给宝宝读绘本,比如晚饭后或者睡觉前。不过爸爸妈妈也要做好榜样,如果爸爸妈妈喜欢看手机电视电脑,而让宝宝独自看绘本,宝宝当然会对爸爸妈妈在看的东西更感兴趣,他们更希望爸爸妈妈陪着一起看绘本。

5.我家宝宝才1岁,能听懂故事吗?不认字的宝宝能看绘本吗?

孩子出生后听觉、视觉正常,就可以听故事、看绘本了。这是一个大阅读的概念,并不是成人看书的"看法",包括看图、听音、翻书等。不识字的宝宝完全可以看绘本。

6.宝宝1岁了,讲故事也不听,书(绘本类)也不看,不知道怎么开始引导阅读?

一定要选择适合宝宝年龄的绘本,1岁左右的宝宝尽量选一些文字少而精的简单故事,最好有象声词,画面有小动物、大色块,结构简单,开本小。

7.宝宝现在快满1岁了,我读绘本给她听,她都不感兴趣,怎么让宝宝喜欢上绘本呢?

这是个很大的问题啊。原因可能有很多,比如你选的绘本不符合1岁宝宝的认知水平,比如阅读环境干扰太多,比如你的讲读方法不合适……最重要的一点,这个年龄段的孩子,只有好玩的东西才能吸引他的注意。让宝宝喜欢绘本,就要让读绘本变成好玩有趣的事。当然了,这不是一朝一夕能养成的习惯,每天坚持读,慢慢和孩子、和书本磨合,孩子一定会喜欢上绘本的。

8.在给1岁2个月的娃读绘本的时候被他把书抢走了,要怎么办?

看孩子抢走书是因为喜欢还是想听故事,1岁2个月的小孩自我意识增强,开始有"这是我的"的观念。如果是这方面的原因,就让他抢好了,等他想听故事的时候再讲给他听,千万不要强迫孩子,过了这个敏感阶段会好很多。

9.有没有适合1岁小宝宝读的绘本?

1岁宝宝的绘本基本是两种,简单的认知类和生活类习惯养成。不要选情节很复杂的,文字要少,朗朗上口,画面要简单,人物形象以小动物为主。

10.我家宝宝1岁4个月,我给她读"小熊宝宝"系列里的《收起来》,一听到最后小熊说再见她就哭,这是表示不喜欢还是喜欢呢?怎么跟她解释?

我女儿这么大的时候,见我转身拎包上班都会哭,有点儿分离焦虑。她不愿意和喜爱的小熊宝宝分开,这也是共情能力强的一个表现,也可以说是非常喜欢小熊宝宝。建议跟宝宝说,小熊宝宝要睡觉/吃饭/回家了,就像宝宝要睡觉/吃饭/回家一样。我们睡醒了就可以再见到小熊宝宝,和他一起玩,好不好?

11.宝宝13个月了,对儿歌和故事都没有兴趣,该怎么培养呢?

每个小朋友的兴趣点都不一样,妈妈可以在固定的时间,比如晚饭后或者睡觉前,选择适合宝宝年龄的绘本,进行亲子阅读,时间不要很长,每天10—15分钟左右,循序渐进,让讲故事这件事有些仪式感,相信宝宝的阅读兴趣和习惯会慢慢培养起来的。

12.我的宝宝13个月了，每天睡前需要读书给他听吗？读些什么好呢？

睡前讲故事这个习惯非常好，可以挑选一些比较温馨暖心的绘本故事进行亲子阅读，不要选一些妖怪、黑暗、探秘等过于夸张恐怖的故事。

13.我家妞妞1岁半了，不喜欢听故事，可是只要你拿书她就立马抢过来自己在那里咿咿呀呀读得很认真似的。我经常试图给她读，可是都没能成功，老师，怎么办呢？

宝宝非常有个性，可以尊重宝宝的行为。选择适合宝宝年龄段的绘本很重要，妈妈即便自己读，宝宝在旁边用耳朵听也是可以的。一旦宝宝有抢书的行为，请告诉他，这是妈妈现在在看的书，可以等我看完或者讲完再给你好吗？

14.给1岁的宝宝选择绘本，是不是让他一本本读下来，看他对哪本感兴趣，就盯着一本多读一段时间呢？

根据我的经验，对于1岁宝宝的绘本，首先是家长来选，其次是根据宝宝的兴趣再精选。具体可以查看我写的书与"丽莎绘本课堂"微信公众号。

15.女儿2岁1个月，最近只看《鼠小妹离家记》，别的书都不喜欢。这个故事我讲了一个月了，之后是尊重她的选择，还是我给她换别的书？

请尊重宝宝的意愿，这本书一定有她情感的需求，请妈妈一定满足宝宝的需要。

16.我家女儿3岁2个月了，从小就特别喜欢看图画书，每天都要看。只是这么大了，我每次给她读绘本她都听不进去，还是像小时候一样只看图画，我该怎么做才能让她养成听的习惯呢？

小朋友长大了，会形成自己的审美和想法。比较有个性、独立自主的孩子可以尝试让他选择自己喜欢的书让妈妈来读。

17.3周岁孩子的绘本有哪些推荐的？孩子不愿意读第二遍，记忆效果不是很好。

孩子不愿意读第二遍，有可能是对书的内容不感兴趣，不用强求，尊重孩子的意愿就可以。读绘本不是为了记内容，保护孩子的兴趣更重要。相反，如果是孩子喜欢的书，你不用逼，他会对此记忆犹新的。

18.大宝现在是3周半了,总觉得她对图书的兴趣点不能够集中,每次书拿出来没多久,她就要求画画,在书上各种画。我给她准备好了纸,却被她用剪刀剪碎了。我已经很尽力地以身作则了,但还是挡不住孩子画书的步伐!

宝宝的行为很有趣,妈妈可以明确和宝宝沟通,书很漂亮但不能画画哦。如果想要画画请在本子上画,在自己的本子上画一本属于自己的绘本怎么样。如果剪碎了,就没有咯。要给孩子树立规范的边界,哪些能做,哪些不能做,不能一味地宠溺,该制止就要制止,该批评就要批评。

19.孩子3岁上幼儿园以后,我们每天的绘本阅读时间是睡觉前,大概就是2—3本,这样的阅读量会不会比较少? 另外孩子刚刚接触英文字母,用英文绘本磨耳朵是坚持每天都要,还是一周几次?

绘本阅读主要是激发和保护孩子的兴趣,没有绝对的数量标准。每天2—3本是可以的,如果孩子想要多听些,可以适当增加。我个人不建议孩子同时阅读中文英文绘本,孩子会对两种语言混淆。如果你一定要给孩子接触英文绘本,道理也是一样,以孩子不厌烦为原则,没有必要按一天几本、一周几次来进行。读绘本,不是为了学英文,也不是为了认字,是为了让孩子感受快乐,从而爱上阅读。

20.从2个月大开始给他讲故事,现在小朋友已经3岁多啦! 开始是薄薄的一本每天重复读到要吐,后来他长大些就每天换不同的故事。开始是每天照着书念,后来开始关灯讲以前我看过的小故事,发现一些以为他听不懂的故事反而会逗得他哈哈大笑。真是美好的亲子时间。

正如你所说的讲故事是美好而愉悦的,我们给孩子讲绘本的时候,心无旁骛,全身心地陪伴他,孩子会从中感受到你对他的关注与爱,这就是高质量的亲子陪伴。你们借由绘本这个媒介互相聊天说话,让亲密的爱在彼此心间流淌。

21.娃3岁多了,坚持阅读将近2年了,以前是我们选书给他读,现在是他从他的书架上选书给我们读,每晚3—5本。这几天开始看无字书,让他讲给我听,发现有点儿不太熟悉。

有个说法:如果你让一个亲子阅读的妈妈下地狱,请给她一本无字书;如果你让一个亲子阅读的妈妈上天堂,也给她一本无字书。可见无字书的确让人又爱又恨。因为没有文字的辅助,大人不知道如何下手讲,可是别忘了,孩子读绘本看的是图,他们碰到无字书别提多开心了。没有文字的限制,他们可以天马行空地发挥想象力,大人稍加引导就可以了。比如你可以抓住画面的几个主人公,然后让孩子自己根据画面的变化来讲述情节(3岁多的孩子正处于语言的爆发期,乐于进行口头上的表达)。孩子的讲述没有对错之分,只要他能讲出来,就要鼓励赞许,慢慢地,孩子的读图能力、想象能力、语言表述能力、逻辑思维能力等就发展起来了。

22.女儿4岁半了,总是缠着我念绘本。我想问给宝贝念绘本是用方言好还是普通话好? 会不会造成宝贝语言混乱的情况? 该怎么解决呢?

方言或者普通话都可以,只要是妈妈来讲读,对于小朋友来说就是最好听的声音。孩子缠着你念绘本,是想你能放下手机,全身心地陪在自己的身边。播音员的普通话标准动听,但对于孩子来说没有亲密的感觉。如果周围人都是讲方言的,的确会有一些困扰,但我还是坚持在给孩子读绘本的时候用普通话,毕竟今后进入小学还是要接受普通话的教育。

23.我家老大4岁8个月,老二8个月,一直没有特别在绘本上花心思,但是老大挺爱让我们讲故事听的,就是自己从来不阅读,怎么办? 另外,我女儿性格比较急躁,我也不知道该选什么书给她看。

4岁多的孩子不喜欢自己阅读也是正常的。爱让妈妈讲读,是因为孩子享受和妈妈一起读书的美好时光啊。性格急躁有很多原因,比如换了环境,或者对某些事情特别敏感。绘本是一种情绪的出口,是滋养孩子的营养品,但绝对不是灵丹妙药,绘本育儿切不可操之过急。

24.4岁宝宝适合看什么绘本呢?

可以参考我写的《孩子成长必读的180本经典图画书》,里面有分龄推荐的书。

25.5岁的孩子,有必要教他认字、写字吗? 现在幼儿园布置的家庭作业让写简单汉字,做简单算术题,这样可取吗?对孩子会不会有不良影响?

我的孩子是从小看绘本长大的,在三四岁的时候突然能够记下一段书中的句子,一开始我以为她会认字了,但其实只是记下了我念给她听的。我从来没有给她报任何学前的培训,或者一定要给她认字算数。

现在我的孩子已经上小学了,在各科的学习上都没有出现任何问题。其实在孩子小的时候,最重要的是培养他想象力的发展。

26.我女儿5周岁,脾气越来越不好。坏脾气上来的时候满地打滚儿。我也跟她讲道理,但她非常执拗。举个例子,今天早上送她去幼儿园,她非要扎小辫。虽然我早上上班着急走,但我也给她扎了4个小辫。但这就不如她意了,就开始哭闹。这种情况应该怎么办呢?怎么改变一下她?

记住孩子越火,你越冷。冷静是王道!让她知道大喊大叫、满地打滚没有用,好好说话才会让人注意听。如果还是不奏效,试着用一下自然惩罚法,比如迟到,接受老师的批评。你如果急着上班,那就让她在地上打滚,你转身说去上班,这时候孩子见你态度坚决,也会站起来停止耍赖的。

27.女儿6岁了,喜欢看书,但是只看熟悉动画的书,而且看书只翻图画,三言两语把图画讲完就换书,要是没有熟悉的就坐不住了,不能安静地看书超过10分钟。该怎么办?

可以带她去书店或者绘本馆,看看有没有她感兴趣的其他类型的书。琳琅满目的绘本馆会给孩子选书提供无限的可能,给她试试科普立体书、互动游戏书等。

28.能推荐适合6—7岁宝宝注音版的绘本吗?

6—7岁孩子如果积累了一定的阅读经验,即便不认识很多字,也可以连蒙带猜地阅读大段文字。在读的过程中为了认识某些字去看拼音或者查字典,反而会破坏阅读的快感。通过大量的阅读,生字自然而然就会认识的。

如果十分感兴趣,可以看看《父与子全集》(彩图注音版)、《三毛流浪记(全集)》(彩图注音读物)。

29.请问给已经进入一年级的孩子推荐绘本后,老师怎么去了解他的阅读状况,是否可以做个表格呢?

当然可以的,把看过的书目做成表格,让他有成就感,也让他知道自己看了多少种书,每种书带给他的快乐与感悟。

30.7岁以上的孩子适合看什么绘本?

7岁以上的孩子可以阅读科普类绘本,如《自然图鉴》《攀登世界最高峰》,或哲学类《活了100万次的猫》《大象的算术》,环境价值认知类《西雅图酋长的宣言》。如果孩子识字较多,就可以读少儿文学啦。

31.我家大宝10岁了,从小对阅读不太有兴趣,现在学习有阅读障碍,应该怎么办?

建议给孩子选择桥梁书或者趣味性比较强的互动书,关键要培养他参与阅读的兴趣。可以先亲子陪伴阅读,就书中的内容进行对话式的讨论,像聊天一样带他感受阅读的乐趣。妈妈在给弟弟或者妹妹讲读绘本的时候,大宝也可以一起参与其中,或者让他讲给小宝听。

32.孩子在三四年级还适合读绘本吗?

这个因人而异,绘本是0—99岁的人都可以读的。有不少适合小学三四年级读的绘本,比如蕴含思辨性和哲理性的,推荐《妖怪山》《雅诺什系列绘本》等。这个年龄段的孩子可以从绘本中获取表达能力、写作文的能力。

33.有没有适合12岁以上孩子阅读的书单呢,可以推荐给我吗?

12岁,大概小学5年级左右吧。这类的书很多,建议读一些文字量多的儿童文学,比如杨红樱的《淘气包马小跳》、沈石溪的动物小说、曹文轩的《草房子》,最近虹影的《奥当女孩》也不错。被译为中文的国外儿童文学也有很多,建议看一些大出版社的经典版本,译文的质量高,比如人民文学出版社、上海译文出版社。

34.宝宝喜欢看书,但是每次都要把所有的书都讲一遍,比如视线范围有10本就都要每本读一遍才能结束,一天至少看3次。事前规定看四五本她都不同

意,一定要看到满意为止。怎么更好地引导她每次看几本?

如果要孩子遵守规定,首先大人要遵守。事先和孩子说好今天只看四五本,孩子读完四五本后还要求读,就应该收起绘本,结束。如果大人总是不按照自己说的来,就等于给孩子一个暗示:约定好的事情是可以违反的。至于方式方法,可以跟孩子商量,妈妈也很累,很想睡觉,今天就讲5个故事好不好? 相信好好解释,孩子是可以接受的。

35.能推荐一些英文的绘本吗? 我发现很多爸妈更喜欢给孩子选分级读物。

个人不太建议给孩子中英文的绘本混合读。如果一定要给孩子进行英文绘本的启蒙,我建议从3岁以后开始,之前还是以母语的阅读为主。推荐一些经典的获凯迪克大奖的英文原版绘本,还有牛津大学出版社的 *Oxford Reading Tree*(《牛津阅读树》)系列,还有 *Step into Reading*(《分级阅读》)系列,这些都是比较循序渐进的英文分级读物。另外可以给孩子在网上做个蓝思英文阅读水平的测试,了解他的阅读级别。

36.请问,都说"大卫"系列好,可是让孩子看这类书,孩子会不会模仿呢? 怎么指导孩子阅读这套书,求指教。

这套系列之所以受欢迎,是因为大卫就是每个小孩的真实写照,孩子能从大卫身上看到自己的影子,能够引起读者共鸣的书就是好书。如果你担心孩子模仿大卫,就可以在读的时候做适当的引导,如让孩子知道,登高可以,但要保护好自己,要学会利用各种工具,等等。孩子要学坏,不是一本绘本能教坏的。合理的家庭教育才是保障孩子健康成长的关键。

37.我家宝宝常常对鞭炮、敲门制造的突如其来的响声感到很害怕,小时候也没有刻意让她在安静的环境中成长,就是她在七八个月大的时候坐摇摇车被大声的音乐吓到过。现在2岁了,到游乐场所听到大声恐怖的音乐就会害怕要离开,有没有让她不害怕各种声音的绘本推荐?

克服害怕情绪的绘本《勇气》《第五个》。

38.怎样才能让孩子的注意力集中一点儿?

这个问题很大,首先你是根据孩子的哪些方面判断他注意力不集中的? 小孩子,特别是3岁以下,对一件事情通常注意力集中的时间不超过10分钟,你要是让2—3岁的孩子老老实实地坐上半个小时是有悖孩子天性的。其次孩子注意力不集中,并非单靠读绘本就能解决,还要从教育的方式方法上找原因,是不是经常在孩子做一件事情(包括玩)的时候打断他,是不是看护孩子的大人太多了,比如外公外婆、爷爷奶奶,你一句我一句,孩子集中注意力会很困难。

39.我想问一下,双语的绘本是怎么给孩子讲的,是先用中文把整本书都读完,然后再用英文念一遍,还是边中文边英文呢?

建议不要中英文夹杂,否则孩子会混淆。先把中文母语讲完,再辅助英文,如果孩子不愿意听英文,不要强求,先放一放,过一段时间再拿出来读。

40.我想请教一下,年龄小的宝宝被大孩子欺负家长该怎么做呢? 我家孩子还不怎么会说话,作为家长我该怎么帮助她呢? 是教育她惹不起躲得起呢,还是帮她把玩具拿回来,还是怎么样?

这个问题,我在微信公号上统计了大家的投票,结果很意外,多数家长支持孩子被欺负了,应该打回去,我还专门做了一期视频节目(可以在爱丽丝育儿公号上找到"lisa老师荐绘本"视频观看)来给大家解惑。以牙还牙,以暴制暴,只会激化矛盾,唯有和平共处才能解决问题。大人还是要引导孩子学会分享,其次保护好自己,如果频繁地被大孩子抢玩具,受到欺负,那就要跟孩子的家长、老师谈谈了。

41.读绘本的正确方法有哪些? 绘本对于孩子来说意味着什么? 是培养看书的习惯还是兴趣?

读绘本的时候,建议忠实于原文,不要做过多的延展与发挥,更不要用夸张的音调、表情跟手势,否则会分散孩子的注意力。翻页的时候,至少停留3秒钟,让孩子有充分读图的时间,更好地获取翻页惊喜。兴趣是最好的老师,我一直认为要先培养孩子的阅读兴趣,有了兴趣作为基础,孩子才能养成良好的阅读习惯,最后才能提高阅读能力。顺序是兴趣—习惯—能力。

42.坚持读睡前故事2年多,现在女儿选书,平均每晚2本。我读居多,偶尔她也读给我听,没有强调她认字,可是她现在认识很多字,这样是不是扼杀了她的想象力,求解。

你的亲子阅读习惯很好,每晚2本,而且还会让孩子讲给你听。你没必要去担心,孩子的想象力没有那么脆弱,认识很多字再看图,完全可以给她的想象力插上翅膀,只要你不是用手指着字让她读就可以。借助文字的辅助,可以打开另外一种思路,她会比较两种图文信息的差别,并且做出符合自己认知的判断,想象力在这个过程又得到了发展。

43.睡前故事每天都需要吗?

和孩子说话,孩子会通过语言的交流,感受来自父母的温暖亲情。讲故事是与孩子进行语言和情感交流的极好方式。就像每天需要吃饭、睡觉一样,作为交流重要组成部分的阅读也最好养成习惯,每日坚持。孩子带着满足感和安全感,每天在充满感情的声音中入睡,爱意会留存在心底伴随着他成长,这份温暖的记忆会带给他爱的信心和力量。

44.睡前故事,从孩子多大时开始?

当孩子1岁多,睡眠逐渐形成规律,却开始不想睡的时候,就是可以进行睡前故事的时候了。故事会帮助孩子静下心来。为孩子讲睡前故事会起到安眠的效果,但并不是为了催他入眠才去讲故事,而要把这当作一种陪伴,带给孩子心灵的满足。给他讲故事,就是在旁边陪着他,看着他,和他说说话。做完这件事,他会感觉到这一天结束了,可以安心地睡了。

45.最好是由妈妈来讲故事吗?

睡前故事是进行情感交流、培养亲密关系的机会,最好全家人都参与,让孩子感受到全方位的爱。此外,成人讲故事的方式反映了成人的性格特点和成人与孩子相处的方式。妈妈的故事通常会讲得比较具体、详细,注重渲染氛围;爸爸讲的故事充满了许多搞怪元素,比较搞笑和天马行空。不同的讲读风格是不同的情感传达,多元的体验可以丰富孩子的感受。

46.孩子不想听故事,只想玩怎么办?

在孩子不想听故事,或者听着听着就走神的时候,心里不要感到受挫,更不要勉强孩子坐下来好好听。随孩子去就好,其实孩子在玩的时候耳朵也是在听着故事的,当故事引起他的兴趣的时候,他自己就过来了。

47.入睡前读故事,孩子越看越兴奋怎么办?

如果讲睡前故事没有让小家伙安静下来,反而更精神,那么请注意这大概是你选的书出了问题。白天和孩子一起玩的时候,可以讲《点点点》《好饿的小蛇》这种交互性特别强,刺激孩子视觉神经,会调动身体感官兴奋度的绘本。而夜晚读睡前故事应该是一件安静的事,选择像《卡斯波和丽莎的故事》这样温馨的绘本比较好。

48.总是要求再讲一本、再讲一本、再讲一本,就是不睡怎么办?

这是新手父母经常会碰到的问题,有的人吃尽苦头,读一两个小时的都有。发生这种状况,是因为在讲读前没有设限。首先我们要明白,睡前故事不是用来哄孩子睡觉的工具,不能指望孩子听着故事就能睡着。在讲故事之前,要和孩子商量,我们一次讲几个故事。让孩子知道,他的睡觉时间一会儿就到了,并且讲太多妈妈也会感到疲惫。把道理说清楚,孩子很容易接受,这样的方式也是在构建孩子与成人间互相关怀、互相体谅的关系。

49.同一个故事要求不断地重复讲,讲的人都快吐了可如何是好?

进入一段时期,孩子会提出重复听一个故事的要求,当然,对于大人来说这种重复会产生无聊的感觉。我所接触的大多数父母都选择满足孩子复读的需求。首先我们要了解,孩子要求反复听一个故事,有时候是因为新故事带来的新鲜感使然,有时候是因为这本书里的某个地方是孩子特别钟爱的,这种喜爱就像我们会在一段时期重复听一首自己喜欢的歌一样,还有的时候是因为对这本书他还有不清楚的地方,所以需要一遍又一遍地挖掘。孩子在重复听故事的过程中,会获得一种身心的满足,但完全地给予并不对孩子有益。白天,父母可以按捺住自己的无聊感,尽量满足孩子复读的需求。睡前故事时间,就要和孩子提前达成共识，我们今天讲几个故事，每个故事读一遍。

50.开着灯讲绘本故事好，还是关着灯自己给孩子编故事好？

讲故事并不需要拘泥于形式。你更擅长哪个就用哪个，孩子更喜欢哪个就用哪个。

51.睡前听电子有声读物可以吗？

建议还是让有感情的家人讲读。如果平时孩子想听故事，但那时正好你很忙，可以让孩子听有声读物，当作是一种娱乐。不过睡前，孩子更希望你能陪陪他，关注他，跟他讲讲故事、聊聊天。

52.给孩子讲绘本前大人需要先看一遍吗？

给孩子讲故事之前，讲故事的人最好先把书读几遍。了解故事的发展和意蕴，充分理解书的内容，讲的时候才会得心应手。在"预习"故事的时候，成人也会对故事产生自己的理解和思考，这些会自然而然地随着故事传递给孩子，也更容易帮助成人在讲故事时投入感情，使孩子感受到更丰富的内容。

53.给孩子讲绘本多久比较合适？

这个要因孩子的年龄段而有所差异。一般来说，1—2岁的孩子由于注意力集中的时间短，精神容易分散，一般在15分钟内就可以。对于3岁以上的孩子来说，可以设定20—30分钟。进行睡前故事的时间以孩子日常入睡时间为标准，一般在孩子入睡前半个小时为宜。

54.给孩子讲睡前故事需要什么样的灯光比较好？

这是个比较有争议的问题。有的人希望营造温馨的气氛，会在床头开一盏淌出橘色光的小灯；有的人为了保护孩子的眼睛，选择像平时一样使用明亮的日光灯；有的人为了提升催眠效果，会用心把故事背下来然后关灯讲，这类父母还自嘲说"当年背课文都没这么上心"。

55.用何种方式讲绘本最舒服呢？

洗完澡，干干净净的，换上睡衣，爬到床上，盖好被子。孩子倚着妈妈（爸爸），一起靠在柔软的床背上，睡前的故事时光就这样开始吧。或者孩子坐在妈妈(爸爸)的怀里,伴着妈妈(爸爸)的体温和心跳声,在故事中进入梦乡。

56.孩子听故事听哭了,怎么办?

孩子听故事哭了,恰恰说明他听懂了这个故事。孩子的理解能力、共情能力很强,家长千万不要有什么担心,要知道你的孩子非常善解人意、通情达理。如果孩子没有感受悲伤的能力,快乐的意义会减弱很多。

57.如何给孩子选绘本故事呢?

一方面是参考我写的《孩子成长必读的180本经典图画书》,给孩子选择适龄的绘本,比如2岁以下可选择一些语言有节奏性、情节重复性强的绘本。另一方面就是要尊重孩子的意见,让孩子挑选自己喜欢的故事。也可以按照此书所描述的,根据碰到的育儿困惑进行有针对性的选择。

58.色彩越鲜艳的绘本越好吗?

未必,太过鲜艳会分散孩子的注意力。雅致的画面可以让孩子静心,陶冶他的情操,培养孩子的气质与审美能力。

59.如何正确使用绘本? 是让宝宝自己看,还是读给宝宝听呢? 看完后是否要给宝宝总结故事的寓意?

绘本故事是一种亲子阅读的方式,在宝宝不认字的时候是通过家长念给他听,由画面和声音整合完成对绘本的理解,而阅读绘本的过程也是亲子感情沟通的重要桥梁。绘本不是教科书,不需要概括中心思想,宝宝会对绘本内容有自己的理解,这种理解会成为他心中的种子,在他成长的过程中发芽开花。

60.您好,要让小孩成长为一个有完整人格的人,家长从小到大要培养小孩哪些本领呢?

想要让小孩成长为一个有完整人格的人,有许多要注意的地方。首先要培养孩子良好的行为习惯和修养,比如见人需要打招呼,在外面吃饭、玩要知道排队等。其次要学会对自己的情绪进行管理,知道如何解决或控制自己的愤怒、焦虑、忌妒等负面情绪,这类绘本有《生气汤》《我的大喊大叫的一天!》等。再次情商对于人格成长也是很重要的,关于表现情商高的绘本也很多。最后是要他学习和直面生命,不管是对人还是对自然我们都要有一颗尊敬谦虚的心。

61. 幼儿早教有必要吗? 会不会压制孩子的自然天性?

我个人认为针对0—3岁阶段的早教是没有太大必要的,现在很多父母不希望孩子输在起跑线上,所以很早就对孩子进行一些运动、认知,甚至是英语等启蒙教育。这样其实是家长过于焦虑了,反而压抑了孩子的天性。

坦诚地说,我对自己的女儿是没有进行过任何早教的。我们只要顺应孩子自然的成长发展就好,不建议做过早的前期教育。

62. 家里的绘本看完之后绝大多数都闲置了,除了送朋友之外还有什么好的处理方法吗? 有没有绘本交换平台?

闲置的绘本可以进行一些公益的捐赠,比如说给社区图书馆,或者是偏远山区的学校,还有公益基金会等。

推荐一个公众号: 爱丽丝育儿,公众号的工作人员会给你流程提示,可以将自己八成新的绘本捐给山区的孩子,他们会同时进行记录拍照,让你知道自己的书被捐到了哪里,被谁拿来阅读,可以让你放心。

63. 小家伙就是爱打游戏,不肯阅读,作文成绩也不好,怎么办? 求助!

小朋友爱打游戏,不肯阅读,作文成绩也不好,我想应该已经上小学了吧? 现在拿绘本给他看,对于他来说可能晚了一点儿,索性可以让孩子看一些动漫或漫画。并不是所有漫画都是不良的、暴力色情的,本土有一些出版社也出版了一些优秀的动漫"小人书",比如互动性很强的《查理九世》《冒险小虎队》、杨红樱的《淘气包马小跳》系列等。再推荐一下德国大师雅诺什的系列绘本,这些绘本附带有趣的插图,男孩子也会比较喜欢。

64. 许多购书网站都有绘本排行榜,作为新手妈妈有必要照单买吗?

一般购书网站的畅销排行往往是出于销售和市场的考虑而设立的,像是当当的前十名都是高定价、高码洋的套装书,一套的价格很少低于100元,并且不一定对您的孩子就是合适的,最好还是带小朋友自己去实体书店或者绘本馆,让他自己挑选喜欢的书。

65. 好童书的标准是什么?

故事阳光真实,让孩子觉得这本书就是在讲他自己或者是身边的小伙伴的故事。文字优美,符合孩子语言习惯。朗朗上口,并有一定的文学性。人物有个性,不千篇一律,比如"超人兔"这个角色。最后还有开放性结尾,不一定要是happy ending,每个人读完要能有属于自己的理解和思考。

66. 为什么大部分绘本都是国外的呢? 国内有哪些比较优秀的原创绘本?

绘本属于"舶来品",在外国已经有了几百年的发展,经典完善,创作者多。而国内的绘本出版只有十几年,起步较晚。不过还是可以推荐一些优秀的国内原创绘本,比如《妖怪山》《妹妹的大南瓜》《小鲸鱼回家》《悟空,乖!》《北京的春节》《荷花镇的早市》等。

67. 买了很多绘本,有些孩子一见钟情,有些他怎么都不喜欢。如何引导他看不爱看的书呢? 还是随孩子喜欢看就行?

培养孩子的阅读兴趣非常重要,要优先于阅读习惯与能力的养成。所以建议不要破坏孩子的阅读兴趣,尊重他的喜好和选择。如果有些书他不喜欢,就暂时放一放,有些孩子的阅读喜好不会是一成不变的。随着孩子生活经历的增长,说不定过一阵子,他就会喜欢看那些书了。

68. 我家有两个孩子,中间相差3岁,如何分配他们的阅读时间呢? 如何亲子阅读能使我最省时省力又能兼顾两个孩子?

我家也是两个孩子,姐姐比弟弟大4岁。为了能兼顾两个孩子,我通常讲睡前故事的时候左右各一个,有时候弟弟选的故事姐姐会嫌弃有些幼稚,我就鼓励她讲给弟弟听,很多姐姐小时候已经听过了,我就跟姐姐进行角色扮演,你读一页,我读一页,演给弟弟看。这样可以平衡他们的阅读水平,妈妈也最省时省力。

69. 我的孩子会问我:"妈妈,我有小鸡鸡,你的呢?"

孩子2岁开始就逐渐有了性意识,能区分男孩儿、女孩儿。跟孩子一起洗澡的时候,引导他们认识自己的隐私部位,不要觉得难为情,在两三岁孩子的眼里,你穿着衣服跟赤身裸体地介绍身体没区别,不要流露出惊慌失措。你的不安,反而会让孩子觉得忐忑，觉得隐私部位很神秘。

如果真的做不到，就借助绘本吧。《乳房的故事》《小鸡鸡的故事》中都有隐私部位的画面，很温馨。他们会知道泳衣遮住的部位只能自己看，如何清洗、保护好私密处。男孩儿的"小鸡鸡"长在外面，妈妈是女孩子，没有"小鸡鸡"。

70.6岁的孩子看完了绘本故事还不满足，继续刨根问底，怎么办？比如他会问："我能看看爸爸怎么把阴茎放到妈妈的身体里吗？"

试着重新讲一遍《小威向前冲》的故事，尽量变成你自己的语言，科普一点儿，比如：爸爸把他的阴茎放到妈妈的阴道里释放精子，好多个精子开始游泳，只有第一名才能得到妈妈的卵子。它们抱在一起欢呼，在妈妈肚子里长到10个月，你就生出来了。

但是妈妈的身体只能自己看，明确身体隐私的规则：哪些可以碰，哪些不可以。引导孩子，如果有人要看你、摸你的隐私部位也是不可以的，但爸爸妈妈帮你洗澡是另外一回事，等你可以自己洗了，也是不能让我们看的。

71.5岁的儿子非要跟我结婚，该怎么引导呢？

四五岁的孩子经常把长大要跟谁结婚挂在嘴边，他理解的婚姻跟你想的那个不一样，但至少他明白了男女的区别，理解结婚必须要有好多"爱"。所以当听到儿子说要跟你结婚时，不要大惊小怪，那是孩子对你的赞美与仰慕，恭喜你！

72.要怎么跟孩子说性这件事合适呢？总不至于突然叫住他，在客厅正儿八经地聊吧？

大题要小做，这是一个漫长的过程，要彻底解决孩子的疑惑，需要很多回合的提问、回答，无数次的沟通、倾听，甚至是生活中看似很随意的谈论。

比如你在开车，孩子安静地在旁边发呆，这是一个封闭、私密的安静空间，你可以起个话题："你知道宝宝是怎么生出来的吗？""跟妈妈说说，身体发生哪些变化就会生宝宝了？"再比如一起看电影、看电视的时候，某些拥抱的镜头适合跟孩子挑起这个话题。

最后就是弥足珍贵的睡前时光,通过看绘本,讲故事,这种方式孩子最放松,也愿意敞开心扉,跟你聊更多。

73.孩子撞见我跟老公在做爱该怎么处理呢?

其实被撞见不见得是坏事,处理得好,可以成为孩子一次很好的性教育机会。

建议一,不要惊慌失措,要淡定,越冷静越好。如果惊慌失措,羞愧难当,孩子会觉得那是一件不好的事情,有困惑。爸爸妈妈表现出对性的接受度越高,孩子越能养成健康的性行为。所以这位妈妈放松点儿,偶然一次,问题不大,不会把事情弄得很糟糕。

建议二,尽量分床分房间睡,保留一定隐私权。家里条件有限的,就在大床旁边拼一个小床,如果地方够大,就分房间睡。几岁开始没有固定的限制,一般2—3岁就要分床分房间了。刚开始可以把两个房间的门打开,让孩子先慢慢适应。

建议三,让孩子了解—愿意—承担,这才是成熟的性心理。比如对上高年级的孩子可以说,跟喜欢的人在一起的确是很开心的事情,但你还没有能力去承担后果,长大以后才可以。

如果发生这种事情的时候,孩子还小,可以给他阅读绘本,比如《小鸡鸡的故事》,这是一本针对孩子性意识敏感期的书。这本书里介绍了女生和男生的不同,什么是隐私部位,以及宝宝是怎么出生的。整本书的画面很温馨,除了能帮助孩子了解基本的生理知识外,还告诉孩子如何保护自己的安全。

74.我的儿子从小就爱哭,小朋友不跟他玩哭,被打了哭,被批评了哭,现在三年级了,还是这样,我该怎么做呢?

先别给孩子贴爱哭的标签,爱哭不是错,而是孩子的一种特质、天性。哭是一种释放、一种表达,小朋友不跟他玩,他有挫败感,所以哭;被批评了,他感觉到羞愧,所以哭;作业完不成着急,所以哭。这些很正常,放轻松,不要限制他哭,越不让,他越紧张,越觉得哭不好,不应该哭,反倒让孩子无所适从了。

75.我的孩子今年刚上幼儿园,因为前期做了很多心理疏导,第一个月上幼儿

我碰到很多这种情况。孩子第一个月不哭,是他还没有反应过来,第二月知道真相后,缓过劲来就开始拒绝。特别是有了邻居的参考,就更加吵着要回家午睡了。

我赞同你的观点,还是要让孩子在学校午睡。建议跟奶奶沟通,邻居同学是少数,参考《超人兔》,超人兔由害怕、拒绝到喜欢,这是一个过程,当中会有反复,但建议爸爸妈妈要坚定。既然送了就下定决心不向孩子妥协,否则后面会更难办。

我女儿当时只要不发烧都是送到幼儿园的。有一次9月开学,十一长假9天,第10天一早上学就说肚子疼。外婆心疼她,就说还是请假在家休息吧,但我量了体温,不发烧,还是坚持送她去上学,并且给老师发了短信,请她关照一下。如果发烧或者肚子疼严重了,就让我们来接回家。结果那天很顺利,什么都没有发生。

76.我的孩子几乎没什么脾气,就算有点儿不讲理我一说就能安静,并且迅速选择我想要的那个方向。和小朋友们在一起也没什么主见,我觉得是我太强势,如何改变交谈好呢?

首先恭喜这位妈妈,已经意识到自己的问题了。一般强势的父母的确会让孩子缺乏主见,首先调整一下自己的情绪与育儿策略。当然,这是一个缓慢的过程,不是一蹴而就的,否则教育岂不是太简单了。这中间也会有反复,但不要太担心,只要你肯学习去改变自己,就会有惊喜出现。

具体操作:尽量让孩子参与决定,比如我们今天去哪里吃饭?去哪里玩?选哪个睡前故事?包括你给孩子买东西,都可以让他参与进来,不要轻易否定孩子,尽管他的提议有些差强人意。采纳建议后,尽量给予正向的赞许:"今天天气好,你选择到公园玩这个主意真不错。""宝宝选的红颜色鞋子的确很赞，跟这条裤子很搭。""今天你点的这个虾饺味道好极了。"记住，孩子接受鼓励、肯定，下次就会更积极发表意见，有自己独到的见解了。

还想跟这位妈妈分享的是，智慧的妈妈一定要懂得示弱，要给孩子表现的机会，他才会成长，才能有成就感。我经常跟儿子说的是"妈妈像你这么大的时候，还不会自己穿衣服呢，干得真棒""妈妈是女生，你是小男子汉，我相信你可以穿过这个密室，还可以保护我"。这样孩子内在的勇气就被调动起来了，千万不要说"裤子怎么又穿反了"，或"胆子怎么这么小，这密室是假的，有什么可怕的"。

77.孩子胆子一直很小，可能因为从小受到家里老年人的过度保护（经常说"你真棒""你能干"之类的话）。有时候早上送他去幼儿园，发现他本来好好地准备做操，广播叫他向左转，向右转，向前转，向后转，他不怎么会转，开始慢慢不高兴了，后来直接哭了，望着我，但是其他孩子也不会转，可他们却开开心心地乱转。为什么我的儿子会感觉不会转就受到了打击，哭起来了。现在要怎么帮他变得坚强，变得更自信呢?

泛泛地夸赞孩子"你真棒，你能行"只会让他陷入自我虚幻，应该对孩子的具体行为进行鼓励，比如你可以说："今天做广播操就比昨天做得好，大有进步啊!"牢记一个准则，不要夸赞孩子聪明、能力强，要夸赞孩子的努力。